lengua viva y gramática

78-9019

This Book Is The Property Of
Springfield Local Schools
BOARD OF EDUCATION   **HOLLAND, OHIO**

DATE ISSUED	DATE RETURN.	ISSUED TO	CONDITION ISSUED	RETURN.
'78	'79	Susana Parker Banana	v. good	

Lengua viva y gramática

Amelia Agostini de del Río
PROFESSOR EMERITUS, BARNARD COLLEGE

Laura de los Ríos de García Lorca
BARNARD COLLEGE

HOLT, RINEHART AND WINSTON
New York   London   Toronto

Copyright © 1969 by Holt, Rinehart and Winston, Inc.
Previous Edition Copyright © 1960 by Holt, Rinehart and Winston, Inc.
All Rights Reserved.

Library of Congress Catalog Card Number: 69-11755

ISBN 03-077585-X

  789 038 14 13 12 11 10 9 8 7

Prefacio

Esta gramática se dirige al estudiante norteamericano que ya tiene algunas nociones de nuestro idioma. Hemos dividido el texto en veinte y seis lecciones de desigual extensión, según la dificultad de la materia que tratamos, y en todas, al final, se encuentra un ejercicio de pronunciación y una breve poesía para practicar los sonidos.

Empezamos con unos temas de conversación de carácter elemental para que el alumno refresque el vocabulario previamente estudiado y para animarle a conversar. Poco a poco los temas se hacen más literarios y el vocabulario más rico, ya que el propósito de esta gramática es poner al alcance del estudiante el instrumento que le abra las puertas de nuestra cultura. Así ofrecemos, prosa narrativa dialogada y epistolar; en algunos casos, poesía, elegida por su belleza así como por el valor que su estudio y aprendizaje puedan tener.

Los Repasos están hechos teniendo en cuenta la materia por unidades gramaticales y no por número de lecciones; de ahí que aparezcan a intervalos irregulares. Al final damos unos Ejercicios en que se encuentran los temas fundamentales de nuestra gramática, que el profesor puede usar cuando le parezca conveniente. Los Apéndices sirven como referencia para completar y aclarar algunos puntos importantes de la lengua.

Como muchos profesores nos han pedido que incluyamos en el libro canciones folklóricas con el propósito de usarlas bien en clase, bien en las reuniones de estudiantes, añadimos en esta revisión un *Cancionerillo*.

Queremos dar las gracias más expresivas a las alumnas de Barnard College y a los estudiantes de la Escuela de Verano de Middlebury College por habernos servido para probar la eficacia de nuestro trabajo; al Profesor Frédéric Ernst por sus valiosas ideas e interés, al Profesor Tomás Navarro por estimadísimos consejos, y a la Sra. doña Gloria Giner de los Ríos por el tiempo y el cuidado dedicados a la lectura del manuscrito.

CONTENIDO

Prefacio v

1. CONVERSACIÓN: *Frases de todos los días* 1

LECTURA: *Reunión de una clase*

GRAMÁTICA 5

Mayúsculas y minúsculas / Signos de puntuación / Reglas para facilitar la traducción de palabras del inglés al español / El abecedario o alfabeto / Los interrogativos.

EJERCICIOS 9

Ejercicio de pronunciación

2. CONVERSACIÓN: *Más frases de todos los días* 11

GRAMÁTICA 14

El artículo indefinido o indeterminado / Artículo definido o determinado y las contracciones / Oraciones interrogativas / La hora / El reloj.

EJERCICIOS 18

Ejercicio de pronunciación

3. CONVERSACIÓN: *De todo un poco* 22

GRAMÁTICA 23

El género de los nombres / Concordancia del nombre y sus modificativos / Concordancia de sujeto y verbo / El género de los adjetivos / Plural de los nombres y adjetivos / Posición de los adjetivos / Sufijos.

EJERCICIOS 30

Ejercicio de pronunciación

4. LECTURA: *Diálogo tonto* 34

GRAMÁTICA 35

Pronombres personales / Primera conjugación / Presente de **pasar** / El verbo reflexivo / Los pronombres reflexivos / Posición de los pronombres reflexivos.

CONTENIDO

ejercicios 40
Ejercicio de pronunciación

Repaso I: (Lecciones 1–4)   43

5. LECTURA: *El sábado*   48
Cuestionario

gramática 49

Segunda y tercera conjugación / El complemento directo e indirecto / Las formas átonas del pronombre como complemento indirecto / Colocación de los pronombres / El dativo ético o de interés / Distinción entre el **se** pronombre reflexivo y el **se** dativo de tercera persona.

ejercicios 53
Ejercicio de pronunciación

6. LECTURA: *De excursión*   56
Cuestionario

gramática 57

Nevar y **llover** / El pronombre como complemento directo / Colocación del pronombre como complemento directo / El pronombre y la preposición / Las preposiciones con el infinitivo.

ejercicios 61
Ejercicio de pronunciación

7. LECTURA: *¡Siempre de prisa!*   64
Cuestionario

gramática 65

Primer grupo de verbos que sufren cambio en la radical / Adverbios terminados en **-mente** / Sinónimos y antónimos / La negación / Prefijos de negación.

ejercicios 70
Ejercicio de pronunciación

Repaso II: (Lecciones 5–7)   74

8. LECTURA: *En la consulta*   77
Cuestionario

CONTENIDO

GRAMÁTICA 79
> Segundo y tercer grupos de verbos que sufren cambio en la radical / Otros verbos irregulares: **oír, decir, poner, ponerse.**

EJERCICIOS 81
Ejercicio de pronunciación

9. LECTURA: *Carta a un amigo* — 84
Cuestionario

GRAMÁTICA 85
> Adjetivos posesivos / Pronombres posesivos / Adjetivos demostrativos / Pronombres demostrativos / Posición de los adjetivos / La apócope.

EJERCICIOS 89
Ejercicios de pronunciación

10. LECTURA: *Don Álvaro Tarfe* — 93
Cuestionario

GRAMÁTICA 94
> Imperfecto de indicativo / **Estar** / El presente e imperfecto de **estar** / El gerundio.

EJERCICIOS 100
Ejercicio de pronunciación

Repaso III: (Lecciones 8–10) — 102

11. LECTURA: *La doncella Teodora* — 105
Cuestionario

GRAMÁTICA 107
> El artículo neutro / Los pronombres neutros / El comparativo / Traducción de "than" / Traducción de **no...mas que** / Traducción de "such a" / El superlativo.

EJERCICIOS 113
Ejercicio de pronunciación

12. LECTURA: *Facundo Quiroga* — 115
Cuestionario

ix

CONTENIDO

GRAMÁTICA 116
El verbo **ser** / **Ser y estar.**
EJERCICIOS 119
Ejercicio de pronunciación

13. LECTURA: *¡ Tijeretas son!* 121
Cuestionario
GRAMÁTICA 123
Tener / **Saber** y **conocer** / **Poder** / El pretérito de los verbos regulares.
EJERCICIOS 126
Ejercicio de pronunciación

Repaso IV: (Lecciones 11–13) 129

14. LECTURA: *Hazañas famosas* 133
Cuestionario
GRAMÁTICA 135
Pretéritos irregulares.
EJERCICIOS 138

15. LECTURA: *Nocturno* 140
Cuestionario
GRAMÁTICA 142
Formación de los tiempos compuestos / Verbos terminados en **-ducir** / **Sentir, morir** y **pedir** en el pretérito / Gerundios irregulares.
EJERCICIOS 144
Ejercicio de pronunciación

16. LECTURA: *Granada* 147
Cuestionario
GRAMÁTICA 149
El participio pasivo: regular e irregular / El participio: su uso / El pretérito perfecto / El pretérito pluscuamperfecto / El pretérito anterior / **Haber** como verbo impersonal / Modismos con **haber** / **Haber de.**
EJERCICIOS 154
Ejercicio de pronunciación

CONTENIDO

Repaso V: (Lecciones 14–16)   156

17. LECTURA: *Preparativos de viaje*   160
   Cuestionario
   Prendas de caballero
   GRAMÁTICA   162

> Modismos / **Gustar** y **doler** / El futuro / El condicional / Futuros y condicionales irregulares / Futuro y condicional de probabilidad / Futuro perfecto / Condicional perfecto.

   EJERCICIOS   167
   Ejercicio de pronunciación

18. LECTURA: *El circo*   170
   Cuestionario
   GRAMÁTICA   171

> La voz pasiva / La voz pasiva refleja para traducir la pasiva inglesa / **Para** y **por**.

   EJERCICIOS   178
   Ejercicio de pronunciación

19. LECTURA: *Canción de carnaval. Inscripción.*   181
   Cuestionario
   GRAMÁTICA   183

> El imperativo / Diminutivos y aumentativos.

   EJERCICIOS   187
   Ejercicio de pronunciación

Repaso VI: (Lecciones 17–19)   189

20. LECTURA: *Una carta*   192
   Cuestionario
   GRAMÁTICA   193

> El subjuntivo / Cláusula nominal o substantiva / Correlación de tiempos.

   EJERCICIOS   200
   Ejercicio de pronunciación

CONTENIDO

21. LECTURA: *Camba en Londres* — 203
Cuestionario
GRAMÁTICA 204
El imperfecto de subjuntivo de los verbos regulares / El imperfecto de subjuntivo de los verbos irregulares / Correlación de los tiempos / Las cláusulas condicionales / **Ojalá** y **quiera Dios** / **Quizá(s), tal vez** y **acaso** / **Como si.**
EJERCICIOS 209
Ejercicio de pronunciación

22. LECTURA: *De mi « Diario »* — 211
Cuestionario
GRAMÁTICA 213
Cláusulas adjetivas / Cláusulas adverbiales.
EJERCICIOS 215
Ejercicio de pronunciación

Repaso VII: (Lecciones 20–22) — 217

23. LECTURA: *El agua, el viento y la verdad* — 219
Cuestionario
GRAMÁTICA 220
El subjuntivo con expresiones impersonales / El subjuntivo con **por...que** / El subjuntivo y el imperativo / Tiempos compuestos del subjuntivo.
EJERCICIOS 223
Ejercicio de pronunciación

24. LECTURA: *Una novela romántica* — 225
Cuestionario
GRAMÁTICA 226
Los pronombres relativos / Más verbos irregulares.
EJERCICIOS 230
Ejercicio de pronunciación

25. LECTURA: *Dos poesías de Fray Luis: Vida retirada, Al salir de la cárcel* — 232
Cuestionario

GRAMÁTICA 234
    Cambios ortográficos de algunos verbos / Algunos casos gramaticales / La preposición / Las preposiciones y los complementos circunstanciales.

EJERCICIOS 242
    Ejercicio de pronunciación

26. LECTURA: *Los fenómenos atmosféricos*   244
    Cuestionario

GRAMÁTICA 246
    Verbos reflexivos o reflejos / Verbos impersonales / Verbos defectivos / La traducción de "to become" / **Quedar** y **quedarse** / Conjunciones / Interjecciones / **Hacer** y expresiones de tiempo / Prefijos.

EJERCICIOS 255
    Ejercicio de pronunciación

Repaso VIII: (Lecciones 23–26)   258

Repaso IX: (Ejercicios generales)   261

Apéndices   269

  1. Silabeo   270
  2. Nombres y adjetivos terminados en **-a**   271
  3. Nombres terminados en **-e**   272
  4. Nombres que tienen formas diferentes para el masculino y el femenino   275
  5. Adjetivos y nombres abstractos correspondientes   275
  6. El pronombre   279
  7. Verbos regulares   282
  8. Verbos que sufren cambio en la radical   287
  9. Verbos irregulares   290
10. Uso de preposiciones   298
11. Modismos más frecuentes   299
12. Palabras y frases cuyo uso presenta dificultad a los alumnos   309
13. Abreviaturas   316
14. Cancionero   317

Vocabulario   i
Índice   xlix

lengua viva y gramática

LECCIÓN PRIMERA

Conversación

FRASES DE TODOS LOS DÍAS

(*Aprendan de memoria.*)

1. —¿Se *pue*de?[1]
 —Ade*lan*te. (o *Pa*se‿us*ted*.)[2]
 —*Bue*nos *dí*as.
 ¿*Có*mo‿es*tá*‿us*ted*?
 —*Bien, gra*cias, ¿y‿Ud.?[3]

 May I come in?
 Come in.
 Good morning.
 How are you?
 Well, thank you, and you?

---

[1] En las tres primeras conversaciones ponemos en letra bastardilla la sílaba acentuada de las palabras. Recuerde que si la palabra no lleva acento ortográfico, se acentúa la última sílaba si termina en consonante que no sea **n** o **s**: abrir, abril, institutriz, caridad. Si la palabra termina en vocal o **n** o **s**, se acentúa la penúltima sílaba: madre, pinta, cielo, cantan, libros, escuela, vacaciones. Naturalmente, si la palabra lleva acento ortográfico, se acentúa la sílaba que lo lleva: lección, García, capítulo.

[2] En español se ligan las palabras:
 (a) La vocal final de una palabra forma sílaba con la vocal inicial de la palabra que la sigue: Emilia‿imita. Va‿a‿España. Marcaremos esta unión de vocales de diferentes palabras (o sea la sinalefa) de este modo‿. Si la vocal es la misma en ambas palabras, sólo se pronuncia una: La capital de‿España = La capital dEspaña.
 (b) La consonante final de una palabra se liga con la vocal incial de la palabra que sigue: Son‿amigos. Son‿hermosos. Recuerde que la hache es muda.

[3] **Ud.** (o **Vd.**) es la abreviatura de **usted**.

LECCIÓN PRIMERA

2. —¿Cómo se llama Ud.? — What is your name?
   —Me llamo María. — My name is Mary.
   —Dígame sus apellidos. — Tell me your last name(s).
   —López y García.[4] — López and García.

3. Haga el favor de sentarse. — Please sit down.
   Haga el favor de levantarse. — Please stand up.
   Haga el favor de escribir, leer, borrar. — Please write, read, erase.
   Haga el favor de cerrar la puerta y de abrir la ventana. — Please close the door and open the window.
   Con mucho gusto. — With pleasure.

4. Siéntese. — Sit down.
   Levántese. — Stand up.
   Vaya (pase) a la pizarra. — Go to the board.
   Escriba con tiza. — Write with chalk.
   Escriba con tinta. — Write with ink.
   No escriba con lápiz. — Do not write with pencil.
   Corrija las faltas. — Correct the errors.
   No borre. — Don't erase.

5. ¿A cómo estamos? — What is today's date?
   Estamos a cuatro de octubre. — Today is October fourth.
   Escriba la fecha: 4 de mayo de 1951 (Cuatro de mayo de mil novecientos cincuenta y uno). — Write the date: May 4, 1951.

6. Abra el libro. — Open the book.
   Página cinco. — Page five.
   Cierre el cuaderno. — Close the notebook.
   Lea en voz alta. — Read aloud.
   Haga el favor de repetir. — Please repeat.
   Tenga la bondad de leer. — Please read.

---

[4] **López** es el apellido de su padre; **García**, el de su madre.

LECCIÓN PRIMERA

—¿Qué quiere decir esta palabra? — What does this word mean?
—Muchas gracias. — Thank you very much.
—No hay de qué. — You are welcome.

7. —¿Quién está ausente? — Who is absent?
—Pedro. Está enfermo. — Peter. He is sick.
—Lo siento. — I am sorry.

8. —La lección para mañana: de la página cinco a la doce. — The lesson for tomorrow: from page five to twelve.
—Escriban los ejercicios. — Write the exercises.
—Estudien las frases para escribirlas al dictado. — Study the sentences in order to write them when they are dictated.

Lectura

REUNIÓN DE UNA CLASE

La reunión de los ex-alumnos se celebra en la Residencia de estudiantes de la Avenida del Laurel. El olor a tabaco y a café es agradable.

Algunos de los hombres allí reunidos ocupan puestos importantes en el comercio, en la política, en la educación y en la sociedad. Varios son presidentes de bancos o de compañías de automóviles, de petróleo, de productos químicos o de fábricas de papel. Unos son profesores de física, de filosofía, de matemáticas o de literatura y dos son rectores de universidades. Otros son artistas: músicos, pintores y actores. Sólo hay un poeta y dos novelistas. Un físico recibió el Premio Nobel.

Casi todos son hombres ricos porque las circunstancias fueron favorables a su generación. No todos son grandes atletas; pero como hacen gimnasia a diario, son ágiles y conservan la línea. No todos

LECCIÓN PRIMERA

conservan el pelo y algunos tienen la cabeza como una bola de billar o como un melón.

Todos llevan pantalones perfectos de corte y americanas de colores. Muchos son elegantes; algunos son pintorescos con sus corbatas de colores brillantes.

La conversación es rápida y animada; el lenguaje es claro y correcto. Algunos usan expresiones populares o locales que dan sabor cómico o picaresco a las historias que narran. Es evidente que están de buen humor. Naturalmente la ocasión y el alcohol contribuyen a la recreación, a la diversión general y a olvidar los problemas de la vida diaria.

Juan del Valle, actor de cine, hace imitaciones estupendas de algunos amigos. Tiene una memoria excelente y reproduce conversaciones humorísticas de algunos compañeros de clase. Por ejemplo, cuando el profesor de física preguntó a un alumno:

—«¿Qué pasa cuando un cuerpo se sumerge en un líquido?

Y contestó un alumno:

—Suena el teléfono.»

Suena una guitarra. ¿Es Andrés Segovia? No, señores, no, es Carlos Fuentes. Carlos no sabe mucha música pero canta como un ángel las canciones folklóricas de España y de la República Argentina, donde residió durante su infancia y su adolescencia.

Dos senadores que comentan las cualidades de los posibles candidatos demócratas a la presidencia suspenden sus comentarios apasionados. Cesan también los comentarios de tres deportistas que comentan los últimos partidos de fútbol. Hay un gran silencio. Todos prestan atención inmediatamente a la preciosa voz de Carlos que canta con sentimiento una canción de amor muy melancólica. El arte une por unos momentos a personas de carácter muy diferente.

Gramática

Mayúsculas y minúsculas

Se escriben con mayúscula:
1. los nombres propios de personas, animales, países, ciudades, ríos, montañas, etc.

    El perro de María es Sultán.   *Mary's dog is Sultan.*
    El río Ebro está en España.   *The Ebro River is in Spain.*

2. la primera palabra de una oración y solamente la primera palabra de un título y los nombres propios de él:

    ¿Quién escribió «La gitanilla»?   *Who wrote "The Little Gipsy Girl"?*
    ¿Quién escribió «La cabaña del tío Tom»?   *Who wrote "Uncle Tom's Cabin"?*

3. las abreviaturas **Ud.**, **Vd.** (usted), **Uds.**, **Vds.** (ustedes); **Dr.** (doctor); **D.** (don); **Da.** (doña); **Sr.** (señor); **Sra.** (señora); **Srta.** (señorita).

Se escriben con minúscula, lo contrario que en inglés:
1. los días de la semana: lunes, martes, miércoles, jueves, viernes, sábado, domingo.

    Voy el lunes.[5]   *I am going on Monday.*

2. los meses del año: enero, febrero, marzo, abril, mayo, junio, julio, agosto, septiembre, octubre, noviembre, diciembre.

    Voy en enero.   *I am going in January.*

3. los adjetivos que denotan nacionalidad o los nombres de idiomas: español, francés, alemán, italiano, ruso, inglés, etc.

    Los brasileños hablan portugués.   *Brazilians speak Portuguese.*

---

[5] En español se usa el artículo con los días de la semana excepto después del verbo **ser**: Hoy es lunes.—*Today is Monday.*

LECCIÓN PRIMERA

Signos de puntuación

1. Los signos de interrogación y de admiración se usan al principio (invertidos) y al fin de las preguntas y de las oraciones admirativas o exclamativas:
    ¿ A dónde va usted?   *Where are you going?*
    ¡ Qué montaña tan alta!   *What a high mountain!*

2. La raya (—) se usa para indicar el cambio de interlocutor en un diálogo:
    —Buenos días, Dr. Salgado.
    —Buenos días, D. Pedro.

3. El guión (-) se usa para dividir palabras en sílabas.

4. Los otros signos de puntuación son: el punto (.), la coma (,), el punto y coma (;), los dos puntos (:), los puntos suspensivos (...), las comillas (« »), el paréntesis ( ), la llave (}), el corchete ([ ]), la llamada [que puede ser un número, una letra o un asterisco (*)]. Se usan como en inglés.
En español el apóstrofo (') no se usa ahora. Antiguamente se usaba en poesía para demostrar la omisión de una letra: d'aquella.

Reglas para facilitar la traducción de palabras del inglés al español

Muchas palabras inglesas se convierten en palabras españolas con ligeros cambios al final. Damos a continuación una lista útil:
    1. *-ty* se convierte en **-dad** o **-tad** en español: universidad, variedad, dificultad, libertad.
    2. *-tion* se convierte en **-ción**: nación, acción, moción, elección, vacación.
    3. *-sion* se convierte en **-sión**: fusión, conclusión.
    4. *-dy* se convierte frecuentemente en **-dia**: tragedia, comedia.
    5. *-ence* y *-ance* se convierten en **-encia** y **-ancia**: consecuencia, influencia, diferencia, inocencia, presencia, conferencia, importancia, ignorancia, distancia.
Fíjense en que la *q-* de *quence* en inglés se convierte en **c-** en español: elocuencia, consecuencia.
    6. *-ary* se convierte en **-ario**: necesario, comentario, secretario.
    7. *-ious* y *-ous* se convierten en **-ioso** y **-oso**: furioso, curioso, glorioso, precioso, prodigioso, ingenioso, vigoroso.
    8. *y* se convierte en **-io** e **-ia**: ordinario, satisfactorio, misterio, matrimonio, territorio, historia, miseria.

LECCIÓN PRIMERA

9. A algunas palabras inglesas que terminan en *-t* se les añade **-e** u **-o** para formar las españolas: abundante, occidente, parte, continente, concepto, documento, defecto, directo, modesto, elemento, exacto.

10. Algunas palabras terminadas en *-e* cambian la *-e* en **-a** o en **-o**: literatura, medicina, temperatura, figura, capa, doctrina, activo, completo, intenso, extremo, minuto.

11. Algunas palabras que empiezan con *sp-* sólo necesitan una **e-** antes de la *-s-* para convertirse en palabras españolas: especial, espiritual, esplendor.[6]

12. Algunas palabras que terminan en *-c* toman una **-o**: romántico, platónico, trágico, cómico.

El abecedario o alfabeto[7]

a	a	**j**	jota	**r**	ere
b	be	**k**	ka	**rr**	erre
c	ce	**l**	ele	**s**	ese
ch	che	**ll**	elle	**t**	te
d	de	**m**	eme	**u**	u
e	e	**n**	ene	**v**	ve, uve
f	efe	**ñ**	eñe	**w**	uve doble
g	ge	**o**	o	**x**	equis
h	hache	**p**	pe	**y**	i griega
i	i	**q**	cu	**z**	zeta

Los interrogativos

1. Adjetivos interrogativos:

¿**qué**?[8]	*what? which?*
¿**cuánto, -a**?	*how much?*
¿**cuántos, -as**?	*how many?*
¿**Qué** libro quieres?	Which (What) *book do you want?*
¿**Cuánto** dinero tienes?	How much *money do you have?*
¿**Cuántas** rosas trajo él?	How many *roses did he bring?*

---

[6] No existen en español palabras que empiecen con **s-** seguida de consonante: **eslavo** (Slav), **escuálido** (squalid), **Escritura** (Scripture), **estudio** (study).

[7] La Academia Española da veintiocho letras; excluye la **w**, que se halla sólo en palabras de origen extranjero, y considera la **r** y **rr** como una letra. Todas las letras son femeninas: la a, la hache, la o, etc.

[8] Los interrogativos, sean adjetivos, pronombres o adverbios, llevan acento ortográfico.

LECCIÓN PRIMERA

2. Pronombres interrogativos:

¿qué?	what?
¿cuánto, -a, -os, -as?[9]	how much? how many?
¿quién, -es?	who?
¿cuál, -es?	which? which one(s)?
¿Qué es[10] civilización?	What is *civilization*?
¿Qué quieres?	What *do you want*?
Éstos son los libros. ¿Cuál[11] quieres?	These are the books. Which (one) do you want?
¿Quién vino?	Who *came*?
¿Quiénes cantaron?	Who *sang*?
¿Cuántos vienen al cine?	How many *are coming to the movies*?

3. Adverbios interrogativos:

¿dónde?	where?
¿cómo?	how?
¿adónde?	where? where to?
¿por qué?	why?
¿cuándo?	when?
¿Dónde están las ruinas?	Where *are the ruins*?
¿Adónde van ustedes?	Where *are you going*?
¿Cuándo vendrán ellos?	When *will they come*?
¿Cómo está el enfermo?	How *is the patient*?
¿Cómo es María?	What *is Mary like*?
¿Por qué no canta ella?	Why *doesn't she sing*?

---

[9] Fíjese en que estos dos pronombres interrogativos son iguales que los adjetivos interrogativos; éstos van seguidos de un nombre.

[10] ¿Qué? con el verbo **ser** se usa siempre para pedir una definición.

[11] ¿Cuál? ¿cuáles? con el verbo **ser** suponen que se identifique el objeto o persona, y que se elija entre dos o más objetos o personas.

Ejercicios

I. Haga una lista de palabras inglesas que, siguiendo las reglas dadas, pueda Ud. convertir en palabras españolas.

II. (a) *Subraye la sílaba acentuada y pronuncie las siguientes palabras:*

español	hijo	rey	chino
ejercicio	excepto	vaca	lápiz
acento	queso	vergüenza	gobierno
mayúscula	niño	filósofo	gitano
triptongo	caballo	perro	isla
España	actriz	Sevilla	Atlántico

(b) *Dé el nombre de las letras de cinco palabras.*

III. *Complete las siguientes oraciones con la palabra adecuada (¿ qué? what?; ¿ quién? who? whom?; ¿ cuál? which? which one?):*
1. ¿_____ es la diferencia entre alumnos y ex-alumnos? 2. ¿En _____ ocupan puestos importantes los ex-alumnos? 3. ¿_____ son unos? 4. ¿_____ es recipiente de un premio famoso? 5. ¿_____ hace un actor de cine? 6. ¿_____ suena? 7. ¿_____ canta como un ángel? 8. ¿_____ de los ex-alumnos suspenden la conversación al oír la guitarra?

IV. *Complete las siguientes oraciones con la palabra adecuada (¿dónde? where?; ¿cuándo? when?; ¿cómo? how?; ¿por qué? why?):*
1. ¿_____ se reúnen los ex-alumnos? 2. ¿_____ son casi todos hombres ricos? 3. ¿_____ tienen la cabeza algunos? 4. ¿_____ hacen gimnasia estos señores? 5. ¿_____ son pintorescos algunos? 6. ¿_____ pasó su infancia el Sr. Fuentes? 7. ¿_____ es la canción de amor que canta Carlos? 8. ¿_____ es animada la conversación?

LECCIÓN PRIMERA

V. *Emplee las siguientes expresiones en un breve diálogo o en una composición:*

¿Se puede?	*May I come in?*
Adelante.	*Come in.*
Haga el favor de ...	*Please ...*
Con mucho gusto.	*Gladly.*
Gracias.	*Thanks.*
No hay de qué.	*You are welcome.*
¿A cómo estamos?	*What is today's date?*

EJERCICIO DE PRONUNCIACIÓN

La pronunciación de las vocales **a** y **e** es:

a, como la -*a*- en la palabra inglesa *far*: Ana sale de la casa.

e, como la -*e*- en la palabra inglesa *obey* sin el diptongo: Pepe bebe leche.

COPLAS
Cantan los pajarillos
en la alameda,
cantan en las mañanas
de primavera.

Yo voy de penita en pena
como el agua por el monte
saltando de peña en peña.
Manuel Machado

REFRÁN[12]
Cada uno en su casa
y Dios en la de todos.

---

[12] Sugerimos que al pasar lista el alumno responda diciendo el refrán de la lección.

2 | LECCIÓN SEGUNDA

Conversación

MÁS FRASES DE TODOS LOS DÍAS

(*Aprendan de memoria*)

1. —*Ten*go *mu*cho *gu*sto en presen*tar*le al Sr. *Blan*co; a la señ*o*r*i*ta *Blan*co.
—*Mu*cho *gu*sto.
—Encan*ta*do (-a).

   May I present (*introduce*) Mr. White?; Miss White?
   How do you do?
   Charmed (*delighted*).

2. Lo he pa*sa*do muy bien.
Me he diver*ti*do *mu*cho.
Me he abu*rri*do *mu*cho.

   I have had a very good time.
   I have had a good time.
   I have been terribly bored.

3. Le feli*ci*to por el *pre*mio.
Enhora*bue*na por el as*cen*so.

   Congratulations on the prize.
   Congratulations on your promotion.

4. —¿Quién es? ¿Es Ma*rí*a?
—No, soy yo.
—¿Es*tá* el Sr. *Blan*co?
—No es*tá* (en *ca*sa); fue a *ca*sa de su *ma*dre.

   Who is it? Is it Mary?
   No, it is I.
   Is Mr. White in?
   He is not at home (he is not in); he went to his mother's house.

11

LECCIÓN SEGUNDA

5. —¿Quiere Ud. abrir la ventana? Will you please open the window?
   —Con mucho gusto. With pleasure.
   —Muchas gracias. Thank you.
   —Haga el favor de abrir el libro. Please open the book.

6. —¿Qué le parece el drama? What do you think of the drama?
   —Me parece excelente. I think it is excellent.
   —¿De qué trata? What is it about?
   —¿De qué trata el cuento? What is the short story about?

7. —Eso es. That's it.
   —Perdone. Pardon me.
   —Con su permiso. Excuse me.

8. ¿No es así? Is it not so?
   ¿No es verdad? Is it not so?
   —¿De veras? Really?
   ¿Cómo se dice . . .? How do you say . . .?

9. —Está bien. It is all right.
   —Se lo agradezco. I am grateful to you.
   —Le agradezco su interés. I am grateful for your interest.

10. —Adiós. Goodbye.
    —Hasta mañana. I shall see you tomorrow.
    —Que lo pase Ud. bien. Have a good time.

11. —Me alegro. I am glad.
    —Lo siento. I am sorry.
    —¡Figúrese! Imagine!

LECCIÓN SEGUNDA

Los números cardinales

1 uno	6 seis	11 once	16 dieciséis[1]
2 dos	7 siete	12 doce	17 diecisiete
3 tres	8 ocho	13 trece	18 dieciocho
4 cuatro	9 nueve	14 catorce	19 diecinueve
5 cinco	10 diez	15 quince	20 veinte

21 veintiuno
22 veintidós
28 veintiocho
32 treinta y dos
43 cuarenta y tres
54 cincuenta y cuatro
65 sesenta y cinco
77 setenta y siete
88 ochenta y ocho
99 noventa y nueve
100 cien

105 ciento cinco
123 ciento veintitrés
200 doscientos
300 trescientos
400 cuatrocientos
500 quinientos (*irregular*)
600 seiscientos
700 setecientos (*irregular*)
800 ochocientos
900 novecientos (*irregular*)
1000 mil

1570 mil quinientos setenta
1707 mil setecientos siete
1946 mil novecientos cuarenta y seis
1953 mil novecientos cincuenta y tres
1,000,000 un millón (de)
2,500,005 dos millones quinientos mil cinco

---

[1] Puede escribirse: **diez y seis, diez y siete**, etc. Se escriben generalmente como una palabra los números del 16 al 29; y también los múltiplos de 100: **doscientos**, etc.

Gramática

El artículo indefinido o indeterminado

	SINGULAR	PLURAL
MASCULINO:	**un** *a, an*	**unos** *some, a few*
FEMENINO:	**una** *a, an*	**unas** *some, a few*

Compro **un** libro de lectura.	*I buy a reader.*
Hay **unos** libros sobre la mesa.	*There are some (a few) books on the table.*
En la universidad hay **una** biblioteca hermosa	*There is a beautiful library at the university.*
Vamos al campo con **unas** amigas.	*We are going to the country with some friends.*

Se omite el artículo indefinido cuando el predicado nominal expresa nacionalidad, profesión o religión, si no va modificado:

Mi amigo es español.	*My friend is a Spaniard.*
Mi padre es médico.	*My father is a doctor.*
Mi tío es protestante.	*My uncle is a Protestant.*

Se usa el artículo indefinido si el predicado va modificado:

Mi amigo es **un** buen abogado.	*My friend is a good lawyer.*
Mi profesor es **un** católico ferviente.	*My professor is a devout Catholic.*
Mi tío es **un** médico de fama.	*My uncle is a famous doctor.*

No se usa el artículo **un** con **cien, mil, otro** (*another*), **tal** (*such a*):

Compro **cien** mapas.	*I buy one (a) hundred maps.*
Hace **mil** años que se descubrió.	*It was discovered a thousand years ago.*
Pasa **otro** auto.	*Another car passes.*
Tal cosa es imposible.	*Such a thing is impossible.*

Pero se dice **un ciento de hojas, un millón de dólares, un millón de personas,** etc.

LECCIÓN SEGUNDA

El artículo definido o determinado y las contracciones

	SINGULAR	PLURAL
MASCULINO:	el *the*	los *the*
FEMENINO:	la *the*	las *the*

Hay sólo dos contracciones en español: **al** (contracción de **a + el**) *to the* (*masculine singular*) **del** (contracción de **de + el**) *of or from the* (*masculine singular*).

al teatro	a los teatros
al cine	a los cines
a la iglesia	a las iglesias
del museo	de los museos
del concierto	de los conciertos
de la niña	de las niñas

Se usa el artículo definido:

1. para referirse a una persona o a un objeto determinado:

El hombre alto es Juan.	The *tall man is John.*
Tengo **el** libro rojo.	*I have* the *red book.*
El sombrero es negro.	The *hat is black.*

2. para referirse a cosas en general, a una clase de ellas:

El oro es un metal.	*Gold is a metal.*
Los libros son útiles.	*Books are useful.*

3. con los nombres abstractos:

Juan lucha por **la** libertad.	*John fights for liberty.*
El amor es el tema de su poesía.	*Love is the theme of his poetry.*

4. con los nombres de idiomas:

El español es una lengua romance.	*Spanish is a Romance language.*
Creo que **el** italiano es musical.	*I think Italian is musical.*

Si se emplean los nombres de los idiomas después de los verbos **hablar, escribir, estudiar** y **aprender,** puede o no usarse el artículo definido:

Habla ruso muy bien.	*He speaks Russian very well.*
Habla **el** ruso mejor que tú.	*He speaks Russian better than you.*
Aprende inglés fácilmente.	*He learns English easily.*

LECCIÓN SEGUNDA

Aprende el alemán para traducir.
He is learning German in order to translate.

Escriben el francés muy bien.
They write French very well (very good French).

—¿Estudias ruso o alemán?
Are you studying Russian or German?

—Estudio el ruso.
I am studying Russian.

Con el verbo **traducir** se usa el artículo precedido de las preposiciones **de** o **a**:

Ella traduce del español al francés.
She translates from Spanish into French.

5. con los títulos (**señor, doctor, capitán,** etc.), cuando uno habla de una persona:

El señor García habla con el doctor Blanco.
Mr. García is talking with Dr. Blanco.

Se suprime el artículo si uno llama por su nombre a la persona con quien habla:

¿Va Usted al cine, Sr. García?
Are you going to the movies, Mr. García?

Con **don** y **doña** y el nombre de pila[2] (*first name*) no se usa el artículo: don Pedro y doña María

6. con las partes del cuerpo o con prendas de vestir, en lugar del posesivo que se usa en inglés:

Baja la cabeza.
He lowers his head.

Se[3] quita el sombrero.
He takes off his hat.

7. con los días de la semana para traducir la palabra inglesa *on*:

Va a la iglesia los domingos.
He goes to church on Sundays.

Vienen el sábado; el viernes van a clase.
They are coming on Saturday; on Friday they go to class.

8. con la hora:

Es la una.
It is one o'clock.

Son las dos.
It is two o'clock.

---

[2] El empleo del artículo con el nombre de pila es un popularismo: « La Julia » se fue al mercado. Se usa el artículo con el apellido al referirse a actrices célebres: « La Guerrero » era una actriz trágica.

[3] **Se**, pronombre reflexivo de tercera persona. Literalmente: *From himself he takes the hat.*

LECCIÓN SEGUNDA

Oraciones interrogativas

Una oración declarativa se torna interrogativa anteponiendo el verbo al resto de la oración:

    Juan viene.   ¿Viene Juan?
    Juan estudia la lección.   ¿Estudia la lección Juan? *o*
                                                         ¿Estudia Juan la lección?
    Juan pasa por la calle.   ¿Pasa Juan por la calle?
    Juan es médico.   ¿Es Juan médico? *o* ¿Es médico Juan?
    Juan es rico.   ¿Es rico Juan?

La hora

¿Qué hora es?	*What time[4] is it?*
Es la una y cinco (minutos).	*It is five minutes past one.*
Son las dos y cuarto.	*It is a quarter past two.*
Son las tres y media.	*It is half past three.*
Son las cuatro menos diez (minutos).	*It is ten minutes to four.*
Son las cinco en punto.	*It is five o'clock sharp.*
Es medianoche.	*It is midnight.*
Es temprano.	*It is early.*
Es tarde.	*It is late.*

Fíjense en que con la hora se usa el artículo femenino (porque se sobreentiende la palabra **hora**) y el verbo **ser**.

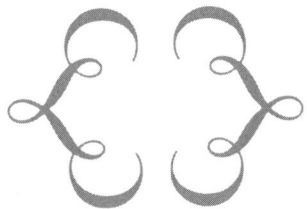

---

[4] *Time* se traduce por **hora** cuando se refiere a la hora del reloj y por **tiempo** cuando indica duración o cuando se refiere al clima. Ejemplos: No tengo tiempo (*I have no time*). Hace buen tiempo (*The weather is fine*).

El reloj

En la esfera del reloj hay dos manecillas: la chica es el horario y la grande es el minutero.

Si el horario ha pasado el número 1 y el minutero está en el número 3, es la una y cuarto.

Si el horario ha pasado el número 2 y el minutero está en el número 6, son las dos y media.

Si el horario ha pasado el número 7 y el minutero está en el número 6, son las siete y media.

Las expresiones *in the morning*, etc. se traducen así:

Escribo **por la mañana**.	*I write* in the morning.
Estudio **por la tarde**.	*I study* in the afternoon.
Bailo **por la noche**.	*I dance* in the evening (at night).

Si se expresa la hora, se substituye la preposición **por** por la preposición **de**:

Me levanto a **las ocho de** la mañana.	*I get up at* eight o'clock in the morning.
Tomo el té a **las cuatro de** la tarde.	*I have tea at* four o'clock in the afternoon.
Ceno a **las siete de** la noche.	*I have dinner at* seven o'clock in the evening (at night).

Ejercicios

I. *Emplee en oraciones las siguientes expresiones:*
1. por la mañana. 2. por la tarde. 3. por la noche. 4. a(l) mediodía. 5. a (la) medianoche. 6. a la una. 7. a las ocho de la noche. 8. a las tres de la tarde. 9. a las cuatro de la mañana. 10. temprano. 11. en punto. 12. tarde. 13. menos cuarto. 14. y media.

LECCIÓN SEGUNDA

II. *Conteste a las siguientes preguntas:*
  1. ¿Cómo está usted? **2.** ¿Cómo está el profesor? **3.** ¿Quién escribe con lápiz? **4.** ¿Qué escribe María? **5.** ¿A cómo estamos? **6.** ¿Qué hora es? **7.** ¿A qué hora es la clase? **8.** ¿Cuál es la lección para mañana? **9.** ¿Qué le parece la poesía? **10.** ¿Dónde está el Dr. Blanco? **11.** ¿Cuándo pasa usted por el teatro? **12.** ¿De qué trata el drama? **13.** ¿Cuáles son los números pares del dos al veinte? **14.** ¿Cuáles son los números impares? **15.** ¿Qué días va Ud. a la universidad? **16.** ¿Cuáles no va? **17.** ¿Quién es español? **18.** ¿De qué color es el lápiz? **19.** ¿Qué es el oro?

III. *Conteste en oraciones completas:*
  1. ¿Bebe usted leche a mediodía o a medianoche? **2.** ¿Es el profesor alemán o francés? **3.** ¿De qué color es el libro del niño? **4.** ¿Quién es rico? **5.** ¿Quién va al teatro y quién va al cine? **6.** ¿Qué bebe Ana por la mañana? **7.** ¿A qué hora es el concierto? **8.** ¿Qué se quitan los hombres cuando entran en la iglesia? **9.** Dr. Blanco, ¿va Ud. al museo? **10.** ¿A dónde va la Srta. Blanco el sábado? **11.** ¿Quién lucha por la libertad? **12.** ¿Quién estudia el italiano? **13.** ¿Con quién habla el capitán García? **14.** ¿Qué tres cosas compra usted en la librería? **15.** ¿Es su padre médico? ¿Es un buen médico? **16.** ¿A quién presenta Ud. al Dr. Blanco? ¿Cómo lo presenta? **17.** ¿Quién se ha aburrido mucho? **18.** ¿De qué trata el cuento? **19.** ¿Qué le parece la primavera? **20.** ¿Por qué me felicita Ud.?

IV. *Lea la frase con los números que van entre paréntesis:*
  1. Planto (100) árboles. **2.** Necesito (105 o 115) dólares. **3.** La ciudad tiene (1,000,000) de habitantes. **4.** Van (17) amigas al campo. **5.** (13) y (14) son (27). **6.** Es la (1:30). **7.** Son las (7:45). **8.** Eran las (3:15) de la tarde.

V. *Escriba oraciones empleando las palabras:*
  1. tal. **2.** otro. **3.** enhorabuena. **4.** al. **5.** del. **6.** biblioteca. **7.** abogado. **8.** viernes. **9.** se quita. **10.** oro. **11.** mil.

VI. *Empleando las horas dadas responda a la pregunta ¿Qué hora es?*
  Modelo: _____ 6:00 **Son las seis (de la tarde o de la mañana).**
  1. _____ 4:00   **4.** _____ 3:45   **7.** _____ 2:12
  2. _____ 5:15   **5.** _____ 7:10   **8.** _____ 12:00 P.M.
  3. _____ 10:30   **6.** _____ 11:35   **9.** _____ 1:00 A.M.

LECCIÓN SEGUNDA

VII. *Háganse preguntas para las siguientes respuestas:*
1. El médico español no está en casa. **2.** El amigo de mi padre es un buen abogado. **3.** El drama me parece interesante. **4.** Mi amigo tiene veintitrés años. **5.** Cinco y quince son veinte. **6.** El libro de lectura está en la biblioteca. **7.** El profesor está en el campo. **8.** Hoy es domingo. **9.** Son las cuatro y cuarto. **10.** El patriotismo es el tema del drama. **11.** Vamos al cine a las ocho. **12.** Ellos no saben tal cosa.

VIII. *Lea las siguientes oraciones:*
1. Cervantes nació en 1547. **2.** Murió en 1616. **3.** Colón descubrió América el 12 de octubre de 1492. **4.** ¿Qué pasó el 4 de julio de 1776? **5.** Estábamos en el año 1949. **6.** Publicó la novela en 1508. **7.** Los españoles se levantaron contra los franceses el 2 de mayo de 1808. **8.** ¿A cómo estamos hoy? Estamos a 31. **9.** Los árabes entraron en España en el año 711. **10.** Las fábulas fueron traducidas en 1251, no en 1151.

IX. *Emplee los siguientes modismos en oraciones:*

pasarlo bien	*to have a good time*
Mucho gusto.	*Delighted!* (*to meet you*)
Hasta mañana.	*I'll see you tomorrow.*
No está (en casa).	*He is not in* (*at home*).
Fue a casa.	*He went home.*
¡Figúrese!	*Imagine!*
¿Quiere Ud. (+ inf.)	*Will you please . . .*
por la mañana	*in the morning*

EJERCICIO DE PRONUNCIACIÓN

La pronunciación de la vocal **i** es como la -*i*- en la palabra inglesa *machine*:
Emilia imita a Inés.
Como la letra **i**, se pronuncia la -**y** al final de una palabra y la **y** conjunción:
No hay rey en Uruguay.
Pepín y Luis están en Italia.

LECCIÓN SEGUNDA

CANCIÓN
A los árboles altos
los lleva el viento,
y a los enamorados
el pensamiento,
ay, vida mía,
el pensamiento.

REFRÁN
Bendita sea la rama
que al tronco sale.

3 LECCIÓN TERCERA

Conversación

DE TODO UN POCO

(*Aprendan de memoria*)

1. El prof*esor p*a*s*a *lis*ta *u*na vez.   The professor calls the roll once.
   Señala la lec*ción p*a*r*a el *próx*imo   He assigns the lesson for the next
   *dí*a.   day.
   Da dos califica*cio*nes: apro*b*a*d*o   He gives two grades: C and B.
   y no*ta*ble.
   No da ni sus*p*e*n*sos ni sobre-   He gives neither F's nor A's.
   sa*lien*tes.

2. —*Pon*ga la *r*adio. La esta*ción* X.   "Turn on the radio, Station X."
   —¡Con mil a*m*ores!   "With the greatest of pleasure."
   La esta*ción* emi*s*ora es exce-   The radio station is excellent.
   *len*te.
   *Pon*ga la *r*adio más *al*to; más   Turn the radio up; turn it down.
   *b*a*j*o.

3. Yo voy a la panade*ría* dos *v*eces   I go to the bakery twice daily.
   al *dí*a.
   Ella va a la *tien*da de comes-   Sometimes she goes to the grocery
   *ti*bles a *v*eces.   store.

LECCIÓN TERCERA

Elena va al teatro algunas *v*eces. ¡Qué *s*uerte! — Helen goes to the theater sometimes. How lucky!
*A*na va al *p*arque *m*uchas *v*eces. — Anna often (*many times*) goes to the park.
*Car*los va al *c*ine de vez en *cuan*do. — Charles goes to the movies once in a while.

4. Juan y yo can*t*amos can*c*iones pop*u*l*ares* en *c*las*e*. — John and I sing popular songs in class.
La can*c*ión es bo*n*ita. — The song is pretty.
Can*t*e us*t*ed. — Sing.
*T*oque el *p*iano. — Play the piano.

5. Los *m*eses de la prima*v*era son: *m*arzo, *a*bril y *m*ayo. — The spring months are: March, April and May.
Los *m*eses del verano son: *j*u*n*io, *j*ulio y a*g*os*t*o. — The summer months are: June, July and August.
Los *m*eses del o*t*oño son: sep*t*iem*b*re, octubre y no*v*iem*b*re. — The autumn months are: September, October and November.
Los *m*eses del in*v*ier*n*o son: di*c*iem*b*re, enero y fe*b*rero. — The winter months are: December, January and February.

Gramática

El género de los nombres

1. En general los nombres terminados en **-o** son masculinos y en **-a** femeninos:

MASCULINO		FEMENINO	
el abuelo	*grandfather*	la abuela	*grandmother*
el libro	*book*	la mesa	*table*

Excepciones:
(a) Son masculinos: **el mapa** (*map*), **el día** (*day*), **el tranvía** (*trolley car*), **el planeta** (*planet*), **el cometa** (*comet*).

23

LECCIÓN TERCERA

(b) Son femeninos: **la mano** (*hand*), **la nao** (*boat*).

(c) Muchos nombres de origen griego terminados en **-ma** son masculinos:

el drama	el problema	el teorema	el cablegrama
el tema	el poema	el dilema	el telefonema
el lema	el pentagrama	el telegrama	el sistema

2. Los nombres de personas del género masculino son masculinos y los del género femenino, femeninos:

MASCULINO		FEMENINO	
el padre[1]	*father*	la madre	*mother*
el rey	*king*	la reina	*queen*
el hombre	*man*	la mujer	*woman*
el poeta	*poet*	la poetisa	*poetess*
el pianista	*pianist* (*man*)	la pianista	*pianist* (*woman*)

3. Son masculinos los nombres de los días de la semana, de los meses del año, de los ríos, de los mares y de los idiomas.

Voy el lunes.	*I am going on Monday.*
Mayo es hermoso.	*May is beautiful.*
El Amazonas está en el Brasil.	*The Amazon is in Brazil.*
El Mediterráneo es el Mare Nostrum.	*The Mediterranean is the Mare Nostrum.*
El español es sonoro.	*Spanish is sonorous.*

4. Los nombres que terminan en **-ad, -ud, -ie**[2] (sin acento), **-ción, -sión, -umbre** son femeninos:

la caridad	*charity*	la canción	*song*
la ciudad	*city*	la extensión	*extension*
la multitud	*crowd*	la fusión	*fusion*
la serie	*series*	la lumbre	*fire, light*
la especie	*kind*	la costumbre	*custom*

5. Los nombres terminados en **-s** o en otra consonante pueden pertenecer al masculino o al femenino; consulte el vocabulario en caso de duda:

MASCULINO	FEMENINO
el paraguas	la crisis
el cortaplumas	la tesis

---

[1] El padre y la madre son los padres.
El rey y la reina son los reyes.
El marqués y la marquesa son los marqueses.
El Sr. Rubio y la Sra. de Rubio son los Sres. Rubio.

[2] **El pie** y **el hincapié** son masculinos.

LECCIÓN TERCERA

MASCULINO	FEMENINO
el lunes	la sinopsis
el papel	la diéresis
el avión	la pared

6. Las letras del alfabeto pertenecen al género femenino: **la a, la hache, la b,** etc.

7. Varias palabras como **aristócrata, pianista, testigo,** etc., pertenecen a ambos géneros; sólo cambian el artículo y el adjetivo que las modifican:
　　El pianista es un aristócrata español.
　　La pianista es una aristócrata española.

8. Los nombres **persona, víctima, ángel** se emplean para ambos géneros; **persona** y **víctima** son femeninos y **ángel,** masculino:
　　Él es la **víctima.**　　　　　　　He is the victim.
　　Él es una mala **persona.**　　　　He is a mean person.
　　Ella es un **ángel.**　　　　　　　She is an angel.

El género de los adjetivos

Reglas para formar el femenino de los adjetivos:

1. Los adjetivos que terminan en **-o** cambian la **-o** en **-a**:
　　feo, fea; hermoso, hermosa

2. Los adjetivos de nacionalidad que terminan en consonante añaden una **-a**:
　　francés, francesa; alemán, alemana; español, española

3. Los adjetivos que terminan en **-án, ón, -or** añaden una **-a** para formar el femenino:
　　haragán, haragana; burlón, burlona; hablador, habladora
　Excepciones: anterior, posterior; exterior, interior; inferior, superior; marrón; mayor, menor; mejor, peor,

4. Los adjetivos que terminan en **-en, -in, -un** tienen la misma forma para ambos géneros:
　　común, ruin

5. Los adjetivos que terminan en vocal que no sea **-o** y los que terminan en las consonantes **-s, -l, -r, -z** tienen la misma forma para ambos géneros:
　　suave, triste, cortés, gris, débil, fácil, vulgar, capaz

25

LECCIÓN TERCERA

6. Hay varios adjetivos que terminan en **-a** y sirven para ambos géneros:
optimista, pesimista, realista, idealista, entusiasta, belga, persa, cosmopolita, hipócrita

Se usa el artículo definido masculino singular inmediatamente antes de un nombre femenino singular si éste comienza con **a-** o **ha-** acentuada, para evitar la cacofonía, pero el adjetivo que siga será femenino:

el agua clara	*the clear water*	el hacha pequeña	*the small axe*
la clara agua		la pequeña hacha	
el ama buena	*the good nurse*	el alma pura	*the pure soul*

Muchos autores modernos usan el masculino singular del artículo indefinido delante de nombres femeninos que empiezan con **a-** o **ha-** acentuada, siguiendo así el uso general:
un alma (*a soul*); un ala (*a wing*); un ascua (*a red hot coal*)

Plural de los nombres y adjetivos

1. Se añade una **-s** a los nombres y adjetivos que terminan en vocal no acentuada para formar el plural:
casa, casas; feo, feos

2. Algunas palabras que terminan en vocal acentuada añaden una **-s** también:

papá	papás
mamá	mamás
sofá	sofás
café	cafés
pie	pies

3. Se añade **-es** a los nombres y adjetivos que terminan en consonante:
lección, lecciones;[3] verdad, verdades; actor, actores; cortés, corteses; mes, meses; fácil, fáciles; inferior, inferiores

4. Se añade **-es** a los nombres que terminan en **-i** o en **-u** acentuadas y en **-y**:
rubí, rubíes; tisú, tisúes; rey, reyes

5. Si los nombres y adjetivos terminan en **-z**, se cambia la **-z** en **-c** antes de añadir **-es**:
actriz, actrices; luz, luces; cruz, cruces; lápiz, lápices; feliz, felices

---

[3] Todos los nombres y adjetivos que terminan en **-n** o **-s** y llevan acento ortográfico en la última sílaba pierden ese acento cuando se añade una sílaba: **acción, acciones; cortés corteses; común, comunes.**

6. Si el nombre termina en -s, tiene más de una sílaba, y no lleva acento en la última, no sufre cambio en el plural; se indica éste por medio del artículo:

    el lunes—los lunes   el paraguas—los paraguas
    la crisis—las crisis   el cortaplumas—los cortaplumas
    la tesis—las tesis   el salvavidas—los salvavidas

7. No tienen plural algunos nombres, por ejemplo los nombres de las virtudes y los vicios:

    la fe, la caridad; la gula, la avaricia

8. No tienen singular algunos nombres:

    las nupcias; los espejuelos

Posición de los adjetivos

1. Los adjetivos descriptivos generalmente siguen al nombre:

    la casa **verde**   *the* green *house*
    la casa **grande**   *the* large *house*

2. Los adjetivos descriptivos preceden al nombre si se atribuye a éste una cualidad característica o particular:

    el **fiero** león   *the* fierce *lion*
    el **manso** cordero   *the* gentle *lamb*

Atribuimos la fiereza al león y la mansedumbre al cordero. En cambio, se dice « un perro fiero », « un toro manso », porque no es necesario que lo sean.

3. Los ordinales, cardinales, posesivos, etc., generalmente preceden al nombre:

    el **sexto** caso   *the* sixth *case*
    cinco mapas   five *maps*
    mis tíos   my *uncles*; my *aunt and uncle*
    muchas cosas   many *things*

Pero los ordinales siguen al nombre cuando se indica sucesión de reyes o papas:

    Carlos **quinto**   *Charles* the Fifth
    Clemente **séptimo**   *Clement* the Seventh

Los cardinales pueden posponerse cuando se usan en vez de ordinales:

    capítulo **cinco**   *chapter* five

LECCIÓN TERCERA

4. Cuando un adjetivo va modifcado por **muy** u otros adverbios se coloca después del nombre:

Es un libro **muy** útil.	*It is a* very *useful book.*
Es una chica **extremadamente** fea.	*She is an* extremely *homely girl.*

5. Cuando hay varios adjetivos unos preceden y otros siguen al nombre, según la clase de adjetivo:

la niña **más bella** y **lista**	*the* most beautiful *and* clever *girl*
tres grandes catedrales **españolas**	three great Spanish *cathedrals*
esa conocida ópera **alemana**	that well-known German *opera*
un viejo profesor **francés**	an old French *professor*
las **pequeñas** iglesias **románicas**	*the* small Romanesque *churches*

Concordancia del nombre y sus modificativos

1. El nombre y sus modificativos (el artículo y el adjetivo) concuerdan en número y género:

SINGULAR	PLURAL
el libro rojo	los libros rojos
la casa blanca	las casas blancas
la flor azul	las flores azules
la lección fácil	las lecciones fáciles
el rubí grande	los rubíes grandes
la gente[4] inteligente	

2. Como algunos nombres terminados en **-s** no cambian, el plural se indica por medio del artículo o del adjetivo que los modifican:

el primer martes	los primeros martes
la tesis larga	las tesis largas
el paraguas rojo	los paraguas rojos

3. Cuando un adjetivo modifica a un nombre masculino y a uno femenino se usa la forma masculina plural:

Mi padre y mi tía son altos. *My father and my aunt are tall.*

---

[4] **Gente** es un nombre colectivo, como **ejército**, (*army*), **docena** (*dozen*) **centena** (*hundred*) **muchedumbre** (*crowd*), **pueblo** (*people*). Requiere modificativos y verbo en el singular. Estos nombres colectivos se usan a veces en el plural: **los ejércitos,** etc.

LECCIÓN TERCERA

Concordancia de sujeto y verbo

1. El sujeto y el verbo concuerdan en número y persona:
    Yo leo.   *I read*
    Él lee.   *He reads.*
    Ellos leen.   *They read.*

2. Si hay dos o más sujetos, el verbo va en plural; si uno es primera persona, el verbo será de primera persona plural; si los sujetos son de segunda y tercera persona, el verbo será el de la segunda persona plural:
    Tú y yo vamos.   *You and I go.*
    Él y yo vamos.   *He and I go.*
    Tú y él vais.[5]   *You and he go.*

3. Si el sujeto es un nombre colectivo, el verbo es singular:
    La gente paga.   *People pay.*
    La muchedumbre protesta.   *The crowd protests.*
    El ejército pelea.   *The army fights.*

4. Si el sujeto se compone de una de estas palabras: **parte, mayoría, mitad, resto,** etc., y le sigue un nombre en el plural, el verbo se usa en el plural:
    La mayoría de los niños fueron al cine.   *The majority of the children went to the movies.*

5. Ni . . . ni requiere un verbo plural:
    Ni Juan ni Pepe van al museo.   *Neither John nor Joe goes to the museum.*

Sufijos

Los sufijos **-ero, -era** indican la persona que hace o vende cosas; el sufijo **-ería** indica el sitio donde se hacen o se venden cosas.

COSA	PERSONA	SITIO
pescado	pescadero	pescadería
zapato	zapatero	zapatería
libro	librero	librería
fruta	frutero	frutería
joya	joyero	joyería

---

[5]En Hispanoamérica no se emplea el plural **vosotros**, sino **ustedes**; así se dice: Tú y el **van**, y no **vais**. También en Hispanoamérica usan **ustedes** cuando se dirigen a un grupo de personas a quienes tutean individualmente.

LECCIÓN TERCERA

camisa	camisero	camisería
plata	platero	platería
confite	confitero	confitería
carbón	carbonero	carbonería

Aprenda estas formas irregulares:
El sastre (*tailor*) hace trajes en la sastrería.
El carnicero (*butcher*) vende carne en la carnicería.
El panadero (*baker*) vende pan en la panadería.
El peluquero (*hairdresser*) corta o arregla el pelo en la peluquería.
El sombrerero (*hatmaker*) hace sombreros en la sombrerería.

Ejercicios

I. *Emplee en oraciones los siguientes adjetivos:*

MASCULINO	FEMENINO	SIGNIFICADO
hermoso	—a	*beautiful*
bello	—a	*beautiful*
feo	—a	*homely, ugly*
ancho	—a	*wide*
estrecho	—a	*narrow*
angosto	—a	*narrow*
largo	—a	*long*
corto	—a	*short*
alto	—a	*high, tall*
bajo	—a	*low, short*
pequeño	—a	*small* (*in size*)
grande	grande	*large*
poco	—a	*little* (*in quantity*)
pocos	—as	*few*
rico	—a	*rich*
pobre	pobre	*poor*
verde	verde	*green*
brasileño	—a	*Brazilian*
español	española	*Spanish*

LECCIÓN TERCERA

francés	francesa	*French*
portugués	portuguesa	*Portuguese*
alemán	alemana	*German*
irlandés	irlandesa	*Irish*
inglés	inglesa	*English*
escocés	escocesa	*Scottish*
belga	belga	*Belgian*
nicaragüense	nicaragüense	*Nicaraguan*
fácil	fácil	*easy*
difícil	difícil	*difficult*
cortés	cortés	*courteous*
haragán	haragana	*lazy*
burlón	burlona	*mocking*
suave	suave	*soft*
hablador	habladora	*talkative*

II. Escriba el plural de las siguientes palabras:

1. queso
2. noche
3. color
4. ley
5. mar
6. cuna
7. débil
8. usted
9. azul
10. gris
11. actriz
12. dedal
13. ciudad
14. barril
15. buey
16. hospital
17. canción
18. examen
19. cruz
20. rubí
21. martes
22. lápiz
23. salón
24. fácil
25. útil
26. animal
27. país
28, oración
29. irlandés
30. paraguas

III. Dé el femenino de los siguientes nombres y adjetivos:

1. chino
2. hombre
3. portugués
4. pobre
5. azul
6. hijo
7. señor
8. gris
9. padre
10. costarricense
11. dios
12. rey
13. muchacho
14. israelita
15. niño
16. belga
17. toro
18. débil
19. inglés
20. angosto
21. viejo
22. actor
23. burro
24. verde
25. cortés
26. pequeño
27. fuerte
28. secretario
29. interesante
30. profesor
31. usted
32. espiritual
33. nicaragüense

IV. Forme dos derivados de cada una de las siguientes palabras: la persona que vende la cosa y la tienda en que se vende.

1. leche. 2. zapato. 3. fruta. 4. camisa. 5. dulce. 6. plata. 7. joya. 8. carbón. 9. sombrero. 10. confite.

LECCIÓN TERCERA

V. *Complete las siguientes oraciones:*
  1. El sastre hace trajes en la _____. 2. El carnicero vende carne en la _____. 3. El panadero vende pan en la _____. 4. El peluquero corta el pelo en la _____. 5. El sombrerero hace sombreros en la _____.

VI. *Conteste:*
  1. ¿Quién hace camisas? ¿pan? ¿trajes? 2. ¿Qué hace el carnicero? ¿el zapatero? ¿el sombrerero? 3. ¿Dónde vende el platero objetos de plata? 4. ¿Dónde vende joyas el joyero? 5. ¿Quién vende carne? ¿Dónde? 6. ¿Quién corta el pelo? 7. ¿Qué hace el sastre en la sastrería? 8. ¿Quién vende libros? ¿carbón? ¿Dónde? 9. ¿Qué se vende en la confitería? 10. ¿Qué vende el pescadero?

VII. *Complete las oraciones con una palabra apropiada:*
  1. El libro gris es _____ María. 2. El Mediterráneo es _____ azul. 3. Ella canta _____ jueves. 4. Los paraguas no son grandes, son _____. 5. Es una novela fácil; no es _____. 6. En _____ se habla portugués. 7. El muchacho es cortés; la muchacha no es _____. 8. Es una profesora _____ interesante. 9. Él es un buen actor; ella es una mala _____. 10. El tema _____ poema es _____ primavera. 11. El padre es bajo; la madre y el hijo son _____. 12. Juan y María son _____. 13. El maestro corrige los _____; da cuatro calificaciones: _____, _____, _____, _____. 14. La radio es _____. 15. El parque tiene _____. 16. El público _____ comprende. 17. Los que hablan son _____. 18. Los que no trabajan son _____. 19. Lo contrario de alto es _____. 20. El rubí es _____; la esmeralda, _____, la amatista, _____.

VIII. *Escriba oraciones empleando los plurales de los siguientes nombres:*
  1. pez   4. vez   7. flor   10. análisis
  2. papel   5. lápiz   8. luz   11. álbum
  3. canción 6. clavel   9. valor   12. tesis

IX. *Emplee los siguientes modismos en oraciones:*
  pasar lista   to call the roll
  ¡Qué suerte!   How lucky!
  de vez en cuando   once in a while
  fijarse en   to notice

con mil amores   *delighted*
aprender de memoria   *to learn by heart*
poner la radio más bajo   *to turn down the radio*

EJERCICIO DE PRONUNCIACIÓN

La vocal **-o** se pronuncia como la *-o* en la palabra inglesa *omit*: Todos los lagos son hermosos.

COPLA

Al cielo no miro yo
porque me miro en tus ojos
que son del mismo color.

Manuel Machado

REFRÁN

Cree el ladrón
que todos son de su condición

4 LECCIÓN CUARTA

Lectura

DIÁLOGO TONTO

—Buenos días (buenas tardes, buenas noches), señorita (señor, señora).
—¿Cómo está usted?
—Regular (así, así).
—¿Qué hace usted por la mañana?
—Por la mañana me levanto temprano, me baño o me doy una ducha, me lavo los dientes, me peino, me visto y me desayuno.
—¿Adónde va usted después del desayuno?
—Voy a buscar a mi amiga Isabel a las ocho y luego pasamos la mañana en la universidad y en la biblioteca. Termino las clases a mediodía, y a las dos, después de almorzar, voy al museo o de tiendas.
—¿Qué hace usted por la tarde?
—Por la tarde tomo el té con mis amigas y luego estudio hasta la hora de la cena. A veces ceno en casa; otras veces voy a un restorán, y por la noche estudio. Los sábados voy de visita o al teatro o al cine. Algunas noches voy a un concierto o a la ópera. Para ir y venir a casa tomo el metro o un taxi. Llego a casa a medianoche, muerta de sueño. Todo el día estudio o trabajo. Por la noche, después de las once, descanso y duermo.
—¿Qué hace usted los domingos?

LECCIÓN CUARTA

—El domingo duermo hasta tarde. Me levanto a eso de las diez, voy a la iglesia a las once y después de comer, al parque; a patinar, en invierno; a pasear, en primavera y en otoño. En el verano vamos a la playa a nadar. Patino en el hielo; nado en el mar, en el lago o en el río.
—¡Dios mío! ¡Basta! ¡Es usted la bomba atómica!
—De acuerdo. Y usted pregunta más que un cura.
—Tiene razón. Vamos a dar un paseo, sin hablar.
—No voy a decir esta boca es mía.

Gramática

Pronombres personales

yo	*I*	**nosotros, -as**	*we*
tú	*you*	**vosotros, as**	*you*
él	*he*	**ellos**	*they*
ella	*she*	**ellas**	*they*
usted	*you*	**ustedes**	*you*

Generalmente no se emplean los pronombres personales en español, sobre todo los de primera y segunda persona, pues las terminaciones de los verbos indican cuál es el sujeto. Siempre se omiten si se habla de cosas.

Tú se usa para hablar con la familia, los amigos íntimos y los niños y para dirigirse a Dios. El plural, **vosotros**, se usa en España. En América se emplea **ustedes** como plural de **tú**.

LECCIÓN CUARTA

Usted (abreviatura: **Ud.** o **Vd.**; plural **Uds.** o **Vds.**) es contracción de **Vuesa Merced** o **Vuestra Merced** (*Your Grace*) y por lo tanto requiere la tercera persona del verbo.

Se emplean **Ud.** y **Uds.** para dirigirse a personas mayores y a extraños.

Primera conjugación

En español hay solamente tres conjugaciones: los infinitivos terminan en: **-ar, -er, -ir.**

La raíz o la radical es la parte del infinitivo que precede a las terminaciones:
    hablar   **habl-**
    vender   **vend-**
    abrir   **abr-**

Para conjugar los verbos de la primera conjugación en el presente de indicativo, añada a la raíz o a la radical del verbo las terminaciones:

      -o   **-amos**
      -as   **-áis**
      -a   **-an**

PRESENTE DE **pasar**[1]

Yo **paso** por la calle.
Tú **pasas** por el palacio.
Usted ⎫
Él   ⎬ **pasa** por la casa.
Ella ⎭
Nosotros ⎫
Nosotras ⎭ **pasamos** por la iglesia.
Vosotros ⎫
Vosotras ⎭ **pasáis** por el teatro.
Ustedes ⎫
Ellos   ⎬ **pasan** por el museo.
Ellas   ⎭

---

[1] El presente de **pasar** se traduce *I pass, I am passing, I do pass; you pass, you are passing, you do pass,* etc.

LECCIÓN CUARTA

El presente indica lo que ocurre en el momento en que se habla. Además del presente actual, hay otros presentes:

1. El presente habitual que puede no referirse al momento en que se habla:
Pepe **estudia** la historia de España.   *Pepe* is studying *the history of Spain.*

2. El presente histórico que usamos para hacer más viva una acción ya ocurrida:
En 1562 Felipe II **manda construir** El Escorial y lo **convierte** en su residencia.   *In* 1562 *Philip II* has *the Escorial* built *and* makes *it his residence.*

3. El que denota una acción futura:
Dentro de una hora **voy** a la frutería y **traigo** las frutas que tú quieres.   *Within an hour I* shall go *to the fruit store and* bring *the fruits that you want.*

4. El que hace el oficio de un imperativo:
Ahora **vas** a la tienda y me **traes** arroz.   *Go to the store now and* bring *me some rice.*

Como **pasar** se conjugan en el presente:
    levantar *to raise, to lift*
    levantarse *to rise*
    lavar *to wash*
    lavarse *to wash* (*oneself*)
    peinar *to comb*
    peinarse *to comb one's hair*
    desayunar(se) *to have breakfast*
    terminar *to finish*
    buscar *to look for*
    tomar *to take*
    estudiar *to study*
    cenar *to have supper, to dine*
    visitar *to visit, to pay a call*
    llegar *to arrive*
    trabajar *to work*
    descansar *to rest*
    patinar *to skate*
    pasear(se) *to take a walk*
    nadar *to swim*
    usar *to use*

El verbo reflexivo

Verbo reflexivo es el que denota que la acción recae sobre la misma persona que la ejecuta, es decir, sobre el sujeto. El infinitivo termina siempre en el pronombre **se**: bañarse, lavarse, levantarse.

LECCIÓN CUARTA

Los pronombres reflexivos

Cuando se conjuga un verbo reflexivo va precedido o seguido, según el caso, por un pronombre reflexivo: **me, te, se, nos, os, se**:

    (yo)   **me** baño[2]
    (tú)   **te** bañas
    (usted, él, ella)   **se** baña
    (nosotros, -as)   **nos** bañamos
    (vosotros, -as)   **os** bañáis
    (ustedes, ellos, ellas) **se** bañan

Posición de los pronombres reflexivos

Los pronombres siguen:

1. al infinitivo:
    Deseo acostarme pronto.   *I want to go to bed early.*
    Se desayuna al levantarse.   *He has breakfast when he gets up.*

2. al gerundio:
    Él está quitándose los guantes.   *He is taking off his gloves.*
    Pepe entra muriéndose de risa.   *Pepe enters, in a fit of laughter.*

3. al imperativo afirmativo:
    Levántese usted.   *Get up* (*out of bed*).
    Levántate tú.   *Get up* (*out of bed*).

Los pronombres reflexivos preceden en los demás casos:
    Me levanto temprano.   *I get up early*
    No se levante temprano.   *Don't get up early.*

Algunos verbos son reflexivos algunas veces y otras no, según el significado:
    Yo levanto la mano.   *I raise my hand.*
    Yo me levanto.   *I rise* (*get up*).

Algunos verbos son siempre reflexivos:
    Me quejo de todo.   *I complain about everything.*
    No se atreve a hacerlo.   *He does not dare do it.*

---

[2] **Bañarse** se traduce *to take a bath* (literalmente: *to bathe oneself*).

LECCIÓN CUARTA

HACER, IR, VENIR

HACER: *to do, to make*

Yo **hago** muchas cosas.	*I* do many *things.*
Tú **haces** el trabajo.	*You* do *the work.*
Él **hace** una taza de té.	*He* makes *a cup of tea.*
Nosotros **hacemos** café.	*We* make *coffee.*
Vosotros **hacéis** el chocolate.	*You* make *the chocolate.*
Ellos **hacen** zapatos.	*They* make *shoes.*

Hacer se usa como impersonal:

Hace frío.	*It is cold.*
Hace fresco.	*It is cool.*
Hace calor.	*It is warm.*
Hace viento.	*It is windy.*
Hace sol.	*It is sunny.*
Hace luna.	*There is a moon.*

Hacer se usa para expresar lapso de tiempo:

Hace dos horas que estudia.	*He has been* studying *for* two hours.
Murió **hace** dos años.	*He died two years* ago.

Hacer se emplea en varios modismos:

Ella me **hace un** gran **favor.**	*She* does *me a* great *favor.*
Entre, **haga el favor.**	*Come in,* please.
Él **se hace cargo** de lo que significa.	*He realizes what it means.*
Él **se hace cargo** del sobrino.	*He takes charge of the nephew.*
Nos **hace falta** un diccionario.	*We* need *a dictionary.*
Me **hacen falta** mis padres.	*I* miss *my parents.*
Vamos, que **se hace tarde.**	*Let's go, for it is getting late.*

IR: *to go*[3]

Yo **voy** a clase.	*I go to class.*
Tú **vas** al museo.	*You go to the museum.*
Él **va** a Madrid.	*He goes to Madrid.*
Nosotros **vamos** al cine.	*We go to the movies.*
Vosotros **vais** al concierto.	*You go to the concert.*
Ellos **van** a la ópera.	*They go to the opera.*

---

[3] **Ir** generalmente toma la preposición **a.**

LECCIÓN CUARTA

VENIR: *to come*[4]

Yo **vengo** de España.	*I come from Spain.*
Tú **vienes** del parque.	*You come from the park.*
Él **viene** del campo.	*He comes from the country.*
Nosotros **venimos** de la ciudad.	*We come from the city.*
Vosotros **venís** de los toros.	*You come from the bullfight.*
Ellos **vienen** de la exposición.	*They come from the exhibition.*

Hay varios modismos que emplean el verbo **ir**:

ir de { tiendas / compras / visita / viaje } to go { *shopping / shopping / calling / traveling* }

ir en { tren / tranvía / automóvil / avión / barco / bicicleta / trineo / metro / autobús } to go by { *train / trolley car / car / plane / boat / bicycle / sleigh / subway / bus* }

ir a { pie / caballo } to go on { *foot / horseback* }

ir por { mar / tierra } to go by { *sea / land* }

Ejercicios

I. *Aprenda el significado de estas palabras que le ayudarán a dar la definición de otras:*

un objeto	*object*	una planta	*plant*
una cosa	*thing*	una flor	*flower*
un utensilio	*utensil*	una fruta	*fruit*

---

[4]**Venir** generalmente toma la preposición **de** o **a**.

LECCIÓN CUARTA

un instrumento	*instrument*	una estación	*season*
un lugar	*place*	una cantidad	*quantity*
un sitio	*place*	un país	*country*
un animal	*animal*	un dios	*a god*
un pájaro	*bird*	un deporte	*sport*
un insecto	*insect*	una diversión	*amusement*
un grupo	*group*	una corriente	*current*
un edificio	*building*	una masa (de agua)	*body (of water)*
un planeta	*planet*	una extensión (de tierra)	*tract (of land)*
un medio	*means*	un plato	*dish*
un árbol	*tree*	un órgano	*organ*
un arbusto	*bush*	un perfume	*perfume*
un sonido	*sound*	un sentido	*sense*

II. *Defina las siguientes frases:*
1. una naranja
2. una clase
3. el otoño
4. una casa
5. un río
6. un mosquito
7. un hacha
8. una iglesia
9. una taza
10. una ciudad
11. un burro
12. el mar
13. el Perú
14. la playa
15. un teatro
16. el fútbol
17. los zapatos
18. un tranvía
19. la noche
20. un melón
21. la violeta
22. la luna
23. una isla
24. un barco
25. una corrida de toros
26. un automóvil
27. Venus
28. mil quinientos

III. *Escriba la forma correspondiente del verbo:*
1. Él (levantarse, ir, desayunarse). **2.** Nosotros (lavarse, patinar, venir). **3.** Tú (cenar, peinarse, estudiar). **4.** Yo (venir, terminar, hacer). **5.** Isabel (visitar, lavarse, pasear). **6.** Él y yo (nadar, ir, bañarse). **7.** Ud. (trabajar, venir, bañarse). **8.** Ellos (hablar, hacer, llegar).

IV. *Conteste en oraciones completas:*
1. ¿Cuándo se baña usted?. **2.** ¿Quién va a la iglesia temprano? **3.** ¿Qué vienen a buscar ellos a la biblioteca? **4.** ¿A qué hora va su amigo Pepe al cine? **5.** ¿En qué vamos al teatro por la noche? **6.** ¿Quién hace el café? **7.** ¿Por dónde pasa Carlos? **8.** ¿En dónde se baña Jorge cuando hace calor? **9.** ¿Quién viene del museo y adónde va? **10.** ¿Adónde va el capitán Díaz a caballo?

LECCIÓN CUARTA

V. *Emplee los siguientes modismos en oraciones:*

así, así	*so, so*
hacerse tarde	*to become late; to be getting late*
hacerse cargo de	*to take charge of; to realize*
hacer falta	*to miss; to need*
¡Dios mío!	*Heavens!*
¡Basta!	*Enough! That'll do!*
dar un paseo	*to take a walk*
ir de tiendas	*to go shopping*
morirse de sueño	*to be very sleepy*
de acuerdo	*I agree; agreed*
tener razón	*to be right*
no decir esta boca es mía	*not to say a word*

VI. *Escriba una composición comparando lo que hace usted un día de verano con lo que hace un día de invierno.*

EJERCICIO DE PRONUNCIACIÓN

La vocal **u** se pronuncia como la -*oo*- en la palabra inglesa *moon*:
    Lulú busca un uniforme azul.   *Lulu is looking for a blue uniform.*

Recuerde que la -**u**- es muda en las sílabas **que, qui, gue, gui**:
    Miguel, el guía, quiere queso.   *Michael, the guide, wants cheese.*

La -**u**- se pronuncia en las sílabas **gue, gui** si lleva diéresis (**güe, güi**):
    La cigüeña está en la torre de la iglesia.   *The stork is in the tower of the church.*
    El campesino toca el güiro muy bien.   *The peasant plays the güiro very well.*

COPLA
Estrellitas del cielo,
rayos de luna,
alumbrad a mi niño
que está en la cuna.

REFRÁN
El que se fue a Sevilla
perdió su silla.

REPASO UNO

(LECCIONES 1–4)

I. *Separe en sílabas:*

cablegrama	dignidad	airoso	obscuro
Inglaterra	obstáculo	vosotros	aptitud
inglés	María	obstrucciones	institución
subyacente	atmósfera	reexaminar	distraer
antropología	abstracto	desilusión	ficción
doctrina	fluctuación	México	asfixiar
ahora	cañón	reinar	innecesario
caballo	continuáis	transformación	geografía

II. *Diga cómo se llaman los siguientes signos de puntuación:*
1. ? 2. { 3. « » 4. , 5. ! 6. ( ) 7. - 8. : 9. * 10. — 11. ...

III. *¿Cuándo se usa la letra mayúscula en español?*

IV. *Cambie al plural:*
1. el paisaje escocés
2. el filósofo alemán
3. el pintor holandés
4. el café brasileño
5. el jardín japonés
6. la ciudad puertorriqueña
7. el escritor guatemalteco
8. la esbelta palmera
9. mi álbum
10. un león manso
11. el fiero león
12. la blanca nieve

REPASO UNO

V. *Construya oraciones con las siguientes palabras y el artículo correspondiente:*

parque	gente	sultán	violinista
baúl	maíz	Amazonas	libertad
poema	institución	miércoles	idioma
aristócrata	té	aire	mapa
monte	baile	tema	trama
canción	tarde	costumbre	cine
mano	alma	día	drama
café	salvavidas	paraguas	tranvía
hacha	atleta	recluta	docena

VI. *Dé, en frases completas, el presente de los siguientes infinitivos usando la forma indicada por los pronombres en paréntesis:*
   1. (yo) llamarse, hacer, ir, venir. **2.** (tú) buscar, llegar, venir. **3.** (tú y yo) nadar, ir, hacer. **4.** (él y tú) venir, pasar, lavarse. **5.** (usted) patinar, escribir. **6.** (ustedes y ellas) hacer. **7.** (él y yo) entrar. **8.** (tú y ella) bañarse en el lago. **9.** (ellos) desayunarse. **10.** (nosotros) examinarse hoy.

VII. *Construya oraciones con el femenino de los siguientes nombres y adjetivos:*

un rey cortés	un inglés protestante	un poeta triste
un padre portugués	un hombre haragán	un joven idealista
un actor superior	un niño menor	un chico nicaragüense

VIII. *¿Qué es:*
   la plata, el desayuno, el día, un palacio, el té, la uva, una biblioteca, la primavera, el jueves, agosto, el Japón, Lima, una aguja, un submarino, una pluma, un león, una mariposa, Marte, un río, Minerva, una península, un ejército?

IX. *Enumere diez modismos: cinco en que se emplee el verbo* **hacer** *y cinco en que se emplee el verbo* **ir** *y úselos en oraciones.*

X. *¿De qué país son:*
   los salvadoreños, los chilenos, los irlandeses, los hondureños, los portugueses, los paraguayos, los chinos, los rusos, los ingleses?

REPASO UNO

XI. *A continuación damos los países donde se habla español. Busque en la segunda columna la capital correspondiente:*

1.	España	Asunción
2.	la Argentina	la Habana
3.	Chile	San Juan
4.	el Perú	Montevideo
5.	el Ecuador	Buenos Aires
6.	Colombia	Santiago
7.	Venezuela	Madrid
8.	Bolivia	Méjico (México)
9.	el Paraguay	Quito
10.	el Uruguay	Caracas
11.	Méjico (México)	Manila
12.	Panamá	Managua
13.	Costa Rica	Guatemala
14.	Nicaragua	Tegucigalpa
15.	el Salvador	Santo Domingo
16.	Guatemala	Lima
17.	Honduras	Panamá
18.	Puerto Rico	Bogotá
19.	Cuba	San Salvador
20.	Rep^{ca}. Dominicana	La Paz
21.	las Filipinas	San José

45

REPASO UNO

XII. *Diga qué palabra de la columna* **B** *responde a la definición que se da en la columna* **A**:

A	B
1. un hombre que construye casas es un	modista
2. un hombre que toca el violín es un	presidente
3. un hombre que escribe poesías es un	vendedor
4. un hombre que recorta el pelo es un	profesor
5. un hombre que preside es un	pintor
6. un hombre que vende es un	arquitecto
7. un hombre que enseña en una universidad es un	carpintero
8. un hombre que enseña en una escuela es un	haragán
9. un hombre que pinta es un	poeta
10. un hombre que esculpe es un	músico
11. un hombre que no hace nada es un	maestro
12. la mujer que vende flores es una	médico
13. el hombre que cura a los enfermos es un	peluquero
14. la mujer que cose vestidos es una	florista
15. el hombre que hace planos para construir casas es un	escultor

XIII. *Conteste en oraciones completas:*
 1. ¿Qué días de la semana no hay clases? 2. ¿En qué mes cae la Navidad? 3. ¿En qué año ocurre la muerte de Cervantes y de Shakespeare? 4. ¿Qué pasa en el año 1492? 5. ¿A cómo estamos? Diga el día, el mes y el año. 6. ¿Cómo se llama Ud.? ¿Cuál es el apellido de soltera de su madre? 7. ¿Cuál es su nombre completo, (su nombre de Ud.), según la costumbre española? 8. ¿A qué números cardinales corresponden los ordinales: primero, segundo, tercero, cuarto, quinto, sexto, séptimo, octavo, noveno, décimo? 9. Lea las siguientes horas: 12:00; 1:15; 2:20; 3:30; 4:45; 5:55; 11:05; 7:16; 8:35; 9:10 A.M.; 10:30 P.M. 10. ¿En qué estación se ponen los árboles amarillos y se caen las hojas? ¿Cuál es la estación de las nieves? ¿de las frutas? ¿del calor? 11. ¿Dónde trabaja el zapatero, el panadero, el sastre, el barbero, el tendero, el librero? 12. ¿Qué se contesta cuando se pregunta: *¿Se puede?* y ¿cuando se dice *gracias*?

XIV. *Emplee las preposiciones adecuadas en cada frase y traduzca:*
1. Voy _____ tiendas. **2.** Vamos _____ automóvil. **3.** Viene _____ mar. **4.** Vengo _____ la exposición. **5.** Venimos _____ cine. **6.** Pasamos _____ teatro. **7.** ¿Vas _____ parque? **8.** Voy _____ María. **9.** Estudiamos _____ la biblioteca. **10.** El libro _____ Juan es rojo.

XV. *Los adjetivos descriptivos pueden dividirse en dos grandes grupos: el primero incluye los de percepción visual, olfativa, auditiva, o de tacto o de sabor; el segundo lo constituyen los adjetivos éticos que son los que describen el carácter o la conducta. De acuerdo con esta clasificación, diga a qué clase pertenecen los siguientes adjetivos:*

cortés	aromático	caliente	grande	chillón
rojo	amargo	pacífico	dulce	orgulloso
alto	ruidoso	mentiroso	pálido	vengativo
suave	agrio	rítmico	pequeño	noble
redondo	malo	bondadoso	vicioso	gordo

5 — LECCIÓN QUINTA

··Lectura

EL SÁBADO

—Hola, María, ¿qué es de tu vida? ¿Qué haces?
—Todos los días de trabajo (lunes, martes, miércoles, jueves y viernes) salgo a las ocho para ir a la escuela. Pero los sábados salgo más tarde porque no tengo clase; salgo entre las nueve y media y diez menos cuarto. Mi amiga me espera en la portería y salimos a la calle juntas. Andamos dos manzanas y entramos en el mercado donde compramos una porción de cosas para mi madre: frutas, verduras y pescado; y en la carnicería el carnicero nos ofrece carne de vaca y de ternera, pollos, patos, pavos, etc.
Cuando salimos del mercado, a eso de las once, vamos a la panadería. El panadero vende pan, panecillos, bizcochos, tartas y pastas, y compramos lo que necesitamos.
Entonces mi amiga va por helado y yo entro en la tienda de comestibles a comprar harina, mantequilla y huevos. Leche no, porque el lechero nos deja la leche todos los días a la puerta de la casa.
Antes de preparar el almuerzo, voy por lo regular (generalmente) a la zapatería y el zapatero me limpia los zapatos porque no hay limpiabotas en la calle.
El sábado por la tarde escribo cartas y leo, por gusto, no por obligación, novelas, dramas, poesías y ensayos, o escucho la radio.
A menudo voy, por la noche, de baile o de tertulia a casa de algunos amigos donde se charla y se canta. Lo pasamos bien.

LECCIÓN QUINTA

—¡Qué barbaridad! ¡Cuánto haces y cuánto hablas! Adiós. Hasta la vista, chica.

—Adiós, Luisa. Voy al centro.

Luisa se va hacia la derecha y María hacia la izquierda.

Luisa (en voz baja) —¡María habla por los codos! No voy a llegar a tiempo. ¡Qué lástima! ¡Dan las doce!

CUESTIONARIO

1. Hola, ¿qué es de su vida? 2. ¿Cómo se dice en español: *hello, goodbye, so long*? 3. ¿Va usted a menudo de baile? 4. ¿Sale usted con frecuencia por la noche? 5. ¿Cuáles son los días de la semana? 6. ¿A qué hora sale usted para la escuela? 7. ¿A qué hora sale los sábados? 8. ¿Quién la espera en la portería? ¿Adónde van ustedes juntas? ¿En dónde entran? 9. ¿Qué compran en el mercado? 10. ¿Qué vende el carnicero? 11. ¿A qué hora salen del mercado? 12. ¿Qué vende el panadero? ¿Dónde? 13. ¿Qué compran ustedes? 14. ¿Adónde va su amiga? ¿Qué compra? 15. ¿Qué compra usted en la tienda de comestibles? 16. ¿Dónde deja el lechero la leche? 17. ¿Cuándo va usted a la zapatería? 18. ¿Quién limpia los zapatos? 19. ¿Por qué no los limpia el limpiabotas? 20. ¿Qué hace el sábado por la tarde? 21. ¿Qué lee usted? 22. ¿Qué come usted mientras lee? 23. ¿Adónde va usted de noche? 24. ¿Qué hacen ustedes en la tertulia? 25. ¿Qué diferencia hay entre una librería y una biblioteca?

✦✦✦✦✦✦✦✦✦✦✦✦✦✦✦✦✦✦✦✦✦ Gramática

Segunda y tercera conjugación: -er, -ir

Las terminaciones del presente de indicativo son:

SEGUNDA CONJUGACIÓN:		TERCERA CONJUGACIÓN:	
-o	-emos	-o	-imos
-es	-éis	-es	-ís
-e	-en	-e	-en

LECCIÓN QUINTA

Todas las personas del presente de indicativo de la segunda y tercera conjugación tienen idénticas terminaciones, menos la primera y segunda del plural.

COMER *to eat*
    Como pan.
    Comes carne.
    Come pescado.
    Comemos manzanas.
    Coméis bananas.
    Comen uvas.

VIVIR *to live*
    Vivo en una casa.
    Vives en el colegio.
    Vive en la ciudad.
    Vivimos en el campo.
    Vivís cerca del museo.
    Viven lejos del pueblo.

De ahora en adelante suprimimos los pronombres personales en las conjugaciones porque se usan poco. Sólo se usan en caso de duda o para recalcar la persona que ejecuta la acción, la persona de quien se habla, etc. Nunca se emplean para referirse a cosas.

    Él quiere venir; **ella,** no.   He *wishes to come:* she *does not.*
    ¿**Tú** me entiendes?   *Do* you *understand me?*

Como **comer** se conjugan:
    beber *to drink*   aprender *to learn*
    vender *to sell*   responder *to answer*

Como **vivir** se conjugan:
    abrir *to open*   partir *to leave*
    dividir *to divide*   cubrir *to cover*
    escribir *to write*   descubrir *to discover*

SALIR *to go out, to come out, to depart, leave*
    Salgo el lunes para la ciudad.
    Sales el martes para el campo.
    Sale el miércoles para el sur.
    Salimos el jueves para el norte.
    Salís el viernes para el este.
    Salen el sábado para el oeste.

DAR *to give*[1]
    Doy un libro.
    Das unos libros.
    Da una flor.
    Damos unas flores.
    Dais un lápiz.
    Dan unos lápices.

---

[1] **dar a** significa *to face, to open on:* Mi cuarto da a la calle. *My room faces the street.*

LECCIÓN QUINTA

VER *to see*
>No **veo** el rubí.[2]
>No **ves** los rubíes.
>No **ve** el pez.
>No **vemos** los peces.
>No **veis** la mesa.
>No **ven** las mesas.

El complemento directo e indirecto

El complemento directo es aquel que representa la persona o cosa sobre la que recae la acción del verbo.

El complemento indirecto es el que expresa la persona o cosa que recibe el provecho o daño de la acción del verbo.

>Damos una flor **a María**. *We give a flower* to Mary.
>Compro flores **para María**. *I buy flowers* for Mary.
>Compro flores **para la mesa**. *I buy flowers* for the table.

Flor y **flores** son los complementos directos; contestan a las preguntas: ¿qué damos? ¿qué compramos?

A María, para María y **para la mesa** son los complementos indirectos; contestan a las preguntas: ¿a quién? ¿para quién? ¿para qué? Recuerde que el complemento indirecto lleva siempre la preposición **a** o **para** antes del nombre o pronombre. Naturalmente las formas átonas del pronombre—que damos a continuación—se emplean sin preposición. Se llaman átonas porque no tienen acento prosódico y se pronuncian como una palabra con el verbo que les precede o les sigue, según sea el caso.

Las formas átonas del pronombre como complemento indirecto

>**me** *to me*   **nos** *to us*
>**te** *to you* (*familiar*)   **os**   *to you* (*familiar*)
>**le** *to him, her, you*   **les** *to them, you*
>**se** *to him, her, you*   **se**   *to them, you*

---

[2] Para cambiar una oración en negativa anteponga un adverbio de negación al verbo.

LECCIÓN QUINTA

Colocación de los pronombres

1. Los pronombres usados como complementos indirectos preceden al verbo:

    Él **me** da el libro.   *He gives* me *the book.*

2. Los pronombres usados como complementos indirectos preceden al imperativo negativo:

    No **le** dé el libro.   *Don't give* him *the book.*

3. Los pronombres usados como complementos indirectos siguen al imperativo afirmativo, al infinitivo, y al gerundio:

    Dé**me** el libro.   *Give* me *the book.*
    Él desea dar**me** el libro.   *He wishes to give* me *the book.*
    Ella ve a Carlos dándo**me** el libro.   *She sees Charles giving* me *the book.*

Pero si el infinitivo o el gerundio van subordinados a otro verbo, los pronombres pueden colocarse antes del verbo principal o determinante; así se puede decir de dos maneras:

    Queremos complacer**te** o **Te** queremos complacer.   *We wish to please* you.
    Estaban llamándo**te** o **Te** estaban llamando.   *They were calling* you.

El dativo ético o de interés

Estos pronombres se pueden usar para expresar un interés especial. Así cuando decimos « Cuídame al niño » hay más interés que cuando decimos « Cuida al niño. » Cuando decimos « Él se bebió el vino » expresa más gusto en el sujeto que cuando decimos simplemente « Él bebió el vino. »

Distinción entre el se pronombre reflexivo y el se dativo de tercera persona

Hay que distinguir el pronombre reflexivo **se**, del dativo de tercera persona **se**: Se es reflexivo cuando se refiere siempre al sujeto de la oración como: Él **se** (complemento directo) lava; él **se** (complemento indirecto) lava las manos. Se como dativo de tercera persona o complemento indirecto equivale a **le** (a él, a ella, a usted) o **les** (a ellos, a ellas, a ustedes):

    Yo **se** lo di.   *I gave it* to him (her, you, them, etc.).

LECCIÓN QUINTA

Para aclarar la significación del pronombre añadimos las frases **a él**, etc., o sea las formas del mismo pronombre con preposición. De otro modo no sabríamos si **se** es singular o plural, masculino o femenino.

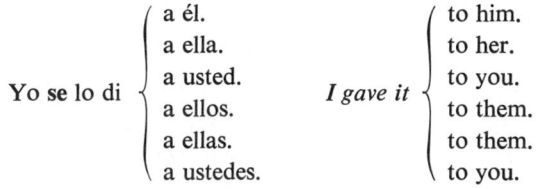

Yo se lo di { a él. / a ella. / a usted. / a ellos. / a ellas. / a ustedes. }   I gave it { to him. / to her. / to you. / to them. / to them. / to you. }

Se puede tener otros usos:
1. Con verbos recíprocos: Pedro y Carlos **se** tutean.
2. Con valor impersonal: **Se** dice que son espías.
3. Con valor pasivo: **Se** quemó el barco.

Ejercicios

I. *Cambie al plural las palabras en letra bastardilla y haga cualquier otro cambio necesario:*
1. El *alumno* estudia la *lección*. 2. El *profesor* francés no habla alemán. 3. El *español* canta la *canción popular*. 4. El *pintor* y el *tenor* van al *país* del *amigo* de María. 5. La *mujer* compra un *álbum*. 6. *Voy* a visitar a un *amigo* alemán. 7. El *salón* da al parque, no a la calle. 8. La *raíz* del *árbol* sale a la superficie.

II. *Complete:*
1. _____ vende pan en _____. 2. El librero vende _____ en _____. 3. El farmacéutico vende medicinas en _____. 4. El zapatero compone _____ en _____. 5. _____ en el mar o en el lago. 6. _____ en el hielo. 7. Hace calor en _____. 8. Hace fresco en la _____ y en el _____. 9. Los días de la semana son siete: _____, etc. 10. Los meses del año son doce: _____, etc. 11. Mi dormitorio da _____. 12. Dan las cinco en el _____ de la catedral.

III. *Escriba oraciones usando las siguientes frases:*
1. ir de compras. 2. ir de baile. 3. a menudo. 4. días de trabajo. 5. ir de tertulia. 6. a tiempo.

LECCIÓN QUINTA

IV. *Emplee los siguientes modismos en oraciones:*

1.	¿Qué es de ...?	*What has become of ...? How is ...?*
2.	a eso de las once	*around eleven o'clock*
3.	por lo regular	*usually*
4.	a menudo	*often*
5.	Lo paso bien.	*I have a good time.*
6.	¡Hasta la vista!	*So long!*
7.	ir al centro	*to go downtown*
8.	en voz alta; en voz baja	*aloud; in a low voice*
9.	hablar por los codos	*to talk too much*
10.	hacia la derecha	*toward the right*
11.	a la izquierda	*on the left*
12.	a tiempo	*on time*
13.	¡Qué lástima!	*What a pity!*
14.	de ahora en adelante	*from now on*
15.	dar a	*to face, open on*
16.	dar (la hora)	*to strike (the hour)*

EJERCICIO DE PRONUNCIACIÓN

Recuerde que en español la **b** y la **v** se pronuncian del mismo modo,[3] como la *b* en la palabra inglesa *boy,* pero es menos explosiva que en inglés:
Alberto bebe vino. ¿De veras?   *Albert drinks wine. Really?*

CANCIÓN

Yo me subí a un pino verde
por ver si la divisaba,
y sólo divisé el polvo
del coche que la llevaba.

Voy a decirte una verdad y es ésta:
« No vale nuestra vida lo que cuesta. »
Ramón de Campoamor.

---

[3] Tradicionalmente en las escuelas los niños preguntaban: « ¿Se escribe con b- de burro o v- de vaca? »

LECCIÓN QUINTA

¡La vida!... Polvo en el viento
 volador.
¡Sólo no muda el cimiento
 del dolor!
  Ramón María del Valle-Inclán.

REFRÁN

Marzo ventoso
y abril lluvioso
hacen a mayo
florido y hermoso.

6 | LECCIÓN SEXTA

Lectura

DE EXCURSIÓN

Muchos sábados hacemos excursiones por los alrededores de la ciudad. En el invierno vamos a la sierra. Salimos de la ciudad el viernes por la noche en tren y pasamos el fin de semana en un hotel, mejor dicho, dormimos en el hotel dos noches, pero pasamos el resto del tiempo al aire libre. El sábado y el domingo por la mañana vamos a esquiar. El aire de la montaña y el ejercicio nos dan mucho apetito y regresamos al hotel, muertos de hambre y de cansancio.

El domingo, después de comer, damos un corto paseo por el bosque, cruzamos un pinar y paramos en un restorán cerca de la estación para tomar el té. Nos dan tostadas con mermelada y bocadillos de jamón y queso. Yo tomo el té cargado, sin azúcar y con crema o limón.

A veces, en vez de dar un paseo a pie, paseamos en trineo y cuando hace mucho frío nos cubrimos las piernas con una manta. A pesar de los guantes, de la bufanda y del gorro de lana, tenemos frío.

Al regresar a la ciudad estamos tan cansados, que acabamos por dormirnos en el tren las tres horas que dura el viaje.

Algunos veranos vamos a la playa. A veces paso una temporada en casa de una tía mía que vive todo el año cerca de un lago pintoresco. Nadamos y pescamos, paseamos por el campo, buscamos moras y

LECCIÓN SEXTA

cultivamos una pequeña huerta que nos da toda clase de legumbres. A menudo mi tía pinta paisajes al pastel. Mientras ella pinta, yo leo o juego a la pelota.

Si hace luna paseamos en bote. Cantamos mientras remamos y se pasan las noches agradablemente. Otras noches jugamos a las cartas mientras tomamos limonada o cerveza y hablamos de política, de modas, de literatura, de música, de pintura, del costo de la vida, de nuestros vecinos, de la película que se da en el único cine del pueblo, de Dios y del más allá, en fin, de todo lo divino y lo humano.

CUESTIONARIO

1. ¿Cuándo hace usted excursiones? **2.** ¿A dónde va en invierno? **3.** ¿Dónde pasan el fin de semana? **4.** ¿Qué hacen ustedes en el hotel? **5.** ¿Dónde pasan el resto del tiempo? **6.** ¿Cuándo van a esquiar? **7.** ¿Cómo regresan al hotel? **8.** ¿Qué hacen ustedes el domingo después de comer? **9.** ¿Para qué paran en el restorán? **10.** ¿Cómo toma usted el té? **11.** ¿En qué pasean ustedes a veces? **12.** ¿Qué hacen ustedes cuando hace frío? **13.** ¿A dónde van ustedes algunos veranos? **14.** ¿Qué hacen su tía y usted en el verano? **15.** ¿Qué les da la huerta? **16.** ¿Qué hace usted mientras su tía pinta? **17.** ¿Cuándo pasean en bote? **18.** ¿Qué hacen mientras reman? **19.** ¿De qué hablan? **20.** ¿Quién pinta al óleo? ¿al pastel? ¿al fresco?

Gramática

JUGAR   *to play*

¿**Juego** yo bien a las cartas?	*Do I play cards well?*
¿**Juegas** tú al tenis?	*Do you play tennis?*
¿**Juega** él a la pelota?	*Does he play ball?*
¿**Jugamos** nosotros a las damas?	*Do we play checkers?*
¿**Jugáis** vosotros al dominó?	*Do you play dominoes?*
¿**Juegan** ellos con la baraja nueva?	*Are they playing with the new deck of cards?*

LECCIÓN SEXTA

TRAER *to bring*

No **traigo** frutas del huerto.	*I do not* bring *fruits from the orchard.*
No **traes** flores del jardín.	*You do not* bring *flowers from the garden.*
No **trae** libros de la ciudad.	*He does not* bring *books from the city.*
No **traemos** lápices a casa.	*We do not* bring *pencils home.*
No **traéis** plumas de la tienda.	*You do not* bring *pens from the store.*
No **traen** legumbres a casa.	*They do not* bring *vegetables home.*

Nevar y llover

Nevar (*to snow*) y **llover** (*to rain*), como en inglés, son verbos impersonales y se usan sólo en la tercera persona del singular. Ambos son irregulares en el presente:

Nieva mucho en invierno.	*It* snows *a great deal in winter.*
Llueve poco en verano.	*It* rains *little in summer.*

El pronombre como complemento directo

me	*me*
te	*you* (*familiar*)
lo	*it* (*m.*); *him; you* (*m.*)
le	*him; you* (*m.*)
la	*it* (*f.*); *her; you* (*f.*)
nos	*us*
os	*you* (*familiar*)
los	*them* (*m. things or persons*); *you* (*m.*)
les	*them* (*m. persons only*); *you* (*m.*)
las	*them* (*f. things or persons*); *you* (*f.*)

Juan **me** quiere y yo **lo** quiero.	*John loves* me *and I love* him.
—¿Ve usted la torre?	—*Do you see the tower?*
—**La** veo.	—*I see* it.
—Tomás **le** llama, Pepe.	—*Thomas is calling* you, *Joe.*
—¿Quiere los guantes?	—*Do you want the gloves?*
—**Los** quiere.	—*He wants* them.

Fíjense en que **le** y **les** no se usan para referirse a cosas sino a personas en el masculino. **Lo, los, la, las** se usan tanto para cosas como para personas. Si el alumno emplea estos cuatro pronombres (**lo y los** para el masculino y **la y las** para el femenino) como complemento directo, no se equivocará nunca.

LECCIÓN SEXTA

Colocación del pronombre como complemento directo

1. Estos pronombres siguen al infinitivo, al gerundio y al imperativo afirmativo:

Quiero ver**la**.	*I wish to see* her, it (*f.*) *or* you (f.).
Luis viene cantándo**la**.[1]	*Louis is* (*comes along*) *singing* it.
Cánte**la**.	*Sing* it.

Pero preceden al imperativo negativo y al verbo que se conjuga:

No **la** cante.	*Do not sing* it.
Yo **la** canto.	*I sing* it.

2. Con verbos como **querer, ir, venir, poder,** etc., seguidos por un infinitivo, en vez de añadirse el pronombre al infinitivo, puede anteponerse al verbo que se conjuga y decir:

La quiero ver.	
Quiero ver**la**.	*I wish to see* her.
La voy a ver.	
Voy a ver**la**.	*I am going to see* her.

3. Si se usan dos pronombres, uno como complemento directo y otro como complemento indirecto, el indirecto precede al directo:

Él **me** (*indirecto*) **lo** (*directo*) da.	*He gives* it to me.
Él **nos** (*indirecto*) **la** (*directo*) da.	*He gives* it to us.

4. El complemento indirecto de la tercera persona (**le, les**) cambia a **se**[2] para evitar la cacofonía cuando le sigue uno de los pronombres del complemento directo: **lo, los, la, las.** De modo que se dice **se lo, se los, se la, se las**:

Él **se lo** da.	*He gives* it to him (to her, to you, to them).

5. Como **se** puede significar **a él, a ella, a usted** o sus plurales, se añaden unas frases aclaratorias para evitar confusión:

Luis se lo da **a usted,** no a ella.	*Louis gives it* to you, *not to her.*

6. Con las demás personas se emplean las frases **a mí, a ti, a nosotros, a vosotros,** no por aclarar el sentido sino por recalcar lo que se quiere decir:

Me trae los libros **a mí, no a ti.**	*He brings the books* to me, *not* to you.

---

[1] Se sobreentiende **la canción.**

[2] La forma **se,** sea personal o reflexiva, precede siempre a los otros pronombres: **Se me** olvidó. *I forgot* (*it*). **Se te** hace tarde. *It is getting late for you.* **Se le** voló el sombrero. *His hat flew off.*

LECCIÓN SEXTA

7. Cuando el complemento es un nombre y precede al verbo, se usa un pronombre redundante:

| Estas cosas **las** sé de memoria. | *I know these things by heart.* |
| El paraguas **lo** tengo en casa. | *I have the umbrella at home.* |

El pronombre y la preposición

1. Con las preposiciones se usan las mismas formas del pronombre personal que se emplean como sujeto (**él, ella, Ud.** y sus plurales, y **nosotros y vosotros**) excepto en la primera y segunda personas del singular, en que se emplean **mí** y **ti**.

Hablan de **mí**.	*They speak about (of) me.*
La flor es para **ti**.	*The flower is for you.*
Tengo fe en **él**.	*I have faith in him.*
Voy sin **ella**.	*I go without her.*
Lo hago por **usted**.	*I do it for you (your sake).*
Está delante de **nosotros**.	*He is in front of us.*
Viene detrás de **vosotros**.	*He comes behind you.*
Va tras **ellos**.	*He goes after them.*
Está de pie detrás de **ellas**.	*He is standing behind them.*

La forma reflexiva de tercera persona que se usa con preposición es **sí**:

| Él lo dice para **sí**. | *He says it to himself.* |

2. Cuando se usa la preposición **con** con la primera y segunda persona del singular, **mí** se convierte en **-migo** y **ti** en **-tigo**: **conmigo, contigo**.

| Tú vas al teatro **conmigo**. | *You go to the theater with me.* |
| Yo voy **contigo** al museo. | *I go with you to the museum.* |

3. Con él, con ella, con usted y sus plurales se traducen por *with him, with her, with you*, etc.

| Voy al cine **con él**. | *I go to the movies with him.* |
| Él va **con nosotros**. | *He goes with us.* |

4. Consigo se usa en vez de **con él, con ella, con usted** y sus plurales cuando estos pronombres se refieren al sujeto de la oración; generalmente se usa con los verbos **llevar** y **traer**.

| Él se lleva el libro **consigo**. | *He takes the book with him.* |
| ¿Trae Ud. el mapa **consigo**? | *Do you bring the map with you?* |

En el uso corriente se tiende a omitir la forma **consigo** y se dice simplemente:

Él se lleva el libro.

LECCIÓN SEXTA

Las preposiciones con el infinitivo

1. Cuando en inglés se usa la preposición con un gerundio, en español se emplea con el infinitivo.

Sin estudiar no puede Ud. aprender.
Antes de entrar se quita los chanclos.

Without studying *you cannot learn.*
Before entering *he takes off his rubbers.*

2. *On* y *upon*, seguidos de un gerundio, se traducen por **al** y van seguidos de un infinitivo en español.

Al entrar en la casa se quita el sombrero.

On (Upon) entering *the house, he removes his hat.*

Ejercicios

I. *Escriba la forma correspondiente del verbo y del pronombre:*
  1. Yo (leer) la carta; tú no ____ ____ (Yo **leo** la carta; tú no **la lees**.)
  2. Ustedes (beber) leche; él no ____ ____. 3. Tú (comer) carne; él no ____ ____. 4. Nosotros (vender) manzanas; ellos ____ (comprar). 5. Usted (escribir) una poesía; yo ____ (aprender) de memoria. 6. Ella (partir) el pan bien; yo ____ ____ mal. 7. Yo no (ir) porque no (ver) a los niños; ¿____ ves tú? 8. Tú (abrir) la ventana; él no ____ ____. 9. Yo (ver) a María; ____ ____ frecuentemente. 10. A Juan no ____ (ver). 11. Vosotros (ver) los árboles; ellos no ____ ____.

II. *Complete con el pronombre correspondiente al pronombre que va entre paréntesis:*
  1. Yo ____ doy las flores (a ti). 2. Tú ____ das los mapas (a mí). 3. Él ____ da los lápices (a ella). 4. Ella ____ da la pluma (a usted). 5. Usted ____ da los libros (a nosotros). 6. Vosotros ____ dais la tinta (a ellos). 7. Nosotros ____ damos los papeles (a los niños). 8. Pepe y Juan ____ dan los borradores (a vosotros). 9. Ellas ____ dan los lápices (a ti y a él). 10. Uds. ____ dan los cuadernos (a mí). 11. Yo ____ llevo a su casa (a él). 12. Nosotros ____ llevamos a la escuela (a usted). 13. Uds. ____ llevan a la universidad (a nosotros). 14. Tú ____ llevas al teatro (a mí). 15. Él ____ lleva a la iglesia (a ella).

61

LECCIÓN SEXTA

III. *Escriba el pronombre correspondiente:*
1. Traigo flores para ____, Sra. López. 2. El perro va detrás de ____ cuando voy a pasear. 3. Voy con ____, hijo mío. 4. No voy sin ____, madre. 5. Hablan de ____, dicen los padres. 6. Confía en ____, Pepe. 7. Lo hace por ____, Dr. Acosta. 8. Pone las tazas de té delante de ____. 9. Entran con ____ cuando entro en la iglesia. 10. Ellos hablan después ____ y antes de ____.

IV. *Dé oraciones con la primera persona del singular del presente de indicativo de los verbos* **hacer, traer, llevar, salir, dar, ver, ir** *y* **venir.**

V. *Dé oraciones con la tercera persona del singular del presente de indicativo de los verbos* **venir, hacer, nevar, llevar** *y* **llover.**

VI. *Escriba oraciones con las frases siguientes:*
1. hablar de lo divino y lo humano
2. tocar la guitarra
3. pintar al óleo
4. jugar a las cartas
5. pintar al pastel
6. hacer excursiones

VII. *Emplee los siguientes modismos en oraciones:*

fin de semana	week-end
al aire libre	out of doors
muerto de hambre	starved
muerto de cansancio	dead tired
muerto de sueño	very sleepy
dar un paseo a pie	to take a walk
a pesar de	in spite of
acabar por	to end by
pasar una temporada	to visit
a veces	sometimes
en vez de	instead of
el más allá	the life beyond

LECCIÓN SEXTA

EJERCICIO DE PRONUNCIACIÓN

Recuerde que la **c** tiene dos sonidos:
1. como la *k*- en la palabra inglesa *kind,* cuando precede a las vocales **a, o, u,** o cuando precede a una consonante:
   Carlos y Clara comen dulces cubanos.
Para obtener el sonido de *k* antes de **e, i,** se escribe **que, qui.**
2. como *th*- en la palabra inglesa *think,* cuando precede a las vocales **e, i.**
   Cinco amigos cenan con Celia y Cipriano.

Recuerden que la **z** se pronuncia como la *th*- en la palabra inglesa *think*
   Los zapatos de Luz son azules.
Se escribe antes de las vocales **a, o, u,** y rara vez antes de **e, i**: zeta, zigzag.
En el sur de España y en Hispanoamérica **c**- delante de **e, i,** y la **z** se pronuncian como **s**.

LA CUNITA
La cuna de mi hijo
se mece sola,
como en el campo verde
las amapolas.
   Este niño pequeño
no tiene cuna;
su padre es carpintero
y le hará una.

COPLA
El clavel que tú me diste,
el día de la Ascensión,
era clavel, y ahora es clavo
clavado en mi corazón.

UNA ANÉCDOTA
Un español oyó decir a un muchacho mejicano: «Allí están un muchacho y una muchacha abrasándose.» El español echó a correr para salvarlos del fuego, pero cuando llegó vio con asombro que se trataba de una pareja de enamorados que se abrazaban con entusiasmo. El español se dirigió al mejicanito: «Oye, chico, la próxima vez pronuncia la "z" para saber en qué dirección debo correr.»

REFRÁN
No por mucho madrugar
amanece más temprano.

7 LECCIÓN SÉPTIMA

Lectura

¡SIEMPRE DE PRISA!

Aunque no me gusta, me acuesto temprano para poder levantarme a las siete y media. Me despierto y a ciegas, con mucho sueño, enciendo la luz y veo que son las seis. Como no quiero ni pienso levantarme tan de mañana, vuelvo a dormirme. A las siete y media suena el despertador y empiezo[1] a vestirme medio dormido. En la cocina la cocinera calienta la leche, cuela el café, cuece los huevos y tuesta el pan.

Me siento a desayunar en el comedor y mientras tanto hojeo el libro de historia; pero pronto lo cierro porque me acuerdo de la lección. Miro por la ventana y veo que nieva. La gente atraviesa la calle de prisa. Un pobre niño espera el tranvía; tirita de frío porque lleva calcetines y pantalón corto.

Suena la campana del reloj de la iglesia. Cuento las campanadas. Son las ocho y es hora de salir. No suelo[2] salir de casa tan pronto, pero hoy pienso pasar por la biblioteca para devolver dos novelas. Me pongo el abrigo, los guantes y el sombrero y vuelo a la calle. Tropiezo con la gente, empiezo a correr porque se me hielan los pies, pierdo el tranvía y me encuentro con un amigo. Corremos ambos y por fin llegamos. Devuelvo los libros a la bibliotecaria, cierro la puerta y salgo de prisa y corriendo.

Mi amigo no puede comprender por qué corro. Al legar a la escuela, me dice:

---

[1] Los verbos **empezar, comenzar** y **principiar** se construyen con la preposición **a**, si el complemento de la acción del verbo es un infinitivo.

[2] En el indicativo **soler** se usa sólo en el presente y en el imperfecto; va seguido de un infinitivo.

LECCIÓN SÉPTIMA

—No entiendo tus prisas; son las nueve menos veinticinco minutos.
—Sí, lo sé; ¿pero no te das cuenta de que me gusta correr cuando tengo frío?
—¿Vas a almorzar a las doce, como de costumbre?
—Hoy no puedo almorzar tan pronto porque voy a ver a un profesor. Almuerzo a las doce y media. ¿Quieres esperarme en el restorán de enfrente? El almuerzo cuesta poco y suelen servir de prisa.
—¡Por favor, te lo ruego, sin prisas!
—Bueno, no puedo entretenerme. Hasta luego. No dejes de esperarme.
—Adiós, y no corras más, hombre.

CUESTIONARIO

1. ¿Le gusta acostarse temprano? **2.** ¿Por qué se acuesta temprano? **3.** ¿Qué hace usted cuando se despierta? **4.** ¿Cuándo suena el despertador? **5.** ¿Qué hace Ud. a las siete y media? ¿a las seis? **6.** ¿Qué hace la cocinera en la cocina? **7.** ¿Qué hace Ud. en el comedor? **8.** ¿Por qué cierra Ud. el libro de historia? **9.** ¿Qué ve Ud. por la ventana? **10.** ¿Qué hace la gente? ¿un muchacho? **11.** ¿Cuántas campanadas cuenta Ud.? **12.** ¿A qué hora suele Ud. salir de casa? **13.** ¿Por qué se va hoy tan pronto? **14.** ¿Qué se pone Ud. antes de salir a la calle? **15.** ¿Por qué corre Ud.? **16.** ¿Qué pierde Ud. y con quién se encuentra? **17.** ¿A quién devuelve Ud. los libros? **18.** ¿Por qué no puede almorzar a las doce? **19.** ¿Qué ventajas tiene el restorán de enfrente? **20.** ¿Qué le ruega su amigo?

Gramática

Primer grupo de verbos que sufren cambio en la radical

Un grupo de verbos de primera y segunda conjugación, que tienen **e** u **o** en la raíz, cambian la **e** en **ie** y la **o** en **ue** en todas las personas en que el acento

LECCIÓN SÉPTIMA

cae en la raíz del verbo, esto es, en todo el presente de indicativo,[3] menos en la primera y segunda personas del plural.

Modelos: pensar, perder e → ie
contar, mover o → ue

PENSAR *to think, contemplate; to plan, intend*
Pienso venir con mi amigo despacio.
Piensas ir al cine mañana.
Piensa estudiar dos horas.
Pensamos volver pronto.
Pensáis almorzar a la una.
Piensan salir al jardín ahora.

PERDER *to lose; to miss*
Pierdo una pluma cada mes.
Pierdes el tiempo con frecuencia.
Pierde el tranvía a menudo.
Perdemos el sombrero.
Perdéis los guantes a menudo.
Pierden el dinero en el juego.

CONTAR[4] *to count; to tell, relate*
¿**Cuento** con usted para el puesto?
¿**Cuentas** los libros de física y geometría?
¿**Cuenta** los libros de aritmética?
¿**Contamos** los libros de lectura y de geografía?
¿**Contáis** los libros de química?
¿**Cuentan** un cuento interesante?

MOVER *to move*
Muevo la cabeza.
Mueves la mano.
Mueve el brazo.
Movemos el pie.
Movéis los dedos.
Mueven las piernas.

---

[3] Y en el subjuntivo que se estudiará más adelante.
[4] **contar con** *to count on*

Querer y poder

Hay dos verbos, irregulares también en otros tiempos, que tienen esta misma irregularidad en el presente de indicativo: **querer**[5] y **poder**.

QUERER *to wish*[6]
    Quiero acordarme de los nombres.
    Quieres acostarte temprano.
    Quiere mucho a su madre.
    Queremos confesar la verdad.
    Queréis negar la verdad.
    Quieren perder el tiempo.

PODER *to be able, may, can*
    No **puedo** regar las plantas.
    No **puedes** cerrar las ventanas.
    No **puede** entrar en el cine con el perro.
    No **podemos** defender las injusticias.
    No **podéis** volver a casa.
    No **pueden** probar lo que dicen.

Adverbios terminados en -mente

Los adjetivos terminados en **-o** cambian la **-o** en **-a** y añaden **-mente** para formar adverbios:

    lento   lentamente
    sincero   sinceramente

Los terminados en **-e** o en consonante añaden **-mente**:

    triste   tristemente
    cortés   cortésmente[7]
    fácil   fácilmente

Si se usan dos o más adverbios terminados en **-mente** sólo el último lleva la terminación **-mente** y los anteriores cambian a la forma femenina del adjetivo:

    Él habla clara, lenta y elegantemente.   *He speaks clearly, slowly and elegantly.*
    María hace las cosas fácil y rápidamente.   *Mary does things easily and rapidly.*
    José nos trata cortés y fríamente.   *Joseph treats us courteously and coldly.*

---

[5] **Querer** en preguntas como «¿Quiere Ud. pasarme la sal?» equivale a «Hágame el favor de ...» En oraciones negativas a veces se traduce por *would not* o *refused:* María le pidió que fuera y no quiso. *Mary asked him to go and he refused (would not).*

[6] **Querer a** *to love*

[7] Fíjense en que los adjetivos que llevan acento lo conservan al añadirse el sufijo **-mente**.

LECCIÓN SÉPTIMA

Sinónimos y antónimos

SINÓNIMOS

a menudo	}	por lo general	}
con frecuencia	} *often*	generalmente	} *usually*
frecuentemente	}	por lo regular	}
despacio	}	de prisa	}
lentamente	} *slowly*	rápidamente	} *rapidly*
con calma	}	a la carrera	}
sin prisa	}		

ANTÓNIMOS

bien	*well*	nunca	*never*
mal	*badly*	siempre	*always*
antes	*before*	arriba	*up*
después	*after*	abajo	*down*
ya	*already*	delante	*in front*
todavía no	*not yet*	detrás	*behind*

La negación

Adverbios de negación: **no, nunca, jamás,**[8] **tampoco, nada**
Pronombres de negación: **ninguno, ninguna, nadie, nada.**
Adjetivos de negación: **ningún, ningunos, ninguna, ningunas.**
Conjunción de negación: **ni; ni ... ni.**

1. Para cambiar una oración afirmativa en negativa anteponemos el adverbio **no** al verbo:

      No quiero ir.   *I do not want to go.*

2. Si no se usa **no**, las otras negaciones preceden también al verbo:

      Nunca quiero ir.   *I never want to go.*
      Jamás le veo.   *I never see him.*
      Nadie viene.   *Nobody comes.*
      Tampoco vamos.   *We do not go either.*

---

[8] **Jamás** o **nunca** se traducen por *ever* en preguntas: ¿Ha visto usted jamás semejante cosa? *Have you ever seen such a thing?*

LECCIÓN SÉPTIMA

3. Si se usa **no** y otras negaciones, el adverbio **no** precede al verbo y las otras negaciones le siguien:

No veo a **nadie**.	*I do* not *see* anybody.
No quiero ir **nunca**.	*I do* not ever *want to go*.
No sabe **nada** de música.	*He does* not *know* anything *about music*.
No necesito **nunca nada**.[9]	*I never need* anything.
No veo a **nadie nunca**.	*I never see* anybody.
No leo **nunca ningún** libro interesante.	*I never read an interesting book*.
No quiero **ni** éste **ni** ése.	*I want* neither *this* nor *that*.
No es **nada** bonita.	*She is* not at all *pretty*.

4. Ni significa *neither, not even;* **ni** ... **ni,** *neither* ... *nor;* **ni** ... **tampoco** o **no** ... **tampoco,** *neither:*

No viene ninguno, **ni** Héctor.	*No one is coming,* not even *Hector.*
Yo no voy. **Ni** Juan.	*I am not going.* Neither *is John.*
Ni Juan **ni** Pepe van.[10]	Neither *John* nor *Joe is going.*
Ni yo **tampoco**.	Neither *am I.*

Prefijos de negación

Los prefijos de negación más corrientes son **in-** y **des-** que se anteponen al adjetivo y alguna vez al nombre y al verbo. Si al prefijo **in-** sigue la letra **-p**, este prefijo se cambia a **im-**: **imprudente**.

ADJETIVOS

consciente—inconsciente   obediente—desobediente
suficiente—insuficiente   ordenado—desordenado

NOMBRES

clemencia—inclemencia   enlace—desenlace
prudencia—imprudencia   esperanza—desesperanza

VERBOS

comunicar—incomunicar   hacer—deshacer
tranquilizar—intranquilizar   tejer—destejer

---

[9] En español dos o tres negativos no hacen afirmativa a la oración.

[10] **Ni** ... **ni** requieren el verbo en el plural. **Tampoco** se emplea después de una negación, a menos que preceda al verbo.

LECCIÓN SÉPTIMA

Ejercicios

I. *Aprenda el significado de los siguientes verbos del primer grupo y emplee en oraciones quince de ellos en diferentes personas del presente de indicativo:*

1. los que cambian la **-e** radical en **-ie-**:

acertar	to hit the mark, to guess right
alentar	to encourage
atravesar	to cross, to go through
calentar	to heat, to warm
cerrar	to close
comenzar	to begin
confesar	to confess
defender	to defend
despertar	to awake
despertarse	to wake up
empezar	to begin
encender	to light
entender	to understand
errar[11]	to err, to make a mistake
helar	to freeze
helarse	to get frozen, to be freezing
manifestar	to manifest, to express
negar	to deny
negarse	to refuse
nevar	to snow
pensar	to think
pensar en	to think about
pensar de	to have an opinion about
perder	to lose, to waste, to miss (*a train*)
quebrar	to break
regar	to irrigate
sentar(se)	to seat; to sit down
temblar	to tremble
tender	to spread out, to have a tendency
tropezar	to stumble

---

[11] En español no hay palabra que empiece con **ie-** (la **i-** de **ierro** se cambia en **y-**). El presente de indicativo de **errar** es **yerro, yerras, yerra, erramos, erráis, yerran.**

LECCIÓN SÉPTIMA

2. los que cambian la **-o-** radical en **-ue-**:

acordarse de	to remember
acostar	to put to bed
acostarse	to go to bed
almorzar	to lunch
aprobar	to approve
cocer	to cook, to boil
colgar	to hang
conmover	to move (emotionally)
contar	to count, to tell
contar con	to count on
costar	to cost
demostrar	to show
devolver	to return (something borrowed)
descolgar	to take down
disolver	to dissolve
encontrar	to find
encontrarse con	to come upon, to meet
envolver	to wrap
llover	to rain
mostrar	to show
mover	to move
oler[12]	to smell
probar	to prove, to taste, to try on
recordar	to remember, to remind
resolver	to resolve, to solve
rogar	to beg
soler	to be in the habit of
sonar	to sound
sonarse	to blow one's nose
soñar (con)	to dream (of)
volar	to fly
volver	to return
volver a	to do (something) again

---

[12] **Oler: huelo, hueles, huele, olemos, oléis, huelen.** Ninguna palabra en español empieza con la sílaba **ue.**

71

LECCIÓN SÉPTIMA

II. *Escriba la forma del presente de indicativo que requiera el pronombre que va entre paréntesis:*
1. (Él) rogar, calentar, encender, volver. 2. (Yo) cerrar, encontrar, entender. 3. (Ud.) atravesar, oler, acostarse. 4. (Ellas) negar, soñar, resolver, despertarse. 5. (Vosotros) cocer, sentarse, acordarse, almorzar. 6. (Tú) comenzar, colgar, envolver, alentar. 7. (Nosotros) empezar, aprobar, resolver, regar. 8. (Ella) temblar, oler, tropezar, tender. 9. (Yo) poder, querer, helarse, quebrar. 10. (Uds.) soñar, demostrar, poder, querer.

III. *Forme adverbios con los siguientes adjetivos:*

cortés	atento	difícil	claro
bondadoso	lento	estupendo	elegante
hábil	amable	fácil	cordial

IV. *Dé otra forma negativa de las siguientes oraciones:*
1. A nadie quiero. 2. A ninguno ve Carlos. 3. Nunca queremos verlo. 4. Nunca tiene nada. 5. Juan no hojea nunca el libro de lectura. 6. Nunca suelo almorzar en casa. 7. Él no viene tampoco. 8. Nada tengo.

V. *Escriba oraciones:*
1. con el verbo **querer** para demostrar su uso:
    a. como sinónimo de **desear**
    b. como sinónimo de **amar**
    c. en fórmula de cortesía
    d. como sinónimo de **negarse a**
2. con el verbo **poder**:
    a. como sinónimo de **dar** o **pedir permiso**
    b. para expresar habilidad

VI. *Escriba la forma correspondiente del verbo en letra bastardilla:*
1. El sombrero *costar* cinco dólares. 2. Yo *calentar* el agua para el té. 3. Ellos *cerrar* las ventanas porque *llover*. 4. La muchacha *despertarse* a las seis. 5. En el norte *nevar* mucho. 6. La niña *regar* las plantas. 7. El hombre *encender* un cigarro. 8. Los niños *contar* cuentos interesantes. 9. El médico *volver* esta noche. 10. La sala *oler* a jazmín. 11. Yo no *recordar* su apellido. 12. Las palomas *volar* cerca de la casa.

VII. *Emplee en oraciones los siguientes modismos:*

a ciegas	*blindly*	a menudo	*often*
tan de mañana	*so early*	a la carrera	*rapidly*
de prisa	*in a hurry*	ser hora de	*to be time to*
mientras tanto	*meanwhile, in the meantime*	darse cuenta de	*to realize*
por fin	*finally*	como de costumbre	*as usual*
no dejar de	*not to fail to*		

VIII. *Escriba una composición sobre el siguiente tema:* **Un día en la universidad.**

EJERCICIO DE PRONUNCIACIÓN

La **ch** se pronuncia como la *ch-* en la palabra inglesa *cheese*:

Los muchachos van esta noche al teatro chino.   *The boys are going to the Chinese theater tonight.*

TRABALENGUAS
María Chucena
su choza techaba,
y un techador
que por allí pasaba,
le dijo:
—María Chucena,
¿tú techas tu choza
o techas la ajena?
—No techo mi choza
ni techo la ajena,
que techo la choza
de María Chucena.

REFRÁN
En boca cerrada no entran moscas.

II ⸭ REPASO SEGUNDO

(LECCIONES 5-7)

I. *Escriba la persona correspondiente de los verbos entre paréntesis en el presente de indicativo:*
  1. Como (nevar) yo no (salir) hoy. **2.** Siempre que (llover) (jugar) María a las cartas. **3.** Yo te (traer) flores y te las (poner) en el florero azul. **4.** ¿(Querer) usted pasarme la pimienta? **5.** A eso de las cuatro (venir) todos los niños de la escuela. **6.** Todo el día (estar) las niñas muertas de sueño porque no (dormir) bien. **7.** Ella (tocar) la guitarra; mientras tanto él (leer), (pensar) y (beber) cerveza. **8.** A pesar de que ella (querer) ir, no (poder) hoy. **9.** Juan (empezar) a estudiar, (entender) poco, (volver) a leer, (tomar) apuntes y al fin lo (comprender) todo. **10.** Me (quitar) la blusa azul y me (poner) el jersey. **11.** (Soler) ir a la sierra a ver a mi hermana. **12.** La sala (oler) bien porque está llena de rosas. **13.** ¿(Ver) tú los montes lejanos? **14.** Ellos (desayunarse) de prisa y (almorzar) a la carrera. ¡Qué vida tan agitada! **15.** Por fin (ir) al cine; ya (ser) hora de pasarlo bien porque la verdad (ser) que (divertirse) poco; nunca voy a ninguna parte.

II. *Cambie las palabras en letra bastardilla por los pronombres correspondientes o complete, según el caso:*
  1. Yo doy *unos álbumes a Carmen.* **2.** Traemos *las plumas estilográficas* para *Manolo.* **3.** Juanita lleva *el violín a mi tío.* **4.** Está

enamorado de *María*. **5.** Se burla de _____, hijo. **6.** Ella pregunta a su padre: ¿Vienes con _____ al cine? **7.** Está sentado con _____, madre. **8.** Canto *la canción* y ella toca *el piano*. **9.** Me da *el paraguas* a _____. **10.** Le presto *el auto* a _____. **11.** Los lleva *a mi tío*. **12.** _____ pongo *los guantes*. **13.** A menudo viene a ver _____ a mi hermana y a _____. **14.** No quiere acostar *a los niños*. **15.** Ella atraviesa la plaza y _____ sienta en un banco con _____. **16.** Hablan de _____ con _____. **17.** ¿Qué es de tu vida? Nunca _____ veo. **18.** _____ doy cuenta de que Ud. no se lleva *los cuadernos*. **19.** Cuando hace fresco _____ ponemos el abrigo. **20.** Quiero decir *el secreto a mis amigas*. **21.** Sin pensar, entra en la clase cantando *la canción*.

III. *¿Que diferencia hay entre el significado de los siguientes verbos?:*
1. La madre acuesta al niño antes de acostarse. **2.** El payaso divierte al público; los niños se divierten al verlo. **3.** Como ella duerme muy poco se duerme en cualquier sitio. **4.** Después de sentar a los niños a la mesa nos sentamos nosotros. **5.** ¿Quién llama a la puerta? Es un chico. _____ ¿Cómo se llama? _____ Pedro. **6.** María viene a despedirse porque yo no puedo ir a despedirla al barco. **7.** Soledad se pone el delantal antes de poner la mesa. **8.** Me quito los guantes y el sombrero; la sirvienta me quita el abrigo. **9.** El cura casó a los novios que se casaron el diez de julio. ¿Con quién se casó María? **10.** El tren se detiene en todas las estaciones. En la última estación el policía detiene a los pasajeros sin documentación. **11.** Si Luisa no nos despierta a las ocho, no me despierto hasta las diez. **12.** El alumno levanta la mano; el maestro lo manda a la pizarra y él se levanta de su asiento de prisa.

IV. *Substituya la raya por negativos:*
1. A mí _____ me gustan las ciencias. Ni a él _____. **2.** No sabe _____ de matemáticas. **3.** Juanita cree que no llega _____ **4.** ¡ _____ he oído tal cosa! **5.** A su hija _____ le interesan _____ la química _____ la música. **6.** _____ estudiamos _____ tan de prisa. **7.** Esa pianista _____ toca nunca _____ clásico. **8.** _____ se despide de su maestro. **9.** Mi amiga _____ va _____ a los partidos de fútbol; dice que son un aburrimiento. **10.** ¿Tú crees eso? A mí _____ me convence en absoluto.

REPASO SEGUNDO

V. *Conteste a las preguntas empleando una de las palabras de la lista siguiente:*

despertador	al aire libre	reloj	sinónimos
dramaturgo	biblioteca	antónimos	bosque
limpiabotas	novelista	librería	cocinera
legumbres	ensayista	salvavidas	guantes
a la derecha	tren	alrededores	desierto

1. ¿Quién limpia los zapatos? **2.** ¿Qué era Cervantes? **3.** ¿Cómo se llama al que escribe comedias? **4.** ¿Quién escribe ensayos? **5.** ¿Qué es lo contrario del centro de un pueblo? **6.** ¿Dónde hallamos muchos árboles? **7.** ¿Qué comemos por lo general con la carne? **8.** ¿Con qué nadan los que no saben nadar? **9.** ¿Qué le despierta por la mañana? **10.** ¿Dónde tienen lugar los deportes de verano? **11.** ¿Qué clase de palabras son *guapa* y *fea*? **12.** ¿Hay diferencia entre *cortés, fino* y *amable*? ¿Cómo se llaman estas palabras? **13.** ¿Qué se pone en las manos para salir a la calle? **14.** ¿Dónde devuelve las novelas? **15.** ¿Dónde compra los libros? **16.** ¿Cómo se llama a la persona que hace la comida? **17.** ¿Qué hay en la torre de la iglesia? **18.** ¿Cómo va a las montañas? **19.** ¿Dónde no hay plantas? **20.** ¿Qué es lo contrario de *a la izquierda*?

VI. *Dé en oraciones la forma negativa de las siguientes palabras:*
quieto, tranquilo, cubrir, aplicado, satisfecho, cortés, atar, verosímil, ilusión, negable, creíble, ilusionar, humano, discreto, velar, capaz, tolerable, moral, necesario, hacer, obedecer.

VII. *Repase los verbos irregulares que ha estudiado.*

VIII. *Dé sinónimos de las siguientes expresiones y use diez en oraciones:*
1. Tenga la bondad de . . .
2. No hay de qué.
3. divertirse
4. alrededor de las diez
5. de cuando en cuando
6. tener mucha hambre
7. Preste atención.
8. regular
9. terminar por
10. hacerse cargo
11. hablar muchísimo
12. ir a comprar
13. no decir nada
14. ¿Cuál es la fecha de hoy?
15. en lugar de
16. ¡Imagínese!
17. algunas veces
18. con mucho gusto
19. rápidamente
20. tener mucho sueño
21. tan temprano
22. Pase usted.
23. con frecuencia
24. ¡Qué pena!
25. como siempre

8 | LECCIÓN OCTAVA

Lectura

EN LA CONSULTA

—Aquí me tiene Ud., doctor Gómez; vengo a verlo porque me siento muy mal. No tengo apetito, no duermo bien, nada me divierte, prefiero la soledad a la compañía de mis amigos, y en fin, no sirvo para nada. ¡Estoy muy malo!
—Sírvase desnudarse en la habitación contigua. Al instante le examino.
El paciente se arrepiente de haber venido. ¡Otra auscultación, nuevas recetas y más medicamentos! Piensa con horror en todos los jarabes y las píldoras que no sirven para nada.
En este momento entra una enfermera rubia y muy simpática con unos ojos tan azules y tan bonitos que le reconcilian con el mundo y la vida. Nuestro paciente se va por la izquierda, cierra la puerta y se desnuda. Cuando el médico y la enfermera están solos, el médico le dice a ésta:
—Hierva la jeringuilla para ponerle una inyección al Sr. Rubio.
—¿Se refiere usted al caballero que está en la habitación contigua, doctor?
—Sí, a él me refiero.
Sale el médico y vuelve a los diez minutos con el paciente. Éste sigue con los ojos los movimientos de la enfermera. Advierte que sus manos son suaves y finas. No deja de mirarla.

LECCIÓN OCTAVA

Cuando termina la consulta, el médico despide al paciente:

—Aquí tiene Ud.; con estas inyecciones se pone bueno. Dentro de dos semanas está Ud. curado.

—¿Tan pronto?

—Y quizás antes, si sigue Ud. mis recomendaciones.

—Adiós, doctor. Buenas tardes, señorita ...

—Buenas tardes.

El paciente, turbado, tropieza con los muebles y sale azorado. El médico, al oír que cierra la puerta de la calle, se ríe:

—María, está muy enfermo.

—¿Sí? pero ...

—Sí, está enamorado de Ud. ¡El amor sí que es una enfermedad!

María se pone roja como una amapola porque cree que el médico se burla de ella.

Mientras tanto el paciente va calle arriba pensando:

—Presiento que me curo. ¡Ya me siento mejor! ¡Y qué ojos tan azules! ¡Qué pelo tan rubio! ¡Qué nariz, qué boca, qué dientes! «Bello es vivir,» como dice el poeta. ¡Qué buen médico!

Y como no se da cuenta de que llueve a cántaros, nuestro pobre amigo se pone como una sopa.

CUESTIONARIO

1. ¿Dónde se desarrolla el diálogo? **2.** ¿Cómo se siente el paciente? **3.** ¿Qué prefiere a la compañía de sus amigos? **4.** ¿Para qué sirve? **5.** ¿Qué le pide el médico cortésmente? **6.** ¿En qué piensa con horror el paciente? **7.** ¿Para qué sirven los jarabes y las píldoras? **8.** ¿Cómo es la enfermera? **9.** ¿Qué cierra el paciente mientras se desnuda? **10.** ¿Qué dice el médico cuando está solo con la enfermera? **11.** ¿Para qué hierve la enfermera la jeringuilla? **12.** ¿Qué advierte el paciente? **13.** ¿Quién despide al paciente? **14.** ¿Por qué tropieza el paciente con los muebles? **15.** ¿Cuándo se ríe el médico? **16.** ¿De quién se enamora el paciente? **17.** ¿Qué es el amor, según el médico? **18.** ¿Cuál es un sinónimo de *se ruboriza*? **19.** ¿Qué presiente el enfermo enamorado? **20.** ¿Qué piensa el paciente del médico?

Gramática

Segundo y tercer grupos de verbos que sufren cambio en la radical

Los verbos del segundo y tercer grupos que cambian la radical pertenecen a la tercera conjugación.

SEGUNDO GRUPO

Los verbos del segundo grupo cambian la **-e-** en **-ie-** y la **-o-** en **-ue-**, en todo el presente de indicativo menos en la primera y segunda personas del plural.

SENTIR *to feel; to regret, be sorry*
    Siento su ausencia.   *I* regret *your absence.*
    Sientes su enfermedad.   *You* regret *his illness.*
    Siente dolor de cabeza.   *He* has *a headache.*
    Sentimos llegar tarde.   *We* are sorry *to arrive late.*
    Sentís frío.   *You* feel *cold.*
    Sienten calor.   *They* feel *warm.*

Como **sentir** se conjugan:

consentir	*to consent*	divertirse	*to have a good time*
presentir	*to foresee*	hervir	*to boil*
convertir	*to convert*	herir	*to wound*
arrepentirse	*to repent*	mentir	*to lie*
divertir	*to amuse*	preferir	*to prefer*
advertir	*to warn*	referir	*to refer; to tell*

MORIR(SE)[1] *to die*
    Me **muero** de risa.   *I* am dying *laughing.*
    Te **mueres** de pena.   *You* are dying *of grief.*
    Se **muere** de viejo.   *He* is dying *of old age.*
    Nos **morimos** de hambre.   *We* are dying *of hunger.*
    Os **morís** de sed.   *You* are dying *of thirst.*
    Se **mueren** de sueño.   *They* are *very sleepy.*

Como **morir** se conjuga **dormir**.

---

[1] El verbo **morir** se usa con más frecuencia en la forma reflexiva.

LECCIÓN OCTAVA

TERCER GRUPO

Los verbos del tercer grupo cambian la -e- en -i- en las mismas personas que los del segundo grupo, esto es, en todas las personas del presente de indicativo menos en la primera y segunda del plural.

PEDIR[2]   *to ask for* (*a thing or favor*)
- **Pido** perdón.   *I* ask *to be excused.*
- **Pides** el agua.   *You* ask for *the water.*
- **Pide** el coche.   *He* asks for *the car.*
- **Pedimos** su permiso.   *We* ask for *his permission.*
- **Pedís** el paraguas.   *You* ask for *the umbrella.*
- **Piden** mis lápices.   *They* ask for *my pencils.*

Como **pedir** se conjugan:

despedir	*to see off*	reír, reírse	*to laugh*
despedirse	*to say goodbye*	sonreír	*to smile*
impedir	*to prevent*	rendir	*to surrender*
reexpedir	*to forward*	reñir	*to scold, quarrel*
ceñir	*to fit tightly*	repetir	*to repeat*
colegir	*to deduce, infer*	seguir	*to follow*
corregir	*to correct*	conseguir	*to attain*
elegir	*to elect*	perseguir	*to persecute*
gemir	*to moan*	servir	*to serve*
medir	*to measure*	vestir(se)	*to dress*
regir	*to rule*	desvestir(se)	*to undress*

Otros verbos irregulares: **oír, decir, poner, ponerse**

OÍR   *to hear*
- **Oigo** bien.
- **Oyes** mal.
- **Oye** la canción.
- **Oímos** el piano.
- **Oís** el fonógrafo.
- **Oyen** la radio.

DECIR   *to say*
- **Digo** una palabra.
- **Dices** el verso.
- **Dice** la poesía.
- **Decimos** que sí.
- **Decís** que no.
- **Dicen** muchas cosas.

---

[2] En español se pide una cosa o un favor; *ask for* se traduce por **pedir**, sin preposición. Pide pan. *He asks for bread.* Pide la mano de mi hija. *He asks for the hand of my daughter* (in marriage). **Preguntar** se usa para hacer preguntas: Él pregunta su nombre. *He asks her name.* Ella pregunta por Ud. *She inquires about you.* Pregunta la hora. *He asks what time it is.*

LECCIÓN OCTAVA

PONER *to put; to set*
  Pongo la mesa.
  Pones el libro sobre la mesa.
  Pone la silla detrás de la mesa.
  Ponemos la mesa delante de la ventana.
  Ponéis la flores en el florero.
  Ponen la sal en los saleros.

PONER(SE) *to put on; to become*
  Me **pongo** el sombrero.
  Te **pones** los zapatos.
  Se **pone** pálida.
  Nos **ponemos** el abrigo.
  Os **ponéis** la chaqueta.
  Se **ponen** tristes.

Ejercicios

I. *Substituya la palabra entre paréntesis por la forma correspondiente del verbo:*

1. Yo (sentir) salir con este día. **2.** Ellos (elegir) un gobernador cada cuatro años. **3.** Nosotros (sentir) gran dolor con la noticia. **4.** La nieve (convertirse) en agua. **5.** Nosotros (consentir) en llevarla al teatro. **6.** Nunca (mentir), siempre (decir) la verdad. **7.** Ella (morirse) de hambre, nosotros (morirse) de frío. **8.** Juan entra en la iglesia y (pedir) perdón. **9.** Yo (dormir) muy bien pero (sentirse) mal. **10.** La madre (reñir) a los niños porque (reírse) de su hermanito. **11.** Ud. (vestirse) de prisa, mientras yo (ponerse) el abrigo. **12.** El perro (perseguir) al gato por toda la casa. **13.** La criada (servir) la comida cuando (oír) la campana de la una. **14.** Los profesores (corregir) a los alumnos. **15.** Nada me (divertir) porque me (sentir) enfermo. **16.** ¿No se (sentir) usted mejor? **17.** El agua (hervir) de prisa. **18.** Ella nunca (pedir) favores. **19.** Yo (poner) la mesa para cuatro personas. **20.** Ella (ponerse) el abrigo azul. **21.** El paciente (tropezar) con los muebles, y la enfermera se (reír) de él. **22.** Luisa (oír) la misma canción todos los días. **23.** El niño no (mentir) nunca. **24.** La anciana (morirse) de frío.

LECCIÓN OCTAVA

II. *Emplee en oraciones los modismos siguientes:*

Aquí me tiene Ud.	Here I am.
no servir para nada	to be good for nothing
al instante	immediately
Sírvase . . .	Please . . .
estar enamorado de	to be in love with
ponerse roja	to blush
ponerse como una sopa	to get soaking wet
calle arriba	up the street
aquí tiene Ud.	here is
burlarse de	to laugh at
no dejar de	not to stop; not to fail to
llover a cántaros	to rain hard, a lot

III. *Escriba un diálogo entre el paciente del Dr. Gómez y un amigo a quien encuentra en la calle al salir de la consulta.*

EJERCICIO DE PRONUNCIACIÓN

La **d** española es más suave que la inglesa. La **d-** inicial se pronuncia como la *d-* en la palabra inglesa *done*. La *-d-* intervocálica se pronuncia como la *-th* en la palabra inglesa *weather*; casi no se pronuncia al final de una palabra:

Cándida compró el dedal, ¿verdad?	Cándida bought the thimble, didn't she?
¿A qué ciudad va usted, a Madrid o a Valladolid?	To which city are you going, to Madrid or to Valladolid?

ROMANCE

Estando Adelita
bordando corbatas,
aguja de oro
y dedal de plata,
pasó un caballero
pidiendo posada.
« Si mi madre quiere
yo le daré entrada. »

LECCIÓN OCTAVA

CANCIÓN
¡Ay, linda amiga,
que no vengo a verte
cuerpo garrido
que se lleva la muerte!
No hay amor sin pena,
pena sin dolor,
dolor tan agudo
como el del amor.

REFRÁN
El muerto al hoyo,
y el vivo al bollo.

9 | LECCIÓN NOVENA

Lectura

CARTA A UN AMIGO

Mi querido Juan:

Creo que el miércoles, que es día de fiesta, podemos ir al Museo. Lo que me interesa, en este caso, es la sala de pintura española y quiero enseñarte mis pintores predilectos. Como conozco tus gustos y tu entusiasmo por Zurbarán, que coincide con el mío, estoy segura de que sus cuadros te van a encantar. ¿Qué te parece este plan? Si este miércoles no puedes, lo dejamos para otro día, pero espero que no faltes.

Siempre paso un rato delicioso contemplando los fondos verdes y grises de El Greco, los rojos, negros y plata de Velázquez, los marrones y duros blancos de Zurbarán y esos azules tan celestes de las Vírgenes de Murillo. Ribera, tan fuerte y español en sus desnudos masculinos, siempre me impresiona.

Al entrar en la sala, a la derecha, está aquel cuadro que tantas veces hemos admirado en nuestro libro de *Historia del arte* ¿te acuerdas? Me refiero al encantador D. Manuel Osorio, de Goya, vestido de rojo, con los tres gatos al fondo y los pajaritos enjaulados en primer término.

No quiero ponerme pesada pero creo que podemos pasar una tarde estupenda y después ir a cenar a aquel restorancito español del año pasado y, a lo mejor, podemos bailar.

Te dejo porque, por desgracia, tengo muchas cosas que hacer y se me va el santo al cielo si no las hago en seguida. Por supuesto que no las hago de buena gana.

Hasta pronto, tu amiga.

Luisa.

LECCIÓN NOVENA

CUESTIONARIO

1. ¿Qué es un museo? **2.** ¿Cuándo quiere Luisa ir al museo con Juan? **3.** ¿Qué sala del museo le interesa? **4.** ¿Qué pintó Zurbarán? **5.** ¿Qué pintores admiran ustedes? **6.** ¿Conoce Ud. algún cuadro de El Greco, Murillo, Ribera? **7.** ¿Cuáles son los colores predilectos de estos pintores? **8.** ¿Ha visto usted cuadros de Velázquez? ¿Qué pintó Velázquez? **9.** Busque una reproducción del retrato de D. Manuel Osorio. Descríbalo. **10.** ¿Qué piensa hacer Luisa después de visitar el museo?

Gramática

Adjetivos posesivos

Preceden al nombre:	Siguen al nombre:
mi libro	el libro **mío**, la pluma **mía**
mis lápices	los lápices **míos**, las plumas **mías**
tu lápiz	el lápiz **tuyo**, la pluma **tuya**
tus lápices	los lápices **tuyos**, las plumas **tuyas**
su coche	el coche **suyo**, la pluma **suya**
sus coches	los coches **suyos**, las plumas **suyas**
nuestro tío	el tío **nuestro**
nuestros tíos	los tíos **nuestros**
vuestro primo	el primo **vuestro**
vuestros primos	los primos **vuestros**
su cuñado	el cuñado **suyo**
sus cuñados	los cuñados **suyos**

En el lenguaje corriente es más frecuente el uso del adjetivo antes del nombre. La diferencia entre **mi amigo** y **un amigo mío** es la misma que existe entre *my friend* y *a friend of mine*.

1. En el caso vocativo, se usa la forma **mío, míos, mía, mías**:
  Hijo **mío**, estudia.   *Study, my son.*
  Amigo **mío**, nos ponemos viejos.   *My friend, we are getting old.*

2. Después del verbo **ser**, se usa la forma **mío**, etc.
  Este caballo es **mío**.   *This horse is* mine.

LECCIÓN NOVENA

Pronombres posesivos

Los pronombres posesivos se forman anteponiendo el artículo a los adjetivos posesivos: **el mío, el tuyo, el suyo, el nuestro, el vuestro**, etc.

Mi abrigo es azul; **el tuyo** es rojo.   *My coat is blue;* yours *is red.*
Su tía y **la mía** van al teatro.   *Her aunt and* mine *go to the theater.*
Nuestro libro cuesta poco; **el suyo** es caro.   *Our book costs little;* his *is expensive.*

Su libro o **el libro suyo** se traduce de cuatro modos: *his book, her book, your book, their book*. Para evitar confusión o para mayor claridad, se añaden con frecuencia las frases **de él,**[1] **de ella, de ustedes, de ellos, de ellas**:

    su libro **de él**   his *book*
    su libro **de ella,** etc.   her *book, etc.*
    el libro **de él**   his *book*
    el libro **de ella,** etc.   her *book, etc.*

Adjetivos demostrativos

    este, estos   **esta, estas** (cerca de mí)
    ese, esos   **esa, esas** (cerca de ti, de Ud.)
    aquel, aquellos **aquella, aquellas** (lejos de ti, de Ud., de mí, etc.)

Este lápiz es azul.   This *pencil (near me) is blue.*
Ese lápiz es verde.   That *pencil (near you) is green.*

A veces el adjetivo demostrativo sigue al nombre para dar un tono despectivo:

    El libro **ese**.   That *(awful) book.*
    El hombre **ese**.   That *(awful) man.*

Pronombres demostrativos

Son idénticos a los adjetivos, pero llevan acento ortográfico:

    Compro este vestido, no quiero **ése**.   *I buy this dress, I don't want* that one.
    ¿Quieres aquel libro o **éste**?   *Do you want that book, or* this one?
    Quiero **aquél**.   *I want* that one *(over there).*

---

[1] **de** + **él** no se contrae porque **él** es pronombre; **de** + **el** = **del**, porque **el** es artículo.

Éste, ésta, éstos, éstas significan también *the latter;* **aquél, aquélla, aquéllos, aquéllas,** *the former:*

La madre y el hijo salen a la calle; **éste** va hacia la izquierda, **aquélla** hacia la derecha.
Mother and son go out in the street; the latter *goes toward the left,* the former *goes toward the right.*

En una frase como: *The silk dress and that of wool,* that se traduce al español por el artículo definido:

El vestido de seda y **el** de lana.
The silk dress and that *of wool.*

Mi vestido y **los** que Vd. trae.
My dress and those *you bring.*

Muchas veces se prefiere el empleo del artículo definido al del demostrativo:

Las que se ponen pesadas son mis primas.
Those that become tiresome are my cousins.

Posición de los adjetivos

1. Los adjetivos demostrativos y los numerales preceden al nombre: **ese** libro, **dos** lápices.

2. Los adjetivos posesivos preceden o siguen al nombre: **mi** abrigo o el abrigo **mío**.

3. Los adjetivos descriptivos generalmente siguen al nombre:
      una muchacha **bonita**   *a* pretty *girl*
      una casa **grande**   *a* large *house*

4. Si el adjetivo va modificado por un adverbio, generalmente se colocan ambos después del nombre:
    una muchacha **muy inteligente**   *a* very intelligent *girl*
    una casa **extremadamente grande**   *an* extremely large *house*

5. Si hay dos o más adjetivos se unen por **y**:
    La muchacha **alta y rubia** es María.   *The* tall blond *girl is Mary.*

6. A veces un adjetivo precede al nombre y otro le sigue:
    Carlos V fue un **gran** rey **español**.   *Charles V was a* great Spanish *king.*

7. Cuando hay varios adjetivos unos preceden y otros siguen:
    tres grandes catedrales **españolas**   three great Spanish *cathedrals*
    aquella conocida ópera **alemana**   that famous German *opera*

LECCIÓN NOVENA

la muchacha **más bella e interesante** — *the* most beautiful and interesting *girl*
un **viejo** profesor **francés de literatura rusa** — *an* old French *professor* of Russian literature
las **pequeñas** iglesias **románicas** de Asturias — *the* small Romanesque *churches* of Asturias

8. Hay varios adjetivos cuyo significado varía si van antes o después del nombre:

  un hombre grande   *a large man*
  un gran hombre   *a great man*

  una casa grande   *a large house*
  una gran casa   *a luxurious house*

  un muchacho pobre   *a poor boy*
  un pobre muchacho   *an unfortunate boy*

  cierta noticia   *a certain (particular) bit of news*
  una noticia cierta   *a bit of news that is certain (reliable)*

  un buen médico   *a good doctor*
  un médico bueno   *a kind doctor*

  un viejo amigo   *a friend of long standing*
  un amigo viejo   *an old friend (not young)*

9. Muchos adjetivos pueden usarse como nombres:

  los ricos   el ciego   el manco   el sordomudo
  los pobres   el cojo   el sordo   un viejo

La apócope

Algunos adjetivos sufren apócope si preceden al nombre:

1. en el masculino singular **bueno, malo, alguno, ninguno, primero, tercero, postrero**:

  un buen
  un mal
  algún
  ningún } jefe
  el primer
  el tercer
  el postrer

LECCIÓN NOVENA

2. grande siempre sufre apócope en el singular en ambos géneros:
   un **gran** hombre
   una **gran** mujer

3. santo sufre apócope excepto cuando precede al nombre de un santo que comience con **Do-** o **To-**:
   San Juan   **San** Luis   **San** Francisco
   Santo Domingo   **Santo** Tomás   **Santo** Toribio   **Santo** Tomé

4. ciento va seguido siempre de un número, de 1 a 99:
   ciento diez hombres
Cien se usa en los demás casos:
   cien hombres   **cien** bellas mujeres
   cien mil habitantes **cien** millones de habitantes

5. cualquiera pierde la **a** delante del nombre:
   cualquier libro   any *book*
   cualquier pluma   any *pen*

◆◆◆◆◆◆◆◆◆◆◆◆◆◆◆◆◆◆◆◆◆◆◆◆◆◆◆◆◆◆ *Ejercicios*

I. *Escriba el adjetivo o el pronombre demostrativo correspondiente:*
   1. Prefiero _____ chaqueta que llevo a _____ que llevas tú.   **2.** Visto a[1] _____ niño; tú vistes a _____.   **3.** Nosotros medimos _____ tablas; Uds. miden _____. ¿Quién mide _____ cerca del árbol?   **4.** El muchacho y su hermana vienen por la calle; _____ lleva un vestido azul; _____ lleva unos pantalones negros.   **5.** Yo corrijo _____ ejercicios; Ud. corrige _____.   **6.** Aquí sirvo _____ tazas de té. Él sirve allá _____.

---

[1] Recuerden que si el complemento directo es una persona o cosa personificada se usa la preposición **a**: Veo a Juan; veo al muchacho; quiero a España. Excepción: La **a** se omite con el verbo **tener**: Tengo dos hijos. *I have two sons.*

LECCIÓN NOVENA

II. *Escriba el posesivo (adjetivo, pronombre o artículo determinado), según el caso:*

1. ¿Quién corrige ___ ejercicios? 2. Veo ___ mapas. 3. Me pongo ___ sombrero, no ___. 4. Él no lee la novela que tiene en ___ mano. 5. ¿Quiere Ud. pintar ___ retrato? No quiero pintar ___. 6. Pierdes ___ apetito a menudo. 7. No pido ___ pluma, sino ___. 8. Prefiero ___ medicamento al ___. 9. El niño duerme en ___ cama, no en ___. 10. Oigo ___ palabras; no ___.

III. *Aprenda los siguientes adjetivos descriptivos para escribir en clase oraciones originales usándolos:*

De color:

blanco -a	white	rojo -a	red
negro -a	black	colorado -a	red
amarillo -a	yellow	pardo -a	brown

Estos adjetivos tienen la misma forma para el masculino y el femenino:

azul	blue	lila*	lilac
verde	green	crema*	cream
rosa*	pink	malva*	mauve
marrón	dark brown	naranja*	orange
gris	gray	limón	lemon
violeta*	violet	tabaco*	tobacco
azul celeste	light blue	azul marino	dark blue
azul eléctrico	royal blue		

Otros adjetivos:

duro -a	hard	rubio -a	blond
blando -a	soft	moreno -a	dark
áspero -a	rough	trigueño -a	dark
divertido -a	amusing	pelirrojo -a	red-haired
aburrido -a	boring	redondo -a	round
melancólico -a	melancholy	cuadrado -a	square
hermoso -a	beautiful	ovalado -a	oval
bello -a	beautiful	largo -a	long

---

* No tiene plural. Así se dice **un vestido rosa, dos vestidos rosa** porque se sobreentiende « color » esto es: « **dos vestidos (de color) rosa** ».

lindo -a	*pretty*	corto -a	*short*
bonito -a	*pretty*	estrecho -a	*narrow*
precioso -a	*beautiful*	angosto -a	*narrow*
guapo -a	*good-looking*	ancho -a	*wide*
distinguido -a	*distinguished*	simpático -a	*nice, agreeable*
antipático -a	*disagreeable*	atractivo -a	*attractive*

Estos adjetivos que terminan en **-e** no cambian para el femenino:

interesante	*interesting*	alegre	*happy, gay*
elegante	*elegant*	triste	*sad*
agradable	*nice, pleasant*	suave	*smooth*

IV. *Emplee los siguientes modismos en oraciones:*

¿Qué te parece . . .?	*What do you think of . . .?*
ponerse pesado	*to become boring*
irse el santo al cielo	*to forget, to slip one's mind*
de buena gana	*willingly*
a lo mejor	*perhaps*
día de fiesta	*holiday*
por desgracia	*unfortunately*
en seguida	*immediately*
por supuesto	*of course*

V. *Escriba una composición sobre uno de los pintores españoles que conozca o describa un cuadro de un pintor español o hispanoamericano, empleando el vocabulario siguiente:*

cuadro	*painting*
marco	*frame*
pincel	*brush*
brocha	*brush*
colores fríos	*cold colors*
colores calientes	*warm colors*
el fondo	*the background*
el primer término	*the foreground*
el segundo término	*the middle ground*
composición	*composition*
perspectiva	*perspective*
línea	*line*
contorno	*contour*
tonos	*tones*
telas	*canvasses*

LECCIÓN NOVENA

ambiente	*atmosphere*
acuarela	*water color*
óleo	*oil*
pastel	*pastel*
dibujo	*drawing*
grabado	*print*
retrato	*portrait*
dibujo al carbón dibujo al carboncillo	*charcoal drawing*
dibujo a lápiz dibujo al lápiz	*pencil drawing*
dibujo a pluma dibujo a la pluma	*ink drawing*
pintura al temple	*tempera painting*
pintura al fresco	*fresco painting*
pintura al óleo	*oil painting*
pintura a la aguada	*water-color painting*
paisaje	*landscape*
naturaleza muerta bodegón	*still life*

EJERCICIO DE PRONUNCIACIÓN

Letras que se pronuncian como en inglés: **f, l, m, n, k.**
La **f**:

Felipe estudia filosofía. — *Philip studies philosophy.*
Luis va al partido de fútbol con la familia. — *Louis goes to the football game with the family.*

COPLA
Una novia que yo tuve
todas las efes tenía:
era fea, flaca, floja,
fregona, frágil y fría.

REFRÁN
La suerte de la fea
la hermosa la desea.

10 | LECCIÓN DÉCIMA

Lectura

DON ÁLVARO TARFE

Don Álvaro Tarfe tenía en Granada su casa. Era una casa ancha, tranquila y limpia. A poco de llegar a su ciudad, don Álvaro compró[1] la primera parte del *Ingenioso hidalgo*. Leía el caballero continuamente este libro...Todas las noches, antes de entregarse al sueño, don Álvaro abría el libro y se abstraía en su lectura. Había en la casa de don Álvaro unas diligentes y amorosas manos femeninas. Desde la casa, situada en alto, se veía el panorama de la ciudad, la vega verde, la pincelada azul de las montañas. Al año, esas manos blancas y finas que arreglaban la casa, habían—para siempre—desaparecido... La fortuna de nuestro caballero menguaba... Su único consuelo era la lectura de este libro sin par. Su amigo, su compañero inseparable, su confidente, era el ejemplar en que leía las hazañas del gran Don Quijote.

Azorín (*Ensayista español,* 1874-1967).

---

[1] Se usa el pretérito porque la acción terminó. (*Vea Lección* 13.)

LECCIÓN DÉCIMA

CUESTIONARIO

1. ¿Dónde vivía don Álvaro? **2.** ¿Dónde está esa ciudad? **3.** ¿Qué palacio-fortaleza se halla allí? **4.** Describa la casa de don Álvaro. **5.** ¿Qué compró don Álvaro a poco de llegar a la ciudad? **6.** ¿Quién escribió *El ingenioso hidalgo don Quijote de la Mancha*? **7.** ¿Cuándo vivió el autor del *Quijote*? (1547–1616) **8.** ¿Cuándo leía don Álvaro? **9.** ¿Qué se veía desde la casa? **10.** ¿Qué desgracias sufrió don Álvaro? **11.** ¿Cuál era su consuelo? **12.** ¿Por qué llama al *Quijote* « libro sin par »?

Gramática

Imperfecto de indicativo

El imperfecto se usa:

1. para expresar un estado o una acción continua en el pasado:

    Él **estaba** enfermo.   *He was sick.*
    Conversaba con él.   *I was talking to him.*

2. para describir en el pasado:[2]

    Era alta y delgada.   *She was tall and thin.*
    El cielo **estaba** gris.   *The sky was gray.*

3. para expresar una emoción o estado de ánimo en el pasado:

    El niño **tenía** miedo.   *The child was afraid.*
    Estábamos tristes.   *We were sad.*

4. para expresar una acción habitual, siempre y cuando no se limite el tiempo:

    Cuando **vivía** en Madrid, **iba** mucho al teatro.   *When I lived in Madrid, I went (or used to go) often to the theater.*
    Daba un paseo a las siete de la tarde.   *I used to (would)[3] take a walk at seven P.M.*

---

[2] En inglés se llama al imperfecto « past descriptive ».
[3] Fíjese en que *would take a walk* da la idea de acción repetida, que equivale a *used to*.

LECCIÓN DÉCIMA

5. para expresar la hora en el pasado:

    Eran las cinco en punto.   *It* was *five o'clock sharp.*

El imperfecto se traduce de cuatro modos:

Yo leía $\begin{cases} \textit{I read (habitually), I was reading, I used to read, I would read} \\ \textit{(habitually).} \end{cases}$

TERMINACIONES DEL IMPERFECTO

PRIMERA CONJUGACIÓN		SEGUNDA Y TERCERA CONJUGACIÓN	
-aba	-ábamos	-ía	-íamos
-abas	-abais	-ías	-íais
-aba	-aban	-ía	-ían

PASAR
- **Pasaba** por la calle.
- **Pasabas** por el palacio.
- **Pasaba** por el colegio.
- **Pasábamos** por la sala.
- **Pasabais** por la cocina.
- **Pasaban** por el salón.

COMER
- **Comía** frutas.
- **Comías** carne.
- **Comía** pescado.
- **Comíamos** pan.
- **Comíais** peras.
- **Comían** uvas.

VIVIR
- **Vivía** en una casa blanca.
- **Vivías** en una casa gris.
- **Vivía** en una casa amarilla.
- **Vivíamos** en una casa azul.
- **Vivíais** en una casa verde.
- **Vivían** en una casa roja.

EL IMPERFECTO IRREGULAR

Sólo hay tres verbos en español cuyos imperfectos son irregulares: **ser, ver** e **ir**:

SER
- **Era** católico.
- **Eras** maestro.
- **Era** inglés.
- **Éramos** protestantes.
- **Erais** inteligentes.
- **Eran** rubios.

VER
- **Veía** la cascada.
- **Veías** el río.
- **Veía** el lago.
- **Veíamos** el mar.
- **Veíais** la laguna.
- **Veían** el arroyo.

LECCIÓN DÉCIMA

IR
    Iba al cine.
    Ibas al teatro.
    Iba al museo.
    Íbamos a la ópera.
    Ibais al concierto.
    Iban a la conferencia.

Estar

Hay dos verbos en español que significan *to be* y que confunden a los alumnos, Debemos recordar que **ser** expresa *substancia*, cualidades inherentes al sujeto. mientras que **estar** expresa condición, situaciones relativas del sujeto.
Ser: cualidad inherente:
        El hombre **es** alto.   *The man* is *tall,*
        Los niños **son** buenos.   *The children* are *good.*
Estar: condición:
        El hombre **está** triste.   *The man* is *sad.*
        Pepe **está** enfermo.   *Joe* is *ill.*
Cuando decimos «Ana es pálida» queremos decir que su cutis es pálido, que la palidez es su cualidad inherente. En cambio cuando decimos «Ana está pálida» nos referimos a un estado transitorio, está pálida por alguna causa: está enferma, no ha dormido bien, etc. Si decimos «Ana es alegre» nos referimos a su manera de ser (*Anne is gay, i.e., of a happy disposition*). Al decir «Ana está alegre» nos referimos a una situación temporal: está alegre porque ha aprobado el examen, etc.
El verbo **estar** en su origen significó **estar colocado** (*to be situated*) y **estar de pie** (*to be standing*).
 Cuando el predicado es un nombre, pronombre o infinitivo se emplea el verbo **ser**:
    ¿Quién llama por teléfono? **Es**   *Who is calling* (*by phone*)? *It* is *Peter.*
        Pedro.
    ¿Quién es? **Soy** yo.   *Who* is *it?* *It* is *I.*
    Lo que más me gusta **es** viajar.   *What I like best* is *travelling.*

Estar se emplea:
1. para expresar la situación de una persona, cosa, etc., temporal o permanente:
    El gato **está** en la casa.   *The cat* is *in the house.*
    Madrid **está** en el centro de España.   *Madrid* is *in the center of Spain.*
    Mi tío **está** en Madrid.   *My uncle* is *in Madrid.*
    Los lápices **están** sobre la mesa.   *The pencils* are *on the table.*

2. para expresar estado o condición relativa o temporal de una persona, cosa, etc.:

Yo **estoy** enfermo.	*I* am *sick*.
La puerta **está** abierta.	*The* door is *open*.
El té **está** frío.	*The* tea is *cold*.

3. para indicar la posición de una persona, etc.:

Yo **estoy** sentado.	*I* am *sitting*.
Estamos acostados.	*We* are *lying down*.
Él **está** de pie.	*He* is *standing*.

4. para expresar el estado del sujeto como resultado de una acción:

La novela **está** bien escrita.	*The novel* is *well written*.
La taza **está** rota.	*The cup* is *broken*.
El drama **está** mal traducido.	*The drama* is *poorly translated*.

5. para formar con el gerundio lo que en inglés se llama "*the progressive form*," esto es, para expresar la acción durativa del verbo:

Estamos escribiendo.	*We* are *writing*.
Las niñas **estaban** cantando.	*The girls* were *singing*.

6. con el participio **muerto** para significar *to be dead*:

El hombre **está muerto**.	*The man* is dead.
Juana **estaba muerta** cuando él llegó.	*Joan* was dead *when he arrived*.

Compare con la siguiente frase:

El hombre **fue muerto** en la calle.	*The man* was killed *in the street*.

Presente e imperfecto de **estar**

PRESENTE	IMPERFECTO
Estoy bien.	**Estaba** sentado.
Estás mal.	**Estabas** de pie.
Está contento.	**Estaba** acostado.
Estamos en el campo.	**Estábamos** sentados.
Estáis tristes.	**Estabais** alegres.
Están cantando.	**Estaban** pintando.

El gerundio

El gerundio es un derivado del verbo; hace el oficio de adverbio y modifica a un verbo. Es invariable y termina siempre en **-o**.
Hay dos gerundios: el simple y el compuesto.

LECCIÓN DÉCIMA

El simple expresa una acción no terminada y se forma añadiendo las terminaciones **-ando** a la raíz de los verbos de la primera conjugación y **-iendo** a la de los de segunda y tercera:

     cantar: **cantando** *singing*
     vender: **vendiendo** *selling*
     vivir: **viviendo** *living*

El compuesto expresa una acción terminada; se forma con el gerundio de **haber (habiendo)** y el participio del verbo que se conjuga:

     habiendo cantado *having sung*
     habiendo vendido *having sold*
     habiendo vivido *having lived*

El gerundio se emplea:

1. con carácter adverbial, para expresar el modo como se ejecuta la acción del verbo; en otras palabras, hace el oficio de un adverbio de modo y modifica al verbo.

El pastor iba **cantando**.	*The shepherd went along* singing.
El niño llega **llorando**.	*The child arrives* crying.
Los alumnos aprenden **cantando**.	*The students learn* by singing.
Llegó a ser jefe **trabajando** mucho.	*He became the chief* by working *hard*.

2. con el verbo **estar** para expresar la acción durativa del verbo con más exactitud. Traduce la *"progressive form"* inglesa (*is, was, will be, etc., plus the "present participle"*):

Rosa **está tocando** el piano.	*Rose is playing the piano.*
Pepe **estaba tocando** el violín.	*Joe was playing the violin.*

Está tocando o **estaba tocando** denotan que la acción del verbo dura o duraba con más exactitud que el simple presente o el simple imperfecto **toca** o **tocaba**; cuando decimos **toca el piano** puede significar que Rosa sabe tocar, que toca el piano de vez en cuando, pero **está tocando** recalca el hecho de que lo está tocando ahora, en este momento.

Los gerundios de **ir (yendo)** y de **venir (viniendo)** no se usan con **estar**, salvo en algunas expresiones idiomáticas como:

La gente se **está yendo**.	*People are already leaving.*
Abre la puerta que ya **está viniendo** la gente.	*Open the door for people are already coming.*

Hay otros verbos que sustituyen al verbo **estar** como auxiliares y se emplean con el gerundio para expresar una acción durativa. Son los principales: **ir, venir, quedar, continuar, seguir, andar**:

LECCIÓN DÉCIMA

Él **siguió hablando**.	*He* kept on talking.
Quedó lamentándose de la desgracia.	*He* remained lamenting *the misfortune*.
Iban riendo y **volvían llorando**.	*They* went laughing *and* returned crying.
Anda diciendo que soy tonto.	*He* goes on saying *I am a fool*.

3. en frases absolutas que se colocan antes o después de la oración principal:

Viendo[4] que estaba triste, se fueron.	Seeing *he was sad, they left*.
Siendo niño, aprendió francés.	As *a child he learned french*.
Estando comiendo llegó el periódico.	While eating *he read the newspaper*.
No me preocupa nada **estando** él aquí.	Nothing worries me as long as *he is here*.
Yendo a la iglesia hallé un reloj.	Going *to church I found a watch*.

Los pronombres siguen al gerundio. Cuando hay dos complementos, el indirecto precede al directo:

Conociéndolos[5] como los conozco, sé que son incapaces de mentir.	Knowing them as *I do, I know that they are not capable of lying*.
Estaba **dándomelas** cuando llegaste.	*He was giving* them to me *when you arrived*.

El gerundio no puede nunca modificar a un nombre como ocurre en inglés con el *"gerundive"* o *"present participle"*:

a singing bird	una pájaro cantor
a dancing girl	una bailarina
a cleaning woman	una mujer de la limpieza o una mujer que limpia

Aprendan los siguientes gerundios:

CON **i** EN LA RAÍZ		TERMINADOS EN **-yendo**	
decir	**diciendo**	caer	**cayendo**
pedir	**pidiendo**	creer	**creyendo**
reír	**riendo**	ir	**yendo**
rendir	**rindiendo**	leer	**leyendo**
sentir	**sintiendo**	oír	**oyendo**
venir	**viniendo**	traer	**trayendo**
vestir	**vistiendo**		

CON **u** EN LA RAÍZ	
dormir	**durmiendo**
morir	**muriendo**
poder	**pudiendo**

---

[4] El sujeto del gerundio le sigue siempre, así **ellos** y **él**, (sobreentendidos) siguen a **viendo, siendo**, etc.

[5] El gerundio, al añadir los pronombres, requiere un acento ortográfico en la sílaba acentuada prosódicamente.

LECCIÓN DÉCIMA

Ejercicios

I. *Escriba el presente y el imperfecto de* **estar** *en lugar de las rayas:*
1. Los niños ____ enfermos. 2. Yo ____ con mi tío. 3. María y yo ____ sentadas cerca de la ventana. 4. La abuela ____ cansada. 5. Nosotros ____ acostados descansando. 6. Mis padres y yo ____ contentos con su llegada. 7. Pedro y tú ____ aburridos en la conferencia. 8. El plato ____ lleno de frutas. 9. La casa ____ vacía. 10. Yo ____ triste porque él no ____ aquí. 11. Juan es alto y fuerte pero no ____ en el equipo de fútbol. 12. Somos españoles; ____ en este país para estudiar. 13. La ventana ____ cerrada. 14. El chocolate ____ caliente. 15. Lima ____ en el Perú. 16. Ella ____ viajando por los Estados Unidos. 17. Las violetas ____ sobre el piano. 18. ¿Quién ____ de pie? 19. ¿____ Carmen escribiendo los ejercicios? 20. ¿____ tú seguro de eso?

II. *Escriba el presente y el imperfecto de los verbos que van entre paréntesis:*
1. Yo (ir) por el camino. 2. Él (venir) de la iglesia. 3. Tú (peinarse) bien. 4. Usted (leer) mal, 5. Yo (salir) de la ciudad. 6. ¿(Traer) yo los lápices o las plumas? 7. Yo (hacer) muchas excursiones a la sierra. 8. Ellos (jugar) a las cartas a menudo. 9. (Nevar) todos los días. ¡Qué lata! 10. ¿(Poder) tú venir conmigo? 11. ¿(Querer) Ud. ir al cine? 12. ¿(Pensar) Pepe escribir ahora? 13. ¿Quién (contar) las manzanas? 14. Yo (soñar) contigo. 15. Vosotros (pedir) el abrigo. 16. Ellos (oír) la radio. 17. Yo (ponerse) el sombrero y los guantes. 18. ¿Quién (dormir) en ese cuarto? 19. Ella (vestirse) de prisa. 20. Pablo (morirse) de risa cuando ve a Cantinflas.

III. *Escriba el gerundio correspondiente al verbo entre paréntesis:*
1. La tía estaba (arreglar) los floreros mientras la sobrina estaba (tocar) el piano. 2. Venía (reír) y (decir) bobadas. 3. Están (decir) que tú estabas (dormir) mientras tu hermana trabajaba. 4. (Haber) salido Juan, no sabía qué hacer. 5. (Ser) como eres, no irás tú. 6. (Venir) del cine empezó a llover. 7. No sé si (haber) muerto su padre irá a Italia. 8. Seguía (oír) los insultos sin alterarse. 9. Estoy (comer) una fruta deliciosa. 10. (Quererlos) como los quiero, no voy a hablar mal de ellos.

LECCIÓN DÉCIMA

IV. *Emplee los modismos siguientes en oraciones:*

| a poco de | shortly after | sin par | unequalled |
| al año | a year after (later) | ¡Qué lata! | What a bore! |

V. *Escriba una composición contando lo que hacía usted cuando vivía en la ciudad.*

EJERCICIO DE PRONUNCIACIÓN

La **l** se pronuncia como en inglés:
    Lola lava los platos.   *Lola washes the dishes.*
La letra **ll** se pronuncia como -*lli*- de la palabra inglesa *million*:
    El caballo pasa por la calle.   *The horse goes along the street.*

PAREADO
Dulces luces azules
de túneles y buques.
Juan Ramón Jiménez

REFRÁN
A Dios rogando
y con el mazo dando.

III. REPASO TERCERO

(LECCIONES 8–10)

I. *Dé en el presente la persona del verbo que está entre paréntesis:*
1. Oigo decir[1] que la duquesa (vestir) sencilla y elegantemente. 2. Al instante (pedir) el desayuno; estoy muerta de hambre. 3. Si no (hervir) el agua el té resulta muy malo. 4. (Reírse) de los hombres porque todavía no se ha enamorado de ninguno 5. (Darse cuenta) de que yo no (servir) para nada. 6. En fin, es hora de almorzar. ¿(Almorzar) Ud. conmigo? 7. Mientras el niño (dormir) voy al mercado por la mar de cosas; mientras tanto el abuelo (jugar) un solitario. 8. Viene a vernos; (despedirse) porque se va mañana a la Costa Azul. 9. ¿En qué (pensar) usted que lo veo tan silencioso? ¿(Acordarse) Ud. de algo triste? ¿(Soñar) Ud. con alguien? ¿Le (doler) a Ud. la cabeza? ¿(Sentir) Ud. nostalgia? 10. Yo (divertirse) poco pero una cosa que me (divertir) mucho es ir al circo. Nunca dejo de ir cuando (venir) al pueblo.

II. *Escriba el adjetivo o el pronombre demostrativo adecuado:*
1. _____ son los ciegos que vienen siempre; a _____ no los conozco. 2. ¿Quieres _____ píldora o _____? 3. _____ árbol es más hermoso que _____. 4. _____ es un paisaje maravilloso. 5. Juan y Luisa van de compras; _____ necesita unos guantes y _____ unos zapatos. 6. ¿Qué es _____ adorno, Pedro, que tienes en el sombrero? 7. Me repite a menudo _____ refrán: « En tierra de ciegos el tuerto es rey. » 8. ¿Se refería Ud. a _____ niños o a _____? Porque ni _____ ni _____ son mis alumnos; los míos son _____ que juegan debajo de _____ árbol.

---
[1] I hear.

III. *Escriba el imperfecto de indicativo de los verbos que van en paréntesis:*
1. Siempre que yo (ir) al campo me lo llevaba conmigo. 2. Mientras tú (trabajar) como una esclava, él (divertirse) como un loco. 3. Cuando (leer), (tomar apuntes) de lo que me interesaba. (Ser) la única manera de recordar los puntos principales. 4. (Ver) a mis amigos costarricenses cuando (vivir) en Madrid una vez al mes. 4. (Escribir) a nuestros padres todas las semanas cuando (estar) en la universidad. 6. ¿Qué (tener) Ud. en la mano? ¿(Ser) un pájaro o un pollito? Ni Juan ni yo (tener) nada. 7. ¿Adónde (ir) Uds. tan de prisa? (Ir) por un médico para María. 8. ¿(Conocer) tú a mi tío antes de venir a América? 9. Juanita (ponerse) muy pesada cuando (querer) mostrar su erudición. 10. En sus lecturas (aprender) mucho, pero (abstraerse) a menudo.

IV. *Explique el uso de* **estar** *y del gerundio en las siguientes oraciones:*
1. Estoy triste porque mi hija está enferma. 2. Mi novio es el que está de pie. El que está tocando es mi hermano. 3. La poesía está bien escrita, pero le falta algo, emoción, lirismo, no sé. 4. La casa está obscura porque todas las ventanas están cerradas. 5. El pueblo está en la ladera del monte. 6. Mis abuelos están muertos. 7. Estudia oyendo la radio. ¡Está loca! 8. Queriéndolos como los quiere, no les da nunca dinero. 9. ¿Que[2] usted tiene sesenta años? Pues está muy joven. 10. Siendo niña, oía muchos cuentos de muertos. 11. Mientras ella estaba tocando la guitarra, él escribía la letra para la canción. 12. Iban corriendo detrás del gato. 13. Ellos siguieron comiendo sin decir nada. 14. Estamos muriéndonos de hambre. 15. Estaba leyendo un ejemplar lujoso del *Quijote*.

V. *Emplee en oraciones los sinónimos de diez de las palabras y expresiones siguientes:*

1. sírvase
2. ¿Cuál es la fecha de hoy?
3. con mil amores
4. divertirse
5. a menudo
6. hacerse cargo de
7. alrededor de
8. puntualmente
9. de vez en cuando
10. poco después
11. al regresar
12. a veces

---

[2] **Que** no traduce el interrogativo *what*; por eso no lleva acento. La pregunta es: *Do you mean to say you are sixty?* (*Lit., that you are sixty?*)

REPASO TERCERO

13. a la carrera
14. inmediatamente
15. reírse de
16. írsele a uno el santo al cielo
17. a lo mejor
18. la mar de
19. sin igual
20. ponerse colorado

VI. *Dé los antónimos de ocho de las siguientes palabras:*

bien	arriba	grande	femenino
antes	ya	ancho	singular
siempre	feo	alto	muerto
detrás	de prisa	viejo	nacer
nadie	poner	poco	cierro

VII. *Escriba oraciones con los antónimos de:*

en voz baja	calle abajo	por fortuna
a la derecha	de buena gana	río arriba

VIII. *Emplee las formas apocopadas de los siguientes adjetivos:*

ninguno	postrero	ciento
alguno	tercero	santo
grande	uno	bueno

IX. *Forme adverbios de diez de los siguientes adjetivos:*

triste	alegre	difícil
claro	abierto	inteligente
brillante	silencioso	comprensivo
vivo	cortés	aburrido
animado	estrecho	breve

LECCIÓN ONCE[1]

Lectura

LA DONCELLA TEODORA

(Adaptado de *Las mil y una noches*)

En la corte de un rey de Babilonia aparece un día un mercader a vender una doncella tan hermosa como el sol. Pide tanto dinero por ella que el rey, aunque sorprendido de lo linda que es, se sorprende aún más del precio exorbitante; el mercader, al ver esto, dice:

—Señor, pido poco dinero por esta doncella porque, aparte de lo bella que es, es muy sabia; conoce todas las artes y sabe más que todas las mujeres del país y tanto como el sabio más famoso de la corte.

—No puede existir tal maravilla. Creo que exageras, que sabe menos que mis sabios y que tú la alabas más de lo que merece. Acércate— añade el rey dirigiéndose a la muchacha—y dime, ¿cómo te llamas?

—Me llamo Teodora.

—Eres muy joven. No debes de tener más de dieciocho años.

—No tengo más que diecisiete.

—¿Y qué sabes que tanto te alaba el mercader? ¿Qué has aprendido?

—Lo primero que he aprendido es la religión de mis padres. Conozco además, los planetas, las estrellas, el lenguaje de las aves y de los animales, la física, la lógica y la filosofía.

—¿Eso es todo?

---

[1] Después de **décimo**, se prefiere usar el número cardinal.

LECCIÓN ONCE

—Sé jugar al ajedrez mejor que muchos jugadores famosos; sé tocar el laúd tan bien como tu mejor músico; sé cantar y bailar; sé coser y bordar.

El rey se maravilla tanto de los conocimientos de Teodora como de su hermosura, y manda por sus sabios para examinarla y ver si sabe tantas cosas como dice.

Los médicos, los letrados, los sacerdotes y los jueces se asombran de las respuestas tan discretas de Teodora y dicen al fin al rey:

—Señor, sabe más que nosotros.

Por fin llama el rey a su trovador Abrahen, hombre no menos sabio que sus compañeros. El rey oye atento lo inteligentemente que pregunta el trovador y lo rápidamente que responde la doncella.

—¿Cuál es la cosa más pesada que los montes?

—Lo que es más pesado que los montes es el agua.

—¿Cuál es la cosa más apresurada que la saeta y la cosa más aguda que la espada?

—Más apresurado que la saeta es el ojo y más aguda que la espada es la lengua.

—¿Y más ardiente que el fuego?

—El corazón.

—¿Y qué es más dulce que la miel y más amargo que la hiel?

—Más dulce que la miel es el buen hijo y más amarga que la hiel es la mentira.

—¿Qué es más recio que el hueso?

—La verdad es más recia que el hueso.

El trovador se levanta por fin y dice al rey: «¡Basta! Señor, esta doncella sabe más que yo.»

El rey, que admira a Teodora tanto por su belleza como por su ingenio, manda darle mucho oro y le promete casarla con el mejor caballero de su corte. La discretísima doncella, que sabe mejor que nadie lo que le conviene, acepta el oro, pero responde: «Señor, no quiero marido de la corte.»

—¿Cómo? ¿Cómo es eso?

—Quiero esto: casarme con el mercader, que no es peor que tu mejor cortesano; para mí es el hombre más bueno del mundo pues todo lo que sé y lo que soy se lo debo a él.

El rey comprende que Teodora, con ser muy hermosa, es menos

LECCIÓN ONCE

hermosa que buena, tan buena como discreta y más discreta que cuantas mujeres conoce. Por lo tanto el rey hace justicia, como de costumbre, y dice:

—No hablemos más de ello. Mercader, te otorgo la mano de Teodora.
        Entonces el mercader
        la hace su mujer,
        « y fueron felices
        comiendo perdices. »[2]

CUESTIONARIO

1. ¿Por qué va el mercader a la corte? 2. ¿De qué se sorprende el rey? 3. ¿Por qué pide el mercader un precio tan exorbitante? 4. ¿Qué edad tiene la doncella? 5. ¿Qué conoce Teodora? 6. ¿Qué sabe hacer? 7. ¿Cómo juega al ajedrez? 8. ¿Cómo toca el laúd? 9. ¿Quiénes van a examinar a la doncella? 10. ¿Qué dicen los sabios al rey después del examen? 11. ¿Qué pregunta el trovador y qué contesta la doncella? 12. ¿Qué acepta Teodora del rey? ¿Qué rechaza? 13. ¿Con quién se casa?

Gramática

El artículo neutro

El artículo neutro **lo** se usa con adjetivos y participios que así hacen el papel de nombres, y, de vez en cuando, con adverbios:

Existe **lo bueno** y **lo malo**.	Good *and* evil *exist*.
Lo difícil es recordar las fechas.	The difficult thing *is to remember the dates*.
Lo aprendido no se olvida.	What is learned *is not forgotten*.
¿Qué ves a **lo lejos**?	*What do you see in* the distance?
¿Ves **lo rápidamente** que escribe?	*Do you see* how fast *he writes?*

---

[2] « **y fueron ... perdices** » es una forma tradicional de terminar los cuentos, como en inglés « *and they lived happily ever after.* »

LECCIÓN ONCE

Los pronombres neutros

Los pronombres neutros son:
- los personales **ello** y **lo**
- los demostrativos **esto, eso, aquello**
- los indefinidos **algo, nada**
- el interrogativo **¿qué?**

1. Los pronombres neutros **lo** y **ello** se refieren a una idea, a una frase, a un párrafo, a un concepto, a una cosa cuya identidad desconocemos. **Ello** es sujeto o es complemento de una preposición; **lo** es objeto, nunca es sujeto. **Ello**, como sujeto, se usa poco en la conversación.

Ello es que no sirve para nada.	The fact *is that he is good for nothing.*
Ello no es cierto.	It *is not true.*
No quiero hablar de **ello**.	I *don't want to speak of* it.
Se **lo** explicamos pero no **lo** creyó.	We *explained* it *to him, but he did not believe* it.
Lo que él dice es verdad.	What *he says is true.*
Me dices que está aquí; no **lo** creo.	You *tell me that he is here; I don't believe* it.
Le dijeron que eras un traidor y **lo** creyó.	They *told him you were a traitor and he believed* it.
Es generoso, pero no **lo** demuestra.	He *is generous, but he doesn't show* it.
Alegrías, tristezas, trabajos, todo **lo** recuerdo.	Joys, *sadness, struggles, I remember* it *all.*

Se usa **lo** como predicado en frases con **ser** y **estar**, como:

¿Es buena María? **Lo** es.	Is *Mary good? She is.*
¿Están tristes sus tíos? **Lo** están.	Are *you aunt and uncle sad? They are.*
¿Está enfermo su padre? **Lo** está.	Is *your father ill? He is.*
¿Es de oro el anillo? No **lo** es.	It *it a gold ring? It is not.*

2. Los pronombres demostrativos **esto, eso** y **aquello**[3] se usan para resumir ideas, frases, etc.

Esto (lo que te cuento) es lo importante.	This (*that which I am telling you*) is the important thing.
Eso (lo que me cuentas) no es cierto.	That (*which you tell me*) is not true.
Aquello (lo que te contó tu hermana hace algún tiempo) es cierto.	That (*that which your sister told you some time ago*) is true.

---

[3] Los pronombres neutros no llevan acento ortográfico.

Se usan para señalar objetos que no se mencionan o cuyo nombre no conocemos:

¿Qué es **esto**? / *What is this?*
Eso es un libro. / *That is a book.*
Aquello es un árbol. / *That (over there) is a tree.*

3. Los indefinidos **algo** y **nada**:
No saben **nada**. / *They know nothing.*
¿Tiene Ud. **algo** que decir? / *Have you something to say?*

4. El interrogativo ¿**qué**?:
¿**Qué** te pasa? / *What is the matter with you?*

El comparativo

La comparación de desigualdad, esto es, de superioridad o inferioridad, se expresa por medio de **más ... que** (*more ... than*) y **menos ... que** (*less ... than, not so ... as*):

Este vestido es **más** bonito **que** ése. / *This dress is more beautiful than that one.*
Él es **menos** pobre **que** su hermano. / *He is not so poor (literalmente: He is less poor than) as his brother.*
Juan escribe **más** despacio **que** María. / *John writes more slowly than Mary.*
Estas novelas son **menos** interesantes **que** las de ella. / *These novels are less interesting than hers.*

La comparación de igualdad se expresa por medio de:

tan ... como	*as ... as*
tanto como	*as much as*
tanto, -a ... como	*as much ... as*
tantos, -as ... como	*as many ... as*

Ella es **tan** inteligente **como** su madre. / *She is as intelligent as her mother.*
Yo escribo **tanto como** Ud. / *I write as much as you (do).*
Tenemos **tanto** dinero **como** ella. / *We have as much money as she (has).*
Compras **tantas** cosas **como** él. / *You buy as many things as he (does).*

COMPARACIONES POPULARES

Más alegre que unas pascuas. / *Happy as a lark (literalmente: Happier than Easter).*
Más borracho que una uva (o una cuba). / *High as a kite (More drunk than a grape or cask).*

LECCIÓN ONCE

Fresca como una rosa. Fresh as a daisy (*Fresh as a rose*).
Colorado como un tomate. Red as a beet (*Red as a tomato*).
Pálido como un muerto. Pale as a corpse (*Pale as a dead man*).
Rojo como una amapola. Red as a cherry (*Red as a poppy*).
Blanco como la nieve. White as a sheet (*White as the snow*).

COMPARATIVOS IRREGULARES

Hay varios adjetivos y adverbios que tienen comparativos irregulares:

ADJETIVOS

bueno—**mejor**:[4] Tu pluma **es mejor que** (*is better than*) la mía.
malo—**peor**: Mi lápiz **es peor que** (*is worse than*) el tuyo.
grande—**más grande** o **mayor**: Mi hermano es **más grande**[5] **que** (*bigger than*) yo.
  Mi hermano es **mayor que** (*older than*) yo.
viejo—**más viejo** o **mayor**: Yo soy **más viejo que** (*older than*) mi hermano.
  Yo soy **mayor que** (*older than*) mi hermano.
pequeño—**más pequeño** o **menor**: Yo soy **más pequeño que** (*smaller than*) mi hermano.
  Yo soy **menor que** (*younger than*) mi hermano.
joven—**más joven** o **menor**: Yo soy **más joven que** (*younger than*) mi hermano.
  Yo soy **menor que** (*younger than*) mi hermano.

ADVERBIOS

bien—**mejor**: Pepe canta **mejor que** (*better than*) tú.
mal—**peor**: Yo toco el piano **peor que** (*worse than*) él.

Traducción de « than »

Than se traduce al español de varios modos:

1. por **que** en comparación de desigualdad:
   Tengo más hermanos **que** tú. *I have more brothers* than *you*.
   Tienes menos libros **que** María. *You have fewer books* than *Mary*.
   Escribe peor **que** yo. *He writes worse* than *I*.

---

[4] Recuerde que estos adjetivos—**mejor, peor, mayor, menor**—se emplean para el masculino y para el femenino. Los plurales (masculino y femenino) son: **mejores, peores, mayores, menores**.

[5] Generalmente **más grande** y **más pequeño** se refieren a tamaño, y **mayor** y **menor** se refieren a edad.

2. por **de**, si va seguido de un número:
    Tiene más **de** quinientos libros.   *He has more* than *five hundred books.*
    No tienes más **de** quinientos libros.   *You don't have more* than *five hundred books.*
    No tendrás menos **de** cincuenta alumnas.   *You will not have less* than *fifty students*.

Cuando se compara, naturalmente, se emplea **que** en lugar de **de**, aunque le siga un número:
    Pepe habla más **que** tres.   *Joe talks more* than *three* (*people should*).
    Sabe más **que** siete.   *He knows more* than *seven* (*people would be expected to know*).

3. por **del que, de los que, de la que, de las que**, si se comparan nombres:
    Compramos más libros **de los que** necesitamos.   *We buy more books* than *we need.*
    Ella tiene menos inteligencia **de la que** muestra.   *She has less intelligence* than *she shows.*

4. por **de lo que**, si se comparan adjetivos o adverbios:
    Carlos es más listo **de lo que** Ud. cree.   *Charles is more clever* than *you think.*
    Él pinta mejor **de lo que** suponía.   *He paints better* than *I thought.*
    Vienen más despacio **de lo que** esperaba.   *They are coming more slowly* than *I expected.*
    Aprendo menos **de lo que** Ud. se figura.   *I learn less* than *you imagine.*

Traducción de **no ... más que**

No ... más que significa "*only*":
    No tengo **más que** cinco blusas.   *I have* only *five blouses.*
    No tengo **más que** escribir la carta.   *I have* only *to write the letter.*

Traducción de «such a»

"*Such a*" = **tal** o **semejante** + nombre; **tan** + adjetivo:
    ¿Cree Ud. **tal** o **semejante** cosa?   *Do you believe* such *a thing?*
    Nunca vi una chica **tan** bonita.   *I never saw* such *a beautiful girl.*
    ¿Comprendes una lengua **tan** difícil?   *Do you understand* such *a difficult language?*

Si **semejante** sigue al nombre, se traduce por "*similar*":
    Una blusa **semejante** a la mía costó cinco dólares.   *A blouse* similar *to mine costs five dollars.*

LECCIÓN ONCE

El superlativo

El superlativo de comparación se forma de tres maneras:

1. anteponiendo el artículo definido al comparativo:
   Juan es **el más alto** de su clase.   *John is* the tallest *in his class.*
   Teresa es **la menos alegre** de todos.   *Terese is* the least happy *of all.*

2. anteponiendo el artículo definido al nombre que va seguido del comparativo:
   Juan es **el muchacho más alto** de su clase.   *John is* the tallest boy *in his class.*
   El pino es **el árbol más fragante** del jardín.   *The pine is* the most fragrant tree *in the garden.*

3. anteponiendo al adjetivo posesivo al nombre seguido de un comparativo:
   Mi hermana más querida es Rosa.   *My dearest sister is Rose.*

Hay algunos adjetivos que tienen comparativos y superlativos irregulares; los más comunes son:

POSITIVO	COMPARATIVO	SUPERLATIVO
bueno	mejor	el mejor
malo	peor	el peor
pequeño / joven	menor	el menor
grande / viejo	mayor	el mayor

Este niño es **el mejor** de la clase.   *This boy is* the best *in the class.*
Juan es **el menor** de todos.   *John is* the youngest *of all.*
La mayor de las muchachas es María.   *The oldest of the girls is Mary.*

Peor y **mejor** preceden a veces al nombre; los adjetivos descriptivos generalmente siguen al nombre:
   Él es mi **mejor** amigo.   *He is my* best *friend.*
   Ése es **el peor** drama de todos.   *That is* the worst *drama of all.*

EL SUPERLATIVO ABSOLUTO

1. Se forma añadiendo **-ísimo, -a** al adjetivo:
   fácil: facilísimo   *very easy*

Si el adjetivo termina en vocal, se suprime ésta antes de añadir la terminación:
   triste: tristísimo   *very sad*
   hermoso: hermosísimo   *very beautiful*

2. Se forma anteponiendo **muy** al positivo:

        muy fácil   *very easy*
        muy triste   *very sad*
        muy hermoso   *very beautiful*

El adverbio *very* se traduce por **muy** si precede a un adjetivo; pero cuando no, se traduce por **mucho**.

    ¿Es **muy** bonita? Sí, **mucho**.   *Is she* very *pretty? Yes,* very.

Ejercicios

I. *Substituya la raya por el artículo o el pronombre neutro correspondiente:*

1. ____ es ____ más fácil de la lección. **2.** ____ es que no sabe nada. **3.** ____ dice Ud. es parte de la verdad. **4.** No queremos hablar de ____. **5.** ¿Qué es ____? Esto es un gato. **6.** Veo a ____ lejos una montaña. **7.** ¿Sabe Ud ____ que tengo aquí? **8.** No puede figurarse ____ buena que es María. **9.** No la entiendo por ____ de prisa que habla. **10.** Hablaba de ____ y ____.

II. *Complete con la palabra o palabras que faltan:*

1. Compro más libros de ____ ____ necesito. **2.** Escribe ____ que su prima. **3.** Lo hace ____ bien como yo. **4.** No pido ____ que cien dólares. **5** Necesito ____ dinero de lo que Ud. cree. **6.** No quiero más ____ quince centavos. **7.** Tenemos más ____ quince centavos. **8.** El enfermo está peor ____ ayer. **9.** El muchacho es tan tonto ____ su hermano. **10.** Él trabaja ____ despacio que ella. **11.** María es buena, Luisa es ____, pero Carmen es ____ ____ de las tres. **12.** Parece un ángel, pero no ____ es.

LECCIÓN ONCE

III. *Dé oraciones usando las dos formas del superlativo absoluto de:*
interesante   malo   linda   bueno   feo   difícil

IV. *Escriba la forma conveniente del verbo* **jugar**[7] *o* **tocar** *y complete las oraciones:*
  1. Yo ____ el piano peor ____. 2. ¿____ tú a los dados tan bien ____? 3. Ella ____ el violín mejor ____. 4. Nosotros ____ al ajedrez y ellos ____ a las cartas. 5. ¿____ los niños americanos a indios y vaqueros o a moros y cristianos? 6. Voy a ____ un disco de «Aída». 7. Los jugadores ____ a las cartas; los músicos ____ instrumentos diversos. 8. Los muchachos ____ en el parque a la pelota.

V. *Emplee en oraciones los siguientes modismos:*

aparte de	besides, aside
al fin	at last
por fin	finally
a medida que	as, in proportion as
cada vez más	more and more
¡Basta!	Enough, that'll do!
¿Cómo?	What did you say? I beg your pardon.
por lo tanto	therefore
como de costumbre	as usual

VI. *Escriba un resumen de un cuento de « Las mil y una noches » o de una de las « Leyendas de la Alhambra » de Washington Irving, que no sea el que damos.*

COPLAS

A la mar fui por naranjas,
cosa que la mar no tiene,
metí la mano en el agua,
la esperanza me mantiene.

Ni contigo ni sin ti
tienen mis males remedio;
contigo, porque me matas;
y sin ti, porque me muero.

REFRÁN

Más vale pájaro en mano
que ciento volando.

---

[7] Recuerde que **jugar** significa *to play* o *to play games*; y **tocar**, *to play an instrument* o *to touch*.

12 | LECCIÓN DOCE

Lectura

FACUNDO QUIROGA

Era de estatura baja y fornida; sus anchas espaldas sostenían, sobre un cuello corto, una cabeza bien formada, cubierta de pelo negro. Su cara estaba hundida en medio de un bosque de pelo, a que correspondía una barba igualmente espesa y negra, que subía hasta los pómulos, bastante pronunciados para descubrir una voluntad fina y tenaz.

Sus ojos negros, llenos de fuego y sombreados por pobladas cejas, causaban una sensación involuntaria de terror en aquellos en quienes alguna vez llegaban a fijarse, porque Facundo no miraba nunca de frente y, por hábito, por arte, por deseo de hacerse siempre temible, tenía de ordinario la cabeza inclinada y miraba por entre las cejas. Por lo demás su fisonomía era regular, y el pálido moreno de su tez sentaba bien a las sombras espesas en que quedaba encerrada.

La estructura de su cabeza revelaba, sin embargo, bajo esta cubierta selvática, la organización privilegiada de los hombres nacidos para mandar. Quiroga poseía esas cualidades naturales que hicieron del estudiante de Brienne[1] el genio de Francia.

Domingo F. Sarmiento
(Ensayista argentino, 1811-1888).

---

[1] Se refiere a Napoleón Bonaparte que estudió en la Academia Militar de Brienne.

LECCIÓN DOCE

CUESTIONARIO

1. ¿Cómo era Facundo Quiroga? 2. ¿Cómo eran sus espaldas? 3. ¿Qué sostenían? 4. ¿Cómo era su cuello? 5. ¿Cómo tenía el pelo? 6. ¿En qué estaba hundida su cara? 7. ¿Cómo era su barba? 8. ¿Cómo eran sus pómulos? 9. ¿Cómo era su voluntad? 10. ¿Cómo tenía Facundo los ojos? 11. ¿Cómo tenía Facundo las cejas? 12. ¿Qué causaban sus ojos? 13. ¿Cómo miraba Facundo? 14. ¿Cómo tenía la cabeza de ordinario? 15. ¿Por qué inclinaba la cabeza? 16. ¿Cómo era su fisonomía? 17. ¿De qué color era su tez? 18. ¿Qué revelaba la estructura de su cabeza? 19. ¿Para qué había nacido Quiroga? 20. ¿Qué cualidades poseía Quiroga?

························ Gramática

El verbo ser

PRESENTE	IMPERFECTO
Soy alto.	**Era** alta.
Eres bajo.	**Eras** baja.
Es delgado.	**Era** delgada.
Somos gordos.	**Éramos** gordas.
Sois rubios.	**Erais** rubias.
Son morenos.	**Eran** morenas.

El verbo **ser** une el predicado (nombre, pronombre, infinitivo o adjetivo) con el sujeto.

El verbo **ser** se usa:

1. con adjetivos calificativos para expresar cualidades inherentes al sujeto, como cualidades físicas, morales, intelectuales:

    María **es** alta y rubia.   *Mary* is *tall and blond.*
    Es buena, pero no **es** inteligente.   *She* is *good, but she* is *not intelligent.*

2. para expresar posesión, propiedad, y con adjetivos numerales:

    Esta pulsera **es** de María.   *This bracelet* is *Mary's.*
    El libro **es** de Juan.   *The book* is *John's.*
    Los relojes **son** míos.   *The watches* are *mine.*
    Los mandamientos **son** diez.   *The Commandments* are *ten (in number).*

3. para expresar edad y estado económico:
    Mi abuela **es** vieja.   *My grandmother* is *old.*
    Mi tío **es** pobre.   *My uncle* is *poor.*

4. para expresar origen, nacionalidad:
    Somos de Madrid.   *We* are *from Madrid.*
    Son españoles.   *They* are *Spaniards.*
    El sombrero **es** de París.   *The hat* is *from Paris.*
    ¿De dónde **es** Pepe?   *Where* does *Joe come from?*
    Es de Chile.   *He* comes *from Chile.*

5. para expresar materia:
    Esta pulsera **es** de oro.   *This bracelet* is *made of gold.*
    El vestido **es** de seda.   *The dress* is *made of silk.*

6. para expresar la hora:
    ¿Qué hora **es**?   *What time* is *it?*
    Es la una y media.   *It* is *one-thirty.*
    Eran las doce.   *It* was *twelve o'clock.*

7. para expresar popularidad:
    Las novelas de detectives **son** populares.   *Detective novels* are *popular.*
    Esa actriz **era** muy popular el año pasado.   *That actress* was *very popular last year.*

8. con nombres que indican profesiones y oficios:
    Él **es** médico.   *He* is *a doctor.*
    Es un buen médico.[2]   *He* is *a good doctor.*
    Es abogado.   *He* is *a lawyer.*
    Soy estudiante.   *I* am *a student.*

9. en frases de carácter impersonal:
    Es temprano.   *It* is *early.*
    Es mentira.   *It* is *a lie.*
    Es inútil ir.   *It* is *useless to go.*
    Era preciso saberlo.   *It* was *necessary to know it.*

10. para expresar identidad entre el sujeto y el predicado. El predicado puede ser un nombre, un pronombre, o un infinitivo:
    María **es** una buena mujer.   *Mary* is *a good woman.*
    ¿Quién **es**? **Somos** nosotros.   *Who* is *it? It* is *we.*
    Ver **es** creer.   *Seeing* is *believing.*

---

[2] Se usa el artículo porque médico está modificado.

LECCIÓN DOCE

11. como en su origen **ser** significó **existir** o **suceder**, subsiste este concepto en frases como:

    ¿Dónde **será** la conferencia?   *Where* will *the lecture* be (*take place*)?
    El baile **es** en la plaza.   *The dance* is *in the public square.*
    Aquí **fue** la reunión.   *The meeting* was (*took place*) *here.*

12. para traducir *to become of*:

    ¿Qué **ha sido** de Juan?   *What* has become *of John?*
    ¿Qué **es** de tu vida?   *What* has become *of you? or How* are *you getting along?*

13. para formar la voz pasiva con el participo del verbo que se conjuga:

    La ventana **fue abierta** por la mujer.   *The window* was opened *by the woman.*
    Los edificios **son construídos** por los arquitectos.   *The buildings* are built *by the architects.*

SER Y ESTAR

El contraste entre los siguientes ejemplos ayudará a los alumnos a distinguir entre los verbos **ser** y **estar**:

El hielo **es** frío.   *Ice* is *cold.*
La leche **está** fría.   *The milk* is *cold.*

El fuego **es** caliente.   *Fire* is *hot.*
El agua para el té **está** caliente.   *The water for the tea* is *hot.*

Él **es** bueno (malo).   *He* is *good* (*bad*).
Él **está** bueno (malo).   *He* is *well* (*sick*).

El hombre **es** aburrido.   *The man* is *boring.*
El hombre **está** aburrido.   *The man* is *bored.*

El poeta **es** triste.   *The poet* is *sad.* (*by nature*)
El poeta **está** triste.   *The poet* is *sad.* (*temporary condition*)

La niña **es** pálida.   *The child* is *pale.* (*always*)
La niña **está** pálida.   *The child* is *pale.* (*temporarily*)

Lolita **es** linda.   *Lolita* is *pretty.*
Lolita **está** linda de azul.   *Lolita* is *pretty in blue.*

Es vieja.   *She* is *old.*
Está vieja.   *She* looks *old* (*for her age*).

LECCIÓN DOCE

Pedro **es** vivo.	Peter is *clever (alert)*.
Pedro **está** vivo.	Peter is *alive*.
Las uvas **son** verdes.	The grapes are *green*. (*color*)
Las uvas **están** verdes.	The grapes are *green*. (*unripe*)
La sopa **es** buena.	The soup is *good*.
La sopa **está** buena.	The soup tastes *good*.
El melón **es** muy bueno.	The melon is *very good*. (*quality*)
El melón **está** muy bueno.	The melon tastes *very good*.
Es loco.	He is *crazy*.
Está loco por ir a España.	He is *"wild" about going to Spain*.
El pobre **es** ciego.	The poor man is *blind*.
Antonio **está** ciego de rabia.	Anthony is *blind with anger*.
El hombre **es** atento.	The man is *courteous*.
El niño **está** atento en clase.	The boy pays attention *in class*.

✦✦✦✦✦✦✦✦✦✦✦✦✦✦✦✦✦✦✦✦✦ Ejercicios

I. *Dé la persona adecuada de* **ser** *o* **estar**, *según el caso:*
1. Este abrigo _____ de París. **2.** Nosotros _____ americanos y _____ en Nueva York. **3.** El médico _____ más joven que su hermano. **4.** Yo _____ pobre. **5.** Pedro _____ un buen carpintero. **6.** Yo _____ cansado hoy. **7.** La blusa _____ de seda. **8.** Yo _____ de pie. **9.** Tú _____ mi mejor amigo. **10.** ¿Qué hora _____? _____ las cinco. **11.** No _____ posible. **12.** Nosotros _____ cantando mientras ellos _____ pintando la casa. **13.** La cerveza no _____ muy fría. **14.** Él _____ triste porque su hija _____ enferma. **15.** ¿Quién _____? _____ yo. **16.** Estos lápices _____ míos. **17.** Los guantes _____ de María. **18.** La novela _____ escrita en el siglo XIX. **19.** El cuadro _____ bien pintado. **20.** El cuadro _____ pintado por un inglés. **21.** Los relojes _____ de oro. **22.** Mi primo _____ más joven que mi tío. **23.** _____ verdad. **24.** ¿ _____ popular esa novela? **25.** No _____ ni sordo, ni

119

LECCIÓN DOCE

ciego, ni mudo, ni cojo, ni manco. **26.** _____ temprano; _____ solamente las diez. **27.** Su padre _____ profesor de la Universidad de Madrid. **28.** Su reloj _____ de oro y brillantes. **29.** El poema _____ bien traducido. **30.** El cuarto _____ vacío. **31.** Ese cuadro _____ pintado por Sorolla. **32.** Él _____ un famoso pintor impresionista de fines del siglo diez y nueve. **33.** La ventana _____ cerrada porque la niña _____ enferma. **34.** Él _____ tan pobre que tiene que trabajar de noche para poder estudiar de día. **35.** Las minas de Colombia _____ más ricas que las de mi país. **36.** Esta casa _____ llena de gente. **37.** _____ muy hermosa aunque _____ muy delgada. **38.** El hermano de mi profesor _____ de Cuba y _____ pasando una temporada en Chicago. **39.** ¿ _____ verdad que Juana compró el té ayer? **40.** María _____ sumamente simpática pero hoy _____ antipatiquísima.

II. *Emplee los siguientes modismos en oraciones:*

de frente   *straight into one's eyes*
de ordinario   *usually*
sentar bien   *to be becoming*
sin embargo   *nevertheless*

III. *Empleando el tiempo pasado escriba una descripción de:*
1. una casa.
2. una estación del año.
3. una persona: sus rasgos físicos, morales, intelectuales.

EJERCICIO DE PRONUNCIACIÓN

La **k** se pronuncia como en inglés:
¿Quién anda cinco kilómetros?   *Who walks five kilometers?*

DISPARATE

El Kan de Pakistán y Samarkanda
se mandó hacer un kiosko
que pesaba veinte kilos,
a más de ochenta kilómetros
de la isla de Ilo-Ilo.

REFRÁN

El que a buen árbol se arrima
buena sombra le cobija.

13 | LECCIÓN TRECE

Lectura

¡TIJERETAS SON!

(*Adaptación de un cuento medieval*)

Había una vez un pobre hombre que tenía una mujer tan porfiada que no sabía qué hacer con ella pues en su casa no había paz.
—Mañana tengo convidados a cenar.
—¿Mañana? ¿Y por qué no pasado mañana?
—Mañana es mejor.
—No es mejor, hombre. ¿Por qué no los invitaste para pasado mañana en vez de mañana?
—Porque pasado mañana salen de la ciudad.
—¡Ah! Bien.
—¿Quieres poner la mesa en el huerto cerca del peral grande?
—¿Cerca del peral? No, cerca del peral no. Quiero ponerla cerca del manzano.
—Bien, mujer, bien.
Al día siguiente la mujer preparó la mesa cerca del manzano. No quiso[1] hacer caso a su marido.
Cuando llegaron los convidados, la mujer los llevó al huerto y allí admiraron los árboles, la vista del río y las verdes colinas de la ribera opuesta.

---
[1] **Quiso,** pretérito de **querer.**

LECCIÓN TRECE

Dos sirvientes llevaron la cena al huerto: una sopa deliciosa, pescado, pollos asados, y queso y frutas de postre.

Mientras comían las frutas, el marido pensaba: «¡Es increíble! Mi mujer se porta bien. ¡Parece otra! ¡Está[2] discreta y hasta simpática!»

—Mujer, ¿quieres prestarme esa navajita que llevas colgada de la cintura?

—¿Qué navajita, hombre? Son unas tijeras.

—¿Tijeras, mujer?

—Sí, tijeras, hombre, tijeras. ¿No tienes ojos en la cara? ¡Claro que son tijeras!

El marido y los invitados apenas podían creer lo que oían porque estaban viendo una navajita. Con el silencio del marido la mujer se envalentonó y se echó a reír, burlándose del pobre hombre.

—¿Navajita? ¿Eh? ¿Se te subió el vino a la cabeza? Son tijeras, mis tijeretas, hombre.

El marido, al ver la actitud estúpida de su mujer, no pudo[3] más; se enfadó de tal modo que la empujó, con tan mala suerte que ésta cayó al río.

La mujer bajó al fondo y subió a la superficie dos veces. La primera vez dijo:

—¡Tijeretas son, hombre, tijeretas son!

La segunda vez que subió no pudo hablar pero con el índice y el dedo del corazón imitó el movimiento de las tijeras.

El marido no sabía nadar y corría de un lado a otro como un loco. Los amigos se tiraron al agua y nadaron río abajo. El marido les gritó desde la orilla:

—Amigos, ¿adónde van? ¿No ven que mi mujer, por ser tan porfiada, porfía hasta con el río? De seguro que va río arriba, contra corriente.

Los amigos—¡qué amigos tan crédulos!—nadaron entonces río arriba.

La mujer naturalmente, iba río abajo y mientras se ahogaba, se decía mentalmente:

«¡Muerta, sí, pero vencida no! ¡Tijeretas son, tijeretas son!»

---

[2] **Está,** porque no es discreta por naturaleza.
[3] **No pudo más** = *couldn't stand it anymore.* **Pudo,** pretérito de **poder.**

122

LECCIÓN TRECE

CUESTIONARIO

1. ¿Por qué era el marido un pobre hombre? 2. ¿Qué defecto tenía la mujer? 3. ¿Por qué no había paz en su casa? 4. ¿Qué dijo el marido a su mujer un día? 5. ¿Qué contestó la mujer? 6. ¿Por qué no invitó el marido a los amigos para pasado mañana? 7. ¿Dónde quiere poner la mesa el marido? ¿Y la mujer? 8. ¿Quién preparó la mesa al día siguiente? 9. ¿A dónde llevó la mujer a los convidados? 10. ¿Qué admiraron éstos? 11. ¿Quiénes llevaron la cena al huerto? 12. ¿En qué consistía la cena? 13. ¿Qué pensaba el marido mientras comía fruta? 14. ¿Qué pidió prestado el marido a la mujer? 15. ¿Qué dijo la mujer? 16. ¿Por qué no podían creer el marido y los invitados lo que oían? 17. ¿Por qué se envalentonó su mujer? ¿Qué hizo? 18. ¿Qué impertinencia le dijo al marido? 19. ¿Por qué se enfadó el marido? 20. ¿Qué hizo? 21. ¿Dónde cayó la mujer? 22. ¿Qué dijo cuando subió a la superficie? 23. ¿Qué hizo la segunda vez que subió? 24. ¿Qué hacía el marido? ¿Qué hicieron los amigos? 25. ¿Qué les gritó el marido? 26. ¿Hacia dónde nadaron los amigos? 27. ¿Hacia dónde iba la mujer? 28. ¿Qué se decía la mujer mientras se ahogaba? 29 ¿Qué le parece la actitud del hombre? ¿de la mujer? 30. ¿Para qué sirven las tijeras? 31. ¿Para qué sirve una navajita?

◆◆◆◆◆◆◆◆◆◆◆◆◆◆◆◆◆◆◆◆◆◆◆◆◆◆◆◆◆◆◆◆◆◆◆ *Gramática*

Tener

Tener significa *to have, to possess, to hold*. Este verbo irregular es sumamente necesario e importante.

PRESENTE DE INDICATIVO

Tengo un sombrero nuevo.
Tienes una blusa de seda.
Tiene una falda de lana.
Tenemos mucho dinero.
Tenéis una carta en la mano.
Tienen flores en la[4] cabeza.

I have a new hat.
You have a silk blouse.
She has a woolen skirt.
We have a lot of money.
You have a letter in your hand.
They have flowers in their hair.

---

[4] Se emplea el artículo definido en vez del pronombre posesivo cuando se refiere a las partes del cuerpo.

LECCIÓN TRECE

Tener corresponde a *to be* en muchas expresiones idiomáticas:

tener frío[5]	*to be cold*
tener calor	*to be warm*
tener hambre	*to be hungry*
tener sed	*to be thirsty*
tener sueño	*to be sleepy*
tener . . . años	*to be . . . years old*
tener razón[6]	*to be right*
tener afición a	*to be fond of*
tener calma	*to be calm*
tener celos	*to be jealous*
tener cuidado	*to be careful*
tener empeño en	*to be eager to*
tener miedo	*to be afraid*
tener prisa	*to be in a hurry*
tener suerte	*to be lucky*
tener envidia	*to be envious*
tener ganas	*to feel like*

Tener que significa *must, to have to*:

Tengo que estudiar.	*I* have to *study.*
Tienes que ir pronto.	*You* must *go soon.*
Tiene que escribirme.	*He* has to *write to me.*

Saber y conocer

Saber significa *to know, to know how, to be able.* **Conocer** significa *to know, to be acquainted with; to meet* en el sentido de ser presentado.

Sabe la lección.	*He* knows *the lesson.*
Sé coser.	*I* know *how to sew.*
¿No **sabes** el camino?	*Don't you* know *the way?*
Conozco a Pedro.	*I* know *Peter.*
¿**Conoces** la literatura mejicana?	*Do you* know *Mexican literature?*
Ayer la **conocí** en la calle.	*I* met *her (was introduced* to her*) in the street yesterday.*

---

[5] Una persona tiene frío o calor. Una cosa está o es fría o caliente: El hielo es frío; el fuego es caliente. *Ice is cold; fire is hot.* El agua está fría o caliente. *The water is cold or hot.*

[6] Se dice **no tener razón** o **estar equivocado** para traducir *to be wrong.*

LECCIÓN TRECE

Saber,[7] además, significa *to taste* y **saber a** *to taste like*.
    El café **sabe** bien.   *The coffee* tastes *good.*
    El caramelo **sabe a** café.   *The candy* tastes *like coffee.*
    Esto **sabe a** gloria.   *This* tastes *heavenly.*

PRESENTE DE INDICATIVO

SABER
    Sé la lección.
    Sabes coser.
    Sabe la poesía de memoria.
    Sabemos la dirección.
    Sabéis tocar el piano.
    Saben qué hacer.

CONOCER
    Conozco a María.
    Conoces a su tío.
    Conoce el país bien.
    Conocemos a España.
    Conocéis las plantas.
    Conocen sus ideas.

Poder

Poder tiene dos significados: uno (*may*) significa pedir o tener permiso; el otro (*to be able*) expresa capacidad física para hacer algo.
Poder no debe confundirse con el verbo **saber**. Estudie estos ejemplos:
    ¿**Puedo** ir al cine, madre?   May *I go to the movies, Mother?*
    Puede Ud. pasar.   *You* may *go in.*
    Sé tocar el piano, pero no **puedo** tocar porque me duele la mano.   *I* know *how to play the piano, but I* cannot *play because my hand hurts.*

El pretérito de los verbos regulares

El pretérito expresa una acción pasada de un modo definido; una acción totalmente terminada. Recuerden que el imperfecto expresa una acción habitual o en duración imprecisa.

El pretérito de los verbos regulares se forma añadiendo a la raíz del infinitivo las siguientes terminaciones (la primera y la tercera personas llevan acento ortográfico):

PRIMERA CONJUGACIÓN	SEGUNDA Y TERCERA CONJUGACIÓN
-é	-í
-aste	-iste
-ó	-ió
-amos	-imos
-asteis	-isteis
-aron	-ieron

---

[7] Piense en la palabra inglesa *savor*.

LECCIÓN TRECE

CANTAR *to sing*
  Canté una canción española ayer.
  Cantaste una canción alemana anteayer.
  Cantó una canción portuguesa anteanoche.

  Cantamos una canción francesa anoche.
  Cantasteis esta mañana.
  Cantaron bien esta tarde.

COMER *to eat*
  Comí tostadas en el desayuno.
  Comiste jamón en el almuerzo.
  Comió pollo en la comida.

  Comimos queso en la cena.
  Comisteis con apetito.
  Comieron poco y mal.

ABRIR *to open*
  Abrí la ventana hace una hora.
  Abriste la puerta hace diez minutos.
  Abrió el libro para leer.

  Abrimos la mesa de juego para jugar.
  Abristeis el piano para tocar.
  Abrieron la casa para ventilarla.

Ejercicios

I. *Escriba el pretérito de indicativo del verbo que va entre paréntesis:*
  1. ¿Quién (nadar) contigo ayer? **2.** Los amigos (cenar) en el huerto anoche. **3.** La mujer no (preguntar) nada. **4.** Tú los (invitar) a cenar. **5.** Mi tío (partir) hace dos días. **6.** Cuando ellos (llegar) la mujer cantaba. **7.** Usted no (beber) café esta mañana. **8.** Tú le (prestar) el cortaplumas. **9.** Ella se (echar) a reír. **10.** Mis primos (subir) al árbol. **11.** La mujer (bajar) al fondo del río. **12.** Yo (imitar) el movimiento de las tijeras. **13.** El hombre se (enfadar) conmigo. **14.** El marido (empujar) a la mujer.

LECCIÓN TRECE

II. *Escriba oraciones empleando los modismos que recuerde con el verbo* **tener.**

III. *Escriba la forma correspondiente de* **saber, conocer,** *o* **poder:**
   1. Hace mucho tiempo que le ____. 2. No ____ venir porque está enferma. 3. Yo no ____ lo que Ud. me pregunta. 4. ____ muchas ciudades españolas. 5. ¿____ entrar el niño? 6. Nosotros ____ tocar el violín. 7. Ella no ____ al profesor de francés. 8. Yo ____ que le ____.

IV. *Emplee las siguientes frases en oraciones:*

había una vez	once upon a time
en vez de	instead of
¿Quieres . . .?	Will you please?
cerca de	near
al día siguiente	the next day
hacer caso	to mind, obey
de postre	for dessert
claro	of course
echarse a reír	to burst out laughing
no poder más	not to be able to stand any more
río abajo	down the river
de seguro	certainly, surely

V. *Escriba un resumen del cuento* « ¡Tijeretas son! »

EJERCICIO DE PRONUNCIACIÓN

La **g-** antes de **-a, -o** y **-u** o antes de consonante se pronuncia como la *g-* en la palabra inglesa *gas*. Antes de **-ue** y **-ui** la **g-** se pronuncia del mismo modo:

El gato gordo, glotón y gris es del guitarrista.	The fat, gluttonous, gray cat belongs to the guitar player.

La **g-**, antes de **-e** e **-i** y la **j-** se pronuncian como la *h-* en la palabra inglesa *hat*, pero son más aspiradas:

El hijo de la gitana Julia tiene la cajita de la mujer.	The son of the gypsy Julia has the woman's little box.
No entiendo ni jota.	I don't understand anything at all.

127

LECCIÓN TRECE

GANSADA

La gitana gemía
al ver al general de los germanos
destruyendo las matas de geranios
plantadas por su mano.

FRAGMENTO

Yo vi jugando al pájaro y la ardilla,
al gato y la gallina, al elefante
y al oso, al hombre con el hombre.
Yo vi jugando al hombre con el hombre,
cuando el hombre cantaba. No, este perro no levanta
los pájaros, los mira, los comprende,
los oye, se echa al suelo y calla y sueña.

Juan Ramón Jiménez

REFRÁN

De tal palo, tal astilla.

IV REPASO CUARTO

(LECCIONES 11–13)

I. *Complete el sentido de las oraciones que siguen con los pronombres y con los comparativos y superlativos correspondientes:*
   1. Ella se _____ contó al rey el cual quedó asombrado de _____. 2. Valía mucho; por _____ el mercader pedía tanto por _____. 3. La doncella era _____ hermosa que el sol y _____ buena que el pan. 4. No tengo _____ que diez y seis años, pero sé _____ como tus sabios. 5. Eres _____ elocuente que mis sabios y la _____ bella de todas las mujeres. 6. ¡Qué muchacha tan hermosa! Es verdaderamente _____. 7. El árbol ese no es _____ frondoso que éste, pero es mucho _____ bello. 8. La madre regañó al niño por _____. _____ siento mucho; fue culpa mía. 9. _____ es mucho más interesante que _____. 10. Su tía la quiere _____ como su madre. 11. ¿Qué es _____ que se ve en el prado? _____ es un pino. 12. Marina está _____ alegre _____ unas castañuelas. 13. ¿Es ése tu hermano pequeño? Sí, pero tengo una hermanita _____ que él. 14. Julia baila mucho _____ que Mercedes; ¡qué bien _____ hace! 15. Cuando salió de viaje tenía _____ de mil dólares, pero ahora tiene _____ de quince. 16. El viaje es _____ largo _____ yo creía. 17. Rocío no tiene _____ tres pares de zapatos. 18. Ésa es la _____ novela del año. 19. Le felicitan por _____ y él está _____ contento. 20. Estoy contentísima por _____ pronto que _____ terminé.

II. *Escriba la forma correspondiente de* **ser** *o* **estar** *en vez de la raya:*
   1. _____ hijo mío; _____ triste y enfermo desde la muerte de su mujer; ella _____ de poca salud y este frío la mató. 2. La montaña _____ cubierta de nieve cuando llegamos porque _____ temprano; ¡_____ las seis de la mañana! A las dos de la tarde la nieve _____ convertida en

129

REPASO CUARTO

agua. 3. Los collares ____ de oro; ____ de mi abuela, pero ahora. ____ míos. ____ preciso saber que las esmeraldas ____ de Colombia y que ____ de primera calidad. 4. Mi tío ____ bastante joven, pero ____ viejo para su edad por los muchos sufrimientos. 5. La conferencia ____ en el teatro que ____ a mano derecha de la biblioteca. 6. ____ acostado cuando sonó el teléfono; ____ una llamada de Madrid. 7. ____ de moda el color violeta. 8. ¿Quién ____? ____ yo. Aquí ____ María también. 9. ____ el terror de los hombres porque ____ un tigre salvaje y feroz. 10. ____ franceses nacidos en el Canadá. 11. ¿Quién ____ tocando el órgano? ____ el cura que llegó hace dos horas. 12. Los vestidos ____ maravillosamente cortados. 13. ¡____ más pobre que una rata! ¡Y pensar que ____ rica en un tiempo, que ____ amada, que ____ de moda, que ____ la actriz más querida de su público! ____ una desgracia ____ vieja y ____ pobre. 14. Luis ____ aburrido como una ostra y cuando yo ____ con él, la verdad, ____ aburridísima. 15. La ventana ____ abierta y yo ____ atenta a lo que pasaba en la calle; ____ natural, la conferencia no ____ interesante.

III. *Explique el uso de* **ser** *y* **estar** *en la siguiente adivinanza:*
—Dime, ¿Cuál **es** la casa inquieta
que siempre **está** tan agitada
en que los huéspedes **son** mudos
aunque da voces la posada?
—El río **es** la casa que corre murmurando;
los peces **son** los huéspedes que siempre **están** callando.

IV. *Haga oraciones empleando el plural de diez de las siguientes palabras:*
mercader   trovador   costumbre   peral   cantor
perdiz   corazón   ceja   postre   organización
ave   miel   pómulo   tijeras   emprendedor
juez   mejor   vez   soplón   idioma

V. *Escriba el pretérito o el imperfecto de los verbos entre paréntesis, según sea el caso:*
1. A medida que la chica (ir) hablando, él (ir) enamorándose cada vez más. 2. El mercader (entrar) en el palacio donde (estar) los doctores reunidos; éstos (asombrarse) al ver la belleza de la doncella que le (acompañar). 3. El poeta (interrumpir): ¡Basta, señores! Nunca

(conocer) una muchacha de tanto talento. **4.** Me (sentar) mal el melón. Anoche (enfermarse) y (pasarlo) muy mal. Sin embargo cuando (comerlo) me (saber) a gloria. **5.** Ayer (saber) la muerte de tu sobrina. Nos (entristecer) mucho. ¡(Ser) tan simpática y tan buena! ¿Qué le (pasar)? **6.** ¿Qué (comer) Ud. cuando yo (entrar)?—Un helado; (estar) riquísimo. **7.** Pepe (ser) más feo que su hermano, pero yo le (querer) mucho porque siempre me (ayudar) cuando yo (ser) niña e (ir) a la escuela juntos todos los días. **8.** ¿(Conocer) Ud. a Eduardo cuando (vivir) él en Lisboa?—No, le (conocer) aquí hace dos años. **9.** ¿(Echarse) a reír el chico cuando (ver) el payaso? **10.** Por poco me (echar) a llorar al ver esta mañana que (llover) porque (querer) ir de excursión. **11.** Los amigos (ir) río arriba a salvar a la mujer; pero, claro, ésta (ir) río abajo. **12.** Aparte de lo guapa y de lo elegante que (ser) mi tía, (ser) inteligente, buena y graciosa; y sin embargo (casarse) con un hombre más feo que Picio y más tonto que Pichote. **13.** La isla (ser) descubierta por un marinero español; (estar) rodeada de islotes y (estar) habitada por hombres color bronce. **14.** La casa (estar) rodeada de rosales, por lo tanto siempre (estar) llena de rosas. Yo las (cortar) a diario. **15.** Los nidos (estar) vacíos cuando yo los (hallar); los pájaros (haber) volado.

VI. *Emplee los verbos* **tener, saber, conocer** *y* **poder** *en el tiempo y persona que corresponda:*

1. Yo no ____ ese ensayo, pero ____ que es muy interesante. **2.** ¿Cuándo la ____ tú? La ____ anoche en el baile. **3.** Bien ____ decirme sus señas; ____ muchas ganas de ____ porque creo que es simpatiquísima. **4.** Dicen que ____ cantar muy bien, pero que con ese catarro que ____ no ____ cantar esta noche. **5.** ¿____ cómo se llama ese chico? No, sólo le ____ de vista. **6.** ¿Viene tu madre? ____ ser, pero todavía no lo ____ seguro. **7.** Hoy ____ tanto frío que no ____ moverme. **8.** El profesor me dice que yo ____ razón y que él no ____ prisa. **9.** Ella ____ ganas de hacer una excursión, pero ____ miedo de guiar. **10.** ¡Qué bien ____ esta manzana! Tú ____ que me gustan mucho. **11.** Ya ____ a España y a México, pero ahora ____ que ir a la Argentina que también me interesa. **12.** Juan ____ a Lolita al mismo tiempo que ____ a su país. **13.** Toda la clase ____ bailar, pero yo no ____ bailar con este pie. **14.** ____ Ud. pasar, pero yo no ____ si ella está aquí. **15.** Cuando ____ calor me meto en el agua.

REPASO CUARTO

VII. *Emplee en oraciones:*

de ordinario	lo de prisa	lo hermosa
sentar bien	sin par	entregarse al sueño
aún más	un ejemplar	menguar

MONÓLOGO FILOSÓFICO-GRAMATICAL

En célebre monólogo,
un príncipe danés
se preguntó perplejo
«¿*Será ser* o no *ser*?»

Y yo, que no *soy* príncipe,
ni siquiera danés,
me pregunto azorado:
«¿Qué digo: *estar* o *ser*?»

He aquí la solución:
(¡No pases las morás!)[1]
Pues son seis, creo, los casos
en que se usa *estar*.

Estoy acostao,[2] de pie,
sentao o de rodillas;
el gato *está* en la casa,
mi tío *está* en Sevilla.

Salamanca *está* en España
donde *está* mi pensamiento,
todos contentos *estamos*
porque hace sol y no hay viento.

Aunque *estemos* bien muertos
se usará el verbo *estar*.
¡Piensa que resucitas
para el Juicio Final!

Resultado de una acción
se expresará con *estar*.
«*Está* muy mal pintada»
decimos sin vacilar.

Y si se añade el gerundio
(que siempre acaba *ando, iendo*)
se forma la durativa:
no como, que *estoy* bebiendo.

¿Por qué, decidme, señores,
os ponéis a vacilar?
Todo lo demás *es ser*,
cuando no se usa *estar*.

---

[1] Pasar las moradas = **pasar trabajos; morás** es forma popular.
[2] Acostao y sentao en el verso siguiente son formas populares de **acostado** y **sentado**.

14 LECCIÓN CATORCE

Lectura

HAZAÑAS FAMOSAS

En la Edad Media hubo[1] tres lugares de peregrinación: Jerusalén, Roma y Santiago de Compostela. Esta ciudad, donde se dice que está enterrado el apóstol Santiago, está en Galicia, región en el extremo noroeste de España, famosa también por sus poetas y su « folklore ».

Muchos peregrinos, españoles y franceses sobre todo, preferían ir en peregrinación a Santiago porque el viaje era más corto y menos peligroso que a Roma o a Jerusalén; lo hacían por Roncesvalles y su ruta se conoce con el nombre de Camino de Santiago.

En el año 1439 (mil cuatrocientos treinta y nueve) sucedió un hecho extraordinario que llenó de asombro a cuantos peregrinos lo presenciaron. En el puente que cruzaba el río Órbigo estaba Suero de Quiñones, un valiente caballero leonés, que había jurado defender el puente durante treinta días contra todos, si no confesaban que su dama era la más hermosa del mundo. El que se negaba a confesar esto tenía que batirse con Suero de Quiñones o con uno de sus nueve valientes compañeros. Muchos fueron los caballeros que lucharon y salieron vencidos y desde entonces se oye hablar de ellos.

Hubo algunos detalles pintorescos en el « Paso honroso », nombre que dieron a la hazaña de Suero de Quiñones. Éste, por ejemplo, tenía

---

[1] **Hubo** significa *there was, there were*. En español el verbo impersonal va siempre en singular.

LECCIÓN CATORCE

un collar de hierro al cuello y juró no quitárselo hasta cumplir lo prometido. Uno de sus compañeros hizo otro juramento: prometió, si salía victorioso, no volver a cortejar a ninguna monja.

Si estos hechos pintorescos sucedían en la realidad, no nos pueden parecer tan extrañas las hazañas de Don Quijote. Como Suero de Quiñones, quiso Don Quijote hacer confesar a unos mercaderes a quienes encontró por un camino que su dama Dulcinea del Toboso era la mujer más hermosa del mundo. Los mercaderes eran hombres de buen humor, y uno quiso ver un retrato de Dulcinea antes de afirmar lo que Don Quijote les pedía. Esta falta de fe y las palabras del mercader que creía que Dulcinea podía ser fea o jorobada, causaron tan gran indignación en el Caballero de la Triste Figura que arremetió con su lanza contra el mercader. Pero Rocinante tropezó y caballo y caballero rodaron malparados por el suelo.

Otras muchas extravagancias hizo Don Quijote. Tenía la cabeza llena de las ideas fantásticas de los libros de caballerías y por todas partes creía ver gigantes con quienes luchar, princesas a quienes defender, niños a quienes proteger, empresas gloriosas que emprender.

Pero si por loco nos hace reír, en cambio, por otras cosas nos hace quererle y admirarle, porque no hubo héroe más noble ni más valiente, ni hombre más bondadoso, ni amador más casto y sufrido. A Don Quijote le movieron siempre ideales elevados y un deseo ilimitado de justicia, aunque no siempre tuvo éxito ni salió sano y salvo de sus empresas.

CUESTIONARIO

1. ¿Cuáles eran los lugares de peregrinación en la Edad Media? **2.** ¿Dónde está Santiago? **3.** ¿Qué ocurrió en el año 1439? **4.** Cuente la historia del Paso Honroso. **5.** ¿Qué detalles pintorescos recuerda Ud.? **6.** ¿Quién es Dulcinea del Toboso? **7.** ¿Quién escribió *Don Quijote de la Mancha*? **8.** ¿Cómo se llamaba el caballo de Don Quijote? **9.** ¿Por qué otro nombre se conoce a Don Quijote? **10.** ¿Quién era Sancho Panza? **11.** Cuente el encuentro de Don Quijote con los mercaderes. **12.** ¿De qué trataban los libros que leía Don Quijote? **13.** ¿Qué cualidades de Don Quijote nos causan admiración?

LECCIÓN CATORCE

Gramática

Pretéritos irregulares

ANDAR
>   **Anduve** una milla.
>   **Anduviste** un kilómetro.
>   **Anduvo** mucho.
>   **Anduvimos** de prisa.
>   **Anduvisteis** despacio.
>   **Anduvieron** porque no tenían coche.

ESTAR[2]
>   **Estuve** en el teatro anoche.
>   **Estuviste** enfermo ayer.
>   **Estuvo** de pie una hora.
>   **Estuvimos** dos días sin agua.
>   **Estuvisteis** en Europa un año.
>   **Estuvieron** aquí diez minutos.

TENER
>   **Tuve** mucho trabajo ayer.
>   **Tuviste** tiempo.
>   **Tuvo** fiebre anoche.
>   **Tuvimos** cinco pacientes esta tarde.
>   **Tuvisteis** que salir.
>   **Tuvieron** una niña el año pasado.

Como **tener** se conjugan los verbos:

abstener(se)	*to abstain*
contener	*to contain, to control*
detener	*to detain, to stop*
entretener	*to entertain*
mantener	*to maintain*
obtener	*to obtain*
retener	*to retain*
sostener	*to sustain*

---

[2] En el caso de **estar**, así como en el de **tener, ser, poder, querer** y **saber**, el uso del pretérito les da a veces un significado especial en inglés: Estuve en el teatro anoche. *I went to the theater last night.* María tuvo un niño ayer. *Mary gave birth to a child yesterday.* Supo la noticia al llegar. *He learned the news on his arrival.*

135

LECCIÓN CATORCE

DECIR
    Dije la verdad.
    Dijiste la palabra.
    Dijo la poesía.
    Dijimos que sí.
    Dijisteis que no.
    Dijeron que iban.

Como **decir** se conjugan:

bendecir	*to bless*
contradecir	*to contradict*
maldecir	*to curse*
predecir	*to predict*

HACER
    Hice el trabajo.
    Hiciste el vestido.
    Hizo el sombrero.
    Hicimos el postre.
    Hicisteis el café.
    Hicieron mal.

Como **hacer** se conjuga **satisfacer**, *to satisfy*.

IR
    Fui al palacio.
    Fuiste al museo.
    Fue a la iglesia.
    Fuimos a la biblioteca.
    Fuisteis a la librería.
    Fueron a la estación.

SER
    Fui un gran tonto.
    Fuiste un héroe.
    Fue mi mejor amigo.
    Fuimos buenos amigos.
    Fuisteis cómicos.
    Fueron los primeros.

Fíjese en que los pretéritos de **ir** y **ser** son idénticos.

PODER
No **pude** comer.
No **pudiste** dormir.
No **pudo** salir.
No **pudimos** patinar.
No **pudisteis** nadar.
No **pudieron** bañarse.

PONER(SE)
Me **puse** el sombrero.
Te **pusiste** los guantes.
Se **puso** los zapatos.
Nos **pusimos** el abrigo.
Os **pusisteis** la americana.
Se **pusieron** la blusa.

Fíjese en que el pretérito de **poner** lleva una **-s-** y el de **poder** conserva la **-d-** en toda la conjugación del tiempo.

Como **poner** (se) se conjugan:

anteponer	*to place before*
posponer	*to postpone*
proponer	*to propose*
reponerse	*to recuperate*

QUERER[3]
Quise salir, pero no pude.
Quisiste saber la verdad.
Quiso a María mucho.
Quisimos entrar en el cuarto.
Quisisteis entrar sin pagar.
Quisieron ver a Carlos.

SABER
No **supe** la lección ayer.
No **supiste** la poesía esta mañana.
No **supo** nada anoche.
No **supimos** qué hacer.
No **supisteis** resolver el problema.
No **supieron**[4] su muerte hasta ayer.

---

[3] Recuerde que **querer,** además de significar *to want, to wish* y *to love,* significa en el negativo *to refuse:* No quiso venir. *He refused to come.* (*He would not come.*)

[4] En el pretérito y el pretérito perfecto se usa **saber** para traducir *to hear about, to learn:* Supe su muerte ayer. *I learned about his death yesterday.* Supimos hace poco que María es mayor de edad. *We learned a little while ago that Mary is of age.* Lo hemos sabido ahora. *We have just heard about it.*

LECCIÓN CATORCE

TRAER
Traje el libro verde.
Trajiste los lápices azules.
Trajo las flores rojas.
Trajimos los papeles grises.
Trajisteis los guantes amarillos.
Trajeron las plumas negras.

Como **traer** se conjugan:

distraer	to distract, amuse
contraer	to contract

VENIR
Vine en tren.
Viniste en autobús.
Vino en tranvía.
Vinimos en burro.
Vinisteis a pie.
Vinieron a caballo.

Como **venir** se conjugan:

convenir	to agree
intervenir	to intervene
provenir	to proceed from

Ejercicios

I. *Escriba el pretérito del verbo entre paréntesis:*
1. ¿Qué (decir) el marido? **2.** Ella (poner) la mesa junto al manzano. **3.** Con mucho gusto (contestar) mi tía. **4.** Las sirvientas (traer) la cena. **5.** La mujer (ahogarse) en el río. **6.** Mi abuelo (estar) aquí hace una hora. **7.** Una vez yo (tener) un caballo negro. **8.** Ayer nosotros (ir) a la playa. **9.** ¿Quién (traer) las tijeras? **10.** Ellos (comer) allí antes de ayer. **11.** Yo no (poder) ir contigo. **12.** María lo (hacer) la semana pasada. **13.** Ellos no (saber) la lección ni ayer ni anteayer.

LECCIÓN CATORCE

14. Nos (poner) el sombrero y salimos con Carlos. 15. Tú no (querer) escribirlo. 16. Nosotros (estar) en el campo cinco días. 17. Él (recibir) esta mañana una larga carta de María. 18. Ella (dominarse) en aquel momento. 19. Ellos (patinar) porque el lago estaba helado. 20. ¿(Obtener) usted el diploma en junio? 21. El sacerdote (casar) a los novios. 22. ¿Qué (hacer) tú anoche? (Ir) al cine. 23. El comerciante (posponer) su viaje a Chile. 24. Luisa, ¿(traer) el abrigo? 25. El lunes Juan y yo (tener) carta de España.

II. *Emplee en oraciones los modismos siguientes:*

oír hablar (de)	to hear (*about*)
por todas partes	*everywhere*
en cambio	*on the other hand*
tener éxito	*to be successful*
sano y salvo	*safe and sound*

III. *Escriba una composición breve comparando los hechos de* Suero de Quiñones *o de* Don Quijote *con los de algún héroe que Ud. conozca.*

IV. *Cuente Ud. el incidente más cómico que le ocurrió el año pasado.*

COPLA

Me paso horas y horas
junto a tu reja,
por ver si te conmueve
mi triste queja.

REFRÁN

Dime con quien andas
y te diré quién eres.

15 | LECCIÓN QUINCE

Lectura

NOCTURNO

Es la media noche; paso
por frente de la ciudad;
la luna encantada duerme
en el río de cristal.

Oigo unas dulces campanas
que no volveré a escuchar;
las luces lejanas tiemblan,
la brisa es primaveral.

... La mujer que quise tanto,
que tanto me hizo llorar,
duerme en la sombra y el tedio
de esta tranquila ciudad;

y mi corazón, tan cerca
del suyo, siente la paz
de la muerte, junto al fondo
de este río de cristal.

Brisa, dile que he pasado ...
que voy lejos ... La ciudad
se pierde en la noche ... siento
que me muero de pesar ...

LECCIÓN QUINCE

Lloran las dulces campanas;
no sé si me llamarán . . .
La noche azul . . . y la brisa . . .
y ese río de cristal . . .

Mi corazón quiere un pecho
blanco donde sollozar . . . ;
mis ojos quieren cerrarse
frente a esta vieja ciudad . . .

Dulces campanas, ¡ya nunca,
nunca os volveré a escuchar!
Calles dormidas, mis pasos
ya nunca os despertarán.

¿Y adónde voy? Pobre alma,
¿adónde y por qué te vas . . . ?
— Yo no sé . . . siento una pena
y un deseo de llorar . . .

Juan Ramón Jiménez
(*Poeta español, 1881–1958*)
Premio Nobel, 1956

CUESTIONARIO

1. ¿Es mediodía? 2. ¿Por dónde pasa el poeta? 3. ¿Quién duerme en el río de cristal? 4. ¿Por qué dijo el poeta que el río era de cristal? 5. ¿Qué oye el poeta? 6. ¿Qué verso de la segunda estrofa da una sensación de tristeza? 7. ¿Qué luces tiemblan? 8. ¿En qué estación estamos? 9. ¿Qué es una brisa? 10. ¿Cuál es la diferencia entre la brisa y el viento? 11. ¿A quién quiso el poeta? 12. ¿Cómo sabe usted que el poeta sufrió? 13. ¿Dónde está esa mujer que le hizo llorar? 14. ¿Qué dos palabras describen a la ciudad? 15. ¿Qué siente el corazón del poeta? 16. ¿Adónde va el poeta? 17. ¿Qué siente? 18. ¿Cómo personifica a las campanas? 19. ¿Cómo describe la noche? 20. ¿Qué quiere su corazón? 21. ¿Qué quieren sus ojos? 22. ¿Cómo están las calles de la ciudad? 23. ¿Por qué no las despertarán los pasos del poeta? 24. ¿Adónde va el poeta? ¿Y por qué? 25. ¿Qué siente el poeta? 26. ¿Qué piensa Ud. de esta poesía? 27. ¿Qué estrofa prefiere usted? ¿Por qué?

LECCIÓN QUINCE

Gramática

Formación de los tiempos compuestos

Con el verbo **haber** se forman los tiempos compuestos:

PRESENTE	IMPERFECTO	PRETÉRITO
he	había	hube
has	habías	hubiste
ha	había	hubo
hemos	habíamos	hubimos
habéis	habíais	hubisteis
han	habían	hubieron

1. Con el presente de **haber** y el participio[1] del verbo que se conjuga se forma el pretérito perfecto, llamado también pasado próximo y pretérito compuesto:

    He cantado ya.   *I have* already *sung.*
    Hemos comido mucho.   *We have eaten* a great deal.

2. Con el imperfecto de **haber** y el participio del verbo que se conjuga se forma el pluscuamperfecto:

    Cuando vino Juan, María **había salido**.   *When John came, Mary had gone out.*
    Habíamos escrito antes de saber que venía.   *We had written* before knowing that he was coming.

3. Con el pretérito de **haber** y el participio del verbo que se conjuga se forma el pretérito anterior, llamado también antepretérito. Este tiempo se usa poco en la conversación; en su lugar se usa el pretérito. El pretérito anterior va siempre precedido de expresiones como: **apenas, tan pronto como, en cuanto**, etc.

    Apenas **hube salido** (salí), vino María.   *Hardly* had *I* gone out *when Mary came.*
    Tan pronto como **hubimos terminado** (terminamos), llegó Juan.   *As soon as we* had finished, *John arrived.*

Verbos terminados en **-ducir**

Los verbos terminados en **-ducir** admiten en la primera persona del singular del presente de indicativo una **-z-** antes de la **-c-**.

---

[1] Esta forma del verbo se llama también *participio pasivo*.

LECCIÓN QUINCE

PRESENTE DE traducir

Traduzco el libro al inglés.
Traduces la novela.
Traduce la poesía.
Traducimos el drama del ruso.
Traducís el ensayo.
Traducen la comedia.

El pretérito de los verbos en **-ducir** se forma cambiando **-ducir** en: **-duje, -dujiste, -dujo, -dujimos, -dujisteis, -dujeron**.

PRETÉRITO DE traducir

Traduje la tragedia.
Tradujiste la carta.
Tradujo el cuento.
Tradujimos los documentos.
Tradujisteis el ensayo.
Tradujeron el discurso.

Como **traducir** se conjugan **conducir, deducir, inducir, producir** y **seducir**.

Sentir, morir y pedir en el pretérito

Los verbos del segundo grupo, como **sentir** y **morir** cambian la radical **-e-** en **-i-** y la **-o-** en **-u-** en la tercera persona del pretérito. Los verbos del tercer grupo, como **pedir**, cambian la **-e-** en **-i-** en la misma persona del pretérito:

SEGUNDO GRUPO[2] (sentir, morir)

Él **sintió** frío cuando abrió la ventana.
Ella **sintió** su muerte.
Ellos **sintieron** horror al verlo.

El hombre **murió** anoche.
Murió de repente.
Los niños **murieron** en el accidente.

---

[2] Véanse en la lección octava las listas de verbos que pertenecen al segundo y tercer grupos.

LECCIÓN QUINCE

TERCER GRUPO (pedir)

El joven **pidió** la mano de su novia.
Ellos **pidieron** pan.

Gerundios irregulares

El gerundio de los verbos del segundo y tercer grupos que sufren cambio en la raíz tienen la misma irregularidad que la tercera persona del plural del pretérito:

INFINITIVO	GERUNDIO	PRETÉRITO
sentir	sintieron	sintiendo
morir	murieron	muriendo
pedir	pidieron	pidiendo
vestirse	se vistieron	vistiéndose
reírse	se rieron	riéndose

Algunos verbos tienen gerundios irregulares, diferentes de los pretéritos irregulares:

decir	dijeron	diciendo
ir	fueron	yendo[3]

Ejercicios

I. *Escriba la forma correspondiente del verbo* **haber**:
1. Yo _____ terminado la lección en este momento. **2.** Ella _____ leído el libro cuando se lo pidió el bibliotecario. **3.** Apenas _____ llegado Juan y Carlos, empezó a llover. **4.** Nosotros _____ escuchado el concierto con atención. **5.** No bien _____ sonado el teléfono,

---

[3] Con los gerundios **yendo** y **viniendo** no se construye la *forma progresiva*. Se emplean sólo en construcciones absolutas: Yendo de prisa estarás allí dentro de una hora. *If you go fast (Going fast), you will be there in an hour.* Viniendo del cine hallé este reloj en la acera. *On my way (Coming) from the movies, I found this watch on the sidewalk.*

LECCIÓN QUINCE

dieron las doce. **6.** Cuando entró Pedro, ellos _____ comenzado a comer. **7.** El médico _____ preguntado por la niña. **8.** Ellos _____ sido amigo hasta la guerra de 1914.

II. *Escriba el pretérito del verbo que va entre paréntesis:*
   1. Anoche (haber) baile. **2.** Yo no (poder) ir ayer al teatro. **3.** Apenas me lo (decir), te llamé por teléfono. **4.** Ella (sentir) mucho su muerte. **5.** Ud. (dormir) ocho horas anoche. **6.** María y Lola me (pedir) dinero. **7.** Los soldados (morir) en la primera guerra. **8.** Él se lo (decir) al niño. **9.** Ellos (dormir) mal. **10.** No se (poner) el abrigo porque no hacía frío. **11.** El abuelo (sentirse) enfermo. **12.** Mi tío no (tener) tiempo. **13.** Anoche (hacer) viento. **14.** Él (decir) que era una catedral gótica. **15.** Ella no (saber) dónde poner las flores. **16.** Ustedes no (mentir) nunca. **17.** Mis primos (ir) al cine y lo (sentir) porque la película era mala. **18.** (Haber) muchos bailes la semana pasada. **19.** Él no (venir) antes de ayer. **20.** Ellos (reírse) del loco **21.** Puerto Rico (producir) mucho café el año pasado. **22.** El cura (bendecir) al hombre. **23.** Ayer yo (querer) ir, pero no (poder). **24.** Ellos (vestirse) de prisa.

III. *Escriba la tercera persona del singular del presente, del imperfecto y del pretérito de los siguientes verbos:*

   advertir   divertirse
   contar   corregir
   elegir   preferir
   dormir   traducir
   volver   impedir

IV. *Cambie el infinitivo por el gerundio:*
   1. Cuando estábamos (oír) la radio, llamaron por teléfono. **2.** Siempre estás (decir) que tienes menos años de los que tienes y la gente va (reírse) de ti. **3.** No estaba (vestirse) sino (leer). **4.** Están (construir) un rascacielos en mi pueblo. **5.** Sólo (verlo) lo creo. **6.** (Ir) a la estación vi al conferenciante (hablar) con el profesor.

V. *Cuente en prosa lo que Juan Ramón Jiménez dice en verso y añada todos los detalles que usted quiera.*

LECCIÓN QUINCE

EJERCICIO DE PRONUNCIACIÓN

La **h** es siempre muda.
    El héroe sale del hospital ahora.   *The hero is now leaving the hospital.*

COPLA

¿Qué habrá de hermoso en la tierra,
qué habrá de hermoso en el cielo,
qué habrá de hermoso en la mar,
que no lo tenga tu cuerpo?

REFRÁN

Ojos que no ven,
corazón que no siente.

16 — LECCIÓN DIEZ Y SEIS

Lectura

GRANADA

Juan —La profesora nos dijo el otro día en clase que los árabes habían estado en España casi ocho siglos, desde 711 hasta 1492, año en que Fernando e Isabel, los Reyes Católicos, tomaron a Granada. Nos contó, además, dos leyendas: una sobre el último rey godo, don Rodrigo, y otra sobre el último rey moro, Boabdil el Chico.

Isabel —Cuéntamelas, si son divertidas.

Juan —Dice la leyenda que don Rodrigo se había enamorado de Florinda, hermosa hija del conde don Julián, alcaide de una fortaleza en el sur de España donde defendía a ésta contra los embates de los árabes. Cuando le dijeron a don Julián que el rey había deshonrado a su hija, abrió las puertas de la fortaleza a los moros y les dejó entrar en el país. ¡Así vengó el padre a Florinda! Esto sucedió en 711 y dio principio a la dominación árabe en España. Es decir, que le echan la culpa a don Rodrigo de la pérdida de España. ¡Qué lástima!

Isabel —¡Qué leyenda tan romántica!

Juan —En cambio contó otra, trágica.

Isabel —¡A ver!

Juan —Boabdil el Chico había sido un rey más amante de las artes que de gobernar y por eso perdió su reino. Apenas hubo entregado las llaves de la ciudad de Granada a los Reyes Católicos, llorando amargamente salió de su antiguo reino por un paso de las montañas,

LECCIÓN DIEZ Y SEIS

que hoy se conoce con el nombre de *El suspiro del moro*. La madre de Boabdil, al verlo llorar, le dijo: « Lloras como una mujer lo que[1] no has sabido defender como un hombre. » Así terminó el dominio de los árabes en 1492.

Isabel —También es romántica; sin embargo, me gusta más la primera. El año que viene quiero seguir un curso sobre la civilización española; me interesa sobre todo la historia del arte. ¿Has estudiado arquitectura árabe?

Juan —Hemos leído algo sobre los tres grandes monumentos que dejaron los árabes en España: la Mezquita de Córdoba, la Alhambra de Granada y el Alcázar de Sevilla.

Isabel —A propósito, ya que hablas de Granada, aquí te traigo una poesía de Zorrilla, poeta romántico del siglo XIX y autor del drama más popular de España: *Don Juan Tenorio*. Sólo he copiado la primera estrofa:

« ¡Granada! Ciudad bendita
reclinada sobre flores,
quien no ha visto tus primores
ni vio luz ni gozó bien.
Quien ha orado en tu mezquita
y habitado tus palacios,
visitado ha los espacios
encantados del Edén. »

¿Te gusta? ¿Te parece bonita?

Juan —Mucho. Pero yo sé un dicho popular que dice lo mismo con menos palabras:

« Quien no ha visto Granada
no ha visto nada »

Isabel —Eso dicen los granadinos. En cambio los sevillanos creen que

« Quien no ha visto Sevilla
no ha visto maravilla »

Juan —Vamos a acabar por creer que cada ciudad de España es una maravilla.

Isabel —Claro, y lo es. Pero ahora vamos a acabar de estudiar, que es lo que importa.

---

[1] **Lo que** se refiere al reino de Granada. Se lamenta de lo que ha perdido.

LECCIÓN DIEZ Y SEIS

CUESTIONARIO

1. ¿Qué le contó Juan a Isabel? **2.** ¿En qué año invadieron los árabes a España? **3.** ¿Cuándo terminó la dominación árabe en España? **4.** ¿Cuándo tomaron los Reyes Católicos a Granada? **5.** ¿Quién fue don Rodrigo? **6.** ¿Cuándo dejó de reinar don Rodrigo? **7.** ¿De quién se había enamorado don Rodrigo? **8.** ¿De quién era hija Florinda? **9.** ¿Dónde estaba su padre y por qué? **10.** ¿Qué hizo el conde para vengar a su hija? **11.** ¿Cómo se llamaba el último rey moro de Granada? **12.** ¿Cuándo dejó de reinar? **13.** ¿De qué era amante Boabdil? **14.** ¿Qué hizo el rey apenas hubo entregado las llaves de la ciudad? **15.** ¿Qué ha leído Juan? **16.** ¿Cuáles son los tres monumentos arquitectónicos importantes que dejaron los árabes en España? **17.** ¿Quién fue Zorrilla? **18.** ¿Qué palabra significa lo mismo que «paraíso»? **19.** ¿Cuál es el segundo Edén, según José Zorrilla? **20.** ¿Dónde está Granada? **21.** ¿Qué es la Alhambra? **22.** ¿Qué autor americano escribió un libro de leyendas sobre la Alhambra? **23.** ¿Qué no ha visto el que no ha visto Granada? **24.** ¿Qué no ha gozado el que no ha visto Sevilla? **25.** ¿Qué hace usted en una iglesia? **26.** ¿Qué es una mezquita? **27.** ¿Qué es un palacio? **28.** ¿Cómo son los espacios del Edén? **29.** ¿Qué dicen de Sevilla los sevillanos?

Gramática

El participio pasivo: regular e irregular

El participio es la parte de la oración que participa de la naturaleza del verbo y del adjetivo.

El participio pasivo se forma añadiendo **-ado** a la raíz de los verbos de la primera conjugación e **-ido** a los de la segunda y tercera

        pasar   *pasado*
        comer   *comido*
        vivir   *vivido*

LECCIÓN DIEZ Y SEIS

Hay varios participios irregulares que damos a continuación:

abrir	*abierto*	morir	*muerto*
cubrir	*cubierto*	poner	*puesto*
descubrir	*descubierto*	posponer	*pospuesto*
encubrir	*encubierto*	reponer	*repuesto*
decir	*dicho*	anteponer	*antepuesto*
bendecir	*bendito*[2]	ser	*sido*
maldecir	*maldito*	romper	*roto*
escribir	*escrito*	volver	*vuelto*
describir	*descrito*	devolver	*devuelto*
freír	*frito*	disolver	*disuelto*
prescribir	*prescrito*	envolver	*envuelto*
inscribir	*inscrito*	soltar	*suelto*
subscribir	*subscrito*	resolver	*resuelto*
hacer	*hecho*	ver	*visto*
satisfacer	*satisfecho*	prever	*previsto*
contrahacer	*contrahecho*	sujetar	*sujeto*
imprimir	*impreso*	corregir	*correcto*

El participio: su uso

El participio puede usarse: como adjetivo; con el verbo **ser** (en la voz pasiva); con el verbo **estar** (para expresar estado o condición); con el verbo **haber** (para formar los tiempos compuestos); en frases absolutas.

1. El participio como adjetivo concuerda en género y número con la palabra modificada:

el hombre cansado	el libro impreso
la mujer cansada	la página impresa
el ensayo publicado	las novelas publicadas

2. El participio en la voz pasiva (con **ser**)[3] tiene el mismo número y género que el sujeto:

Él es odiado.	He is hated.
María es amada de todos.	Mary is loved by everybody.
Las novelas fueron publicadas en 1900.	The novels were published in 1900.

---

[2] **Bendecir, maldecir, corregir, sujetar** y **soltar** tienen participio regular también: **bendecido, maldecido, corregido, sujetado** y **soltado** que se usan para formar los tiempos compuestos. Los irregulares se usan como adjetivos y con el verbo **estar**.

[3] *Véase Lección XVIII.*

LECCIÓN DIEZ Y SEIS

3. El participio se usa con el verbo **estar** para expresar estado o condición:
    La casa está cerrada.[4]   *The house is closed.*
    Las puertas estaban abiertas.   *The doors were open.*

4. El participio se usa con **haber** (el verbo auxiliar más común) para formar los tiempos compuestos. En este caso el participio es invariable:
    María y Pepe han comido bien.   *Mary and Joe have eaten well.*

5. El participio absoluto denota generalmente circunstancia de tiempo anterior al de la ocasión principal. Concuerda con el nombre que le sigue y al que modifica:
    Terminados los ejercicios, se fueron los alumnos a su casa.   *Their lessons finished, the pupils went home.*
    Llegada la noche, encendieron el fuego.   *Night having fallen, they lighted the fire.*

El pretérito perfecto

Como dijimos en la lección anterior, el **pretérito perfecto**[5] se forma con el presente del verbo **haber** y el participio del verbo que se conjuga. Se emplea:

1. para indicar que una acción acaba de tener lugar en el momento en que se habla:
    He venido del teatro con Pedro.   *I have come from the theater with Peter.*

2. para indicar que una acción subsiste en el momento que hablamos y puede repetirse:
    He estado en Alemania tres veces.   *I have been in Germany three times.*
    España **ha producido** grandes pintores.   *Spain has produced great painters.*
    Este mes Juan **ha venido** dos veces.   *This month John has come twice.*

PINTAR

He pintado un cuadro.   *I have painted a picture.*
Has pintado un paisaje.   *You have painted a landscape.*
Ha pintado un retrato.   *He has painted a portrait.*
Hemos pintado dos acuarelas.   *We have painted two watercolors.*
Habéis pintado dos cuadros.   *You have painted two pictures.*
Han pintado dos puertas.   *They have painted two doors.*

---

[4] El participio tiene el mismo número y género que el sujeto.
[5] Este tiempo se llama en inglés *present perfect*.

LECCIÓN DIEZ Y SEIS

El pretérito pluscuamperfecto

El pretérito pluscuamperfecto se forma con el imperfecto del verbo **haber** y el participio pasivo del verbo que se conjuga. Expresa una acción pasada, anterior a otra acción también pasada:

Había comido cuando él llegó.	*I* had dined *when he arrived.*
Habías escrito la carta cuando ella vino.	*You* had written *the letter when she came.*
Había llegado cuando llamaste por teléfono.	*He* had arrived *when you telephoned.*
Habíamos dicho la verdad.	*We* had told *the truth.*
Habíais leído esos libros.	*You* had read *those books.*
Habían estudiado la lección para las ocho.	*They* had studied *the lesson by eight o'clock.*

El pretérito anterior[6]

El pretérito anterior, como dijimos en la lección quince, se forma con el pretérito de **haber** y el participio del verbo que se conjuga. Expresa una acción pasada que es anterior a otra acción también pasada; pero las dos acciones se suceden inmediatamente. Algunos gramáticos lo llaman antepretérito.

El pretérito anterior va precedido siempre por un adverbio de tiempo: **tan pronto como, no bien, apenas, en seguida que, en cuanto, después que, luego que.**

No bien hube comido, salí.	As soon as *I had dined, I went out.*
Tan pronto como hubiste llegado, llamó por teléfono.	As soon as *you had arrived, he phoned.*
Apenas hubo venido, empezó a leer.	*He had* hardly *come, when he began to read.*
Después que hubimos escrito, jugamos a las cartas.	After *we had written, we played cards.*
¿Qué dijo **después que** hubisteis llegado?	*What did he say* after *you had arrived?*
En cuanto hubieron acabado el trabajo, salieron.	As soon as *they had finished their work, they left.*

---

[6] El pretérito anterior es un tiempo que se va usando cada vez menos; se substituye por el pretérito absoluto. Cuando **hubo llegado,** llamó por teléfono. *Cuando* llegó, *llamó por teléfono.*

Haber como verbo impersonal

Haber[7] se usa como impersonal en la tercera persona del singular para traducir *there is, there are, there was, there were,*[8] etc.

1. **Hay** (*there is, there are, is there, are there*) se usa en el presente:
   Hay una mujer a la puerta.   There is *a woman at the door.*
   Hay muchos libros sobre la mesa.   There are *many books on the table.*
   ¿Hay niños allí?   Are there *children there?*

2. **Había** (*there was, there were*) es la forma del imperfecto:
   Había muchos hombres en la calle.   There were *many men in the street.*

3. **Hubo** (*there was, there were*) es la forma del pretérito:
   Hubo muchos bailes la semana pasada.   There were *many dances last week.*
   Hubo un gran fuego anoche.   There was *a big fire last night.*

Modismos con haber

Hay que[9] estudiar.   It is necessary *to study.*
Había que traer los caballos.   It was necessary *to bring the horses.*
Hubo que cerrar la puerta.   It was (became) necessary *to close the door.*

Hay[10] polvo.   It is dusty.
Había lodo.   It was muddy.

Haber de

El presente del verbo **haber** seguido de la preposición **de** y de infinitivo equivale a un futuro:
   Él ha de venir esta noche.   *He is to come tonight.*

---

[7] Véase el Apéndice 8 para los demás tiempos.

[8] El impersonal del verbo **haber** como el de **hacer**, tiene siempre la forma singular. Los nombres que siguen al verbo son complementos directos, no sujetos.

[9] **Haber que** (**hay, había, hubo que,** etc.) es impersonal. Expresa necesidad. Cuando se quiere expresar necesidad personal se usa **tener que. Hay que** trabajar. *It is necessary to work.* **Tengo que** estudiar. *I have to study.*

[10] **Haber** se usa con **polvo, lodo,** etc., cosas que uno puede ver: **hacer** se usa con lo invisible: **calor, frío, viento,** etc. Se dice, sin embargo, **hace sol.**

Ejercicios

I. *Escriba el participio adecuado del verbo que está entre paréntesis:*
1. He (hablar) ya. 2. Hemos (venir) con Juan. 3. Has (estar) en su casa. 4. Ellos han (abrir) los libros. 5. ¿Quién ha (escribir) la carta? 6. ¿No habéis (resolver) el problema? 7. Esta novela está (romper). 8. ¿Quién ha (poner) las flores en el florero? 9. Ha (morir) sin verlo. 10. El poeta ha (describir) el paisaje muy bien. 11. No ha (decir) nada. 12. Nunca habéis (ver) maravilla tan grande. 13. ¿Me ha (devolver) Ud. el libro que le presté? 14. Él lo ha (prever) todo. 15. Estas poesías están bien (escribir). 16. Las puertas están bien (cerrar); las ha (cerrar) mi prima. 17. La caja está (abrir). 18. Ellas son (querer) de todos. 19. Hemos (descubrir) que lo que Uds. han (hacer) ha (ser) una injusticia.

II. *Escriba la forma correspondiente de* **haber, ser** *o* **estar,** *según el caso:*
1. El abuelo me _____ escrito. 2. Su carta _____ bien escrita. 3. Él _____ respetado de todos. 4. El médico _____ llegado ya. 5. El poema _____ mal traducido. 6. El poeta no _____ querido. 7. Nosotros _____ vuelto pronto. 8. Yo _____ insultada por el actor. 9. ¿ _____ visto tú la película de Charlot? (Charlie Chaplin) 10. Ustedes no _____ querido venir. 11. Los ejercicios _____ mal copiados. 12. Anoche _____ baile en casa. 13. _____ cinco muertos en la calle. 14. _____ que estudiar más. 15. ¿Quién _____ roto el cristal?

III. *Emplee en oraciones el pretérito perfecto, el pluscuamperfecto y el pretérito anterior de la primera persona singular:*

| decir | volver | romper | ver | envolver |
| hacer | poner | describir | morir | descubrir |

LECCIÓN DIEZ Y SEIS

IV. *Emplee en oraciones los modismos siguientes:*

es decir	that is to say
fijarse en	to pay attention
en cambio	on the other hand
al menos	at least
¡A ver!	Let us see!
sin embargo	nevertheless
a propósito	by the way; on purpose
acabar de	to have just
acabar por	to end by
lo que importa	what matters
¡Claro!	Of course!
mucho	very

EJERCICIO DE PRONUNCIACIÓN

La **ll** se pronuncia como la *-lli-* de la palabra inglesa *million*:
   El caballo pasa por la calle.   *The horse goes along the street.*

DON JUAN TENORIO
Fragmento

¡Ah! ¿No es cierto, ángel de amor,
que en esta apartada orilla
más pura la luna brilla
y se respira mejor?
   Esta aura que vaga llena
de los sencillos olores
de las campesinas flores

que brota esa orilla amena;
esa agua limpia y serena,
que atraviesa sin temor
la barca del pescador
que espera cantando el día,
¿no es cierto, paloma mía,
que están respirando amor?
            José Zorrilla.

REFRÁN

Agua que no has de beber,
déjala correr.

V REPASO QUINTO

(LECCIONES 14–16)

I. *Escriba el pretérito o el imperfecto del verbo que va entre paréntesis:*
1. Luisa (acabar) de cantar cuando yo (entrar) en el teatro anoche. 2. Él (decir) que lo que (importar) era su edad. 3. Nunca (fijarse) en nada; (ser) un muchacho medio loco. 4. ¿(Volver) tú a tocar el violín después que salí yo? 5. ¿(Tener) éxito la actriz en Nueva York? 6. A propósito, ¿qué (hacer) ayer, hija mía? 7. Cuando (saber) la noticia, lloró mucho. 8. Dos veces (querer) ir nosotros y no (poder) ser. 9. Ellos (traducir) los ensayos. 10. ¿Quién (mentir)? 11. ¿Por qué (deducir) eso, madre? 12. ¿Quiénes (reírse) tanto? 13. Siempre (acabar) por hacer lo que ella quería. 14. (Volver) a hacerlo yo, pues ella lo (hacer) mal. 15. Él (oír) hablar de Vds. cada vez que (venir) a casa.

II. *Termine las frases, con el verbo en el pretérito:*
1. Ella (querer). 2. Vds. (poder). 3. Nosotros (ser). 4. María (proponer). 5. Tú (obtener). 6. Yo (traer). 7. Carlos y yo (andar). 8. Pedro (satisfacer). 9. Juan y tú (distraer). 10. Tú (ir). 11. Carmen y yo (contradecir). 12. Yo (intervenir). 13. Él (sentir). 14. Los soldados (morir). 15. La madre (despedir). 16. El chico (dormir). 17. Nosotros (maldecir). 18. El chófer (conducir). 19. Ellos (reírse). 20. La niña no (mentir).

III. *Escriba la forma correspondiente del verbo* **haber***:*
1. _____ muchos sabios en la corte del rey Alfonso el Sabio. 2. Creo que _____ acabado de llegar cuando le vimos. 3. La semana pasada _____ tres recepciones en su honor. 4. No sé si _____ baile esta noche; mañana _____ juegos de salón en casa del director. 5. Dijo que le _____ gustado ir contigo. 6. Cuando salí del teatro _____ más de

veinte hombres dando voces y riñendo en medio de la calle y no ____ ni un solo guardia por los alrededores. **7.** ____ que trabajar tanto que el día no era bastante largo para hacerlo todo. **8.** ____ tanto polvo que no se ve el camino. **9.** Por el viento ____ que cerrar la ventana. **10.** Me hago responsable porque ____ de venir antes que nadie.

IV. *Substituya el infinitivo por el gerundio:*
   1. Hace dos días que me estoy (sentir) enferma. **2.** El poeta se está (morir) de melancolía. **3.** Escribió (decir) que venía hoy. **4.** Iba (cantar) y (reír) por la calle. **5.** Cuando yo entré, ella se estaba (vestir) para la fiesta. **6.** Las señoras van (pedir) para la iglesia. **7.** (Ir) de excursión encontramos un gamo en el camino. **8.** El accidente fue (venir) de Europa. **9.** El viejo está (dormir) a la puerta de la casa. **10.** El agua del motor estaba (hervir) y por eso tuvieron que continuar el viaje (andar).

V. *Emplee el participio correspondiente y dé la razón por la cual usa el singular o el plural, el masculino o el femenino:*
   1. Las colinas estaban (cubrir) de nieve. **2.** ¿Están María y Ana (satisfacer)? **3.** ¡(Bendecir) país! ¡Cuánto lo quiero! **4.** No han (morir) de milagro. **5.** Las novelas están muy bien (imprimir). **6.** ¿Por qué había (posponer) él el viaje? **7.** ¿Quiénes han (devolver) estos ensayos? **8.** No he (ver) los platos (romper). **9.** ¿Estás tú (subscribir) a esta revista? **10.** ¿Ha (freír) las patatas?

VI. *Los dedos de la mano son:*
el (dedo) meñique	*the little finger*
el (dedo) anular	*the ring finger*
el (dedo) del corazón	*the middle finger*
el (dedo) índice	*the index finger*
el (dedo) pulgar	*the thumb*

VII. *Conteste:*
   1. ¿Cuál es el dedo más pequeño de todos? **2.** ¿Cuál sirve para indicar o señalar? **3.** ¿Cuál es el dedo en que se pone el anillo de matrimonio? **4.** ¿Cuál es el dedo gordo?

VIII. *Defina en español quince de las siguientes palabras:*
   1. un peregrino **2.** un mercader **3.** un puente **4.** un gigante **5.** un caballero **6.** la superficie **7.** el índice **8.** un manzano **9.** una

REPASO QUINTO

manzana 10. un pollo 11. una navaja 12. unas tijeras 13. un río 14. una hazaña 15. una monja 16. una lanza 17. una calle 18. un libro de caballerías 19. una brisa 20. el corazón 21. un huerto 22. una princesa 23. un loco 24. un héroe 25. una pena

IX. *Seleccione en la columna B el sinónimo que corresponda a cada palabra de la columna A:*

	A	B
1.	convidados	defecto
2.	deseo	puro
3.	lugar	por supuesto
4.	cortejar	gana(s)
5.	indignado	sitio
6.	casto	alto
7.	asombro	orilla
8.	batirse	enamorar
9.	ribera	admiración
10.	claro	enfadado
11.	falta	invitados
12.	elevado	luchar

X. *Seleccione en la column B el antónimo que corresponda a cada palabra de la columna A:*

	A	B
1.	por delante	amargo
2.	tan cerca	despacio
3.	dormido	guerra
4.	fondo	abajo
5.	silencio	morir
6.	dulce	despierto
7.	paz	por detrás
8.	arriba	tan lejos
9.	de prisa	ruido
10.	nacer	superficie

XI. *Complete con una de las siguientes palabras:* **uvas, peras, manzanas, melocotones, limones, dátiles, cerezas, naranjas**:
1. La palma da _____
2. El limonero da _____
3. El cerezo da _____
4. La parra da _____
4. El peral da _____
6. El manzano da _____
7. El naranjo da _____
8. El melocotonero da _____

XII. *Aprenda esta adivinanza:*
      Las blancas tocas de doña Leonor
      cubren los campos y los ríos no.
                       [La nieve]

XIII. *Conteste:*
1. ¿Qué se dice cuando no se quiere más de una cosa? 2. ¿Qué se dice cuando uno no comprende o no oye lo que dice otra persona? 3. ¿Cuál es un sinónimo de *de ordinario*? ¿de *en lugar de*? ¿de *obedecer*? ¿de *por supuesto*? 4. ¿Qué es lo contrario de *lejos de, río arriba, fracasar*?

XIV. *Conteste en español en oraciones completas:*
1. ¿Quién era Rocinante? 2. ¿Cómo se llamaba la amada de Don Quijote? 3. ¿Sabe usted el nombre de su escudero? 4. ¿Dónde están Roma, Jerusalén, Santiago? 5. ¿Para qué sirve el dedo índice? 6. ¿Para qué sirven las tijeras? 7. ¿Qué come usted de postre generalmente? 8. ¿Sabe usted cuál de los dedos recibe el nombre de dedo anular y por qué? 9. ¿Sabe usted tocar algún instrumento? ¿Cuál? 10. ¿Qué hace usted cuando tiene frío? ¿sueño? 11. ¿Qué hace usted cuando tiene calor? 12. ¿Cuándo nació usted? 13. ¿Quién tiene celos y de quién? 14. ¿Por qué tiene miedo el niño? 15. ¿Tiene ella ganas de nadar? ¿Adónde va a nadar? 16. ¿Qué tienes tú en la mano? 17. ¿Quién tiene razón, ellos o nosotros? 18. ¿Por qué tiene usted que irse tan pronto?

17 LECCIÓN DIEZ Y SIETE

Lectura

PREPARATIVOS DE VIAJE

Como mi prima y yo vamos a pasar el verano viajando por Méjico y la América del Sur, donde ahora es invierno, tenemos que llevar ropa para ambas estaciones.

Mañana iremos de tiendas y compraremos vestidos de hilo y algunos de algodón; medias, zapatos, chanclos, pañuelos y guantes.

Casi no tendremos que comprar ropa interior porque tenemos bastante, pero a mí me hacen falta pijamas y una bata, de manera que ¡habrá que ver el equipaje!

Llevaré una falda de lana, dos jerseys, vestidos de tarde, de seda, y de noche, de terciopelo, de tafetán o de raso. Mi prima dijo que llevaría su traje sastre y tres blusas; yo haré lo mismo.

Sólo llevaremos un bolso porque en Méjico se compran bolsos de cuero y de piel de cocodrilo a precios módicos. También compraremos joyas de plata: pendientes, collares, pulseras (brazaletes), sortijas y alfileres. No obstante llevaré reloj y mi prima dijo que llevaría un despertador, pues no pensamos perder el tiempo durmiendo. Visitaremos todos los sitios de interés: ciudades, ruinas, catedrales, museos, etc., y trataremos de asistir a las fiestas populares que deben de ser preciosas.

Haremos el viaje con el mínimo equipaje pero no tendremos más remedio que llevar una sombrerera para ambas y dos maletas. No

LECCIÓN DIEZ Y SIETE

llevaré baúl aunque no sé si toda la ropa cabrá en dos maletas. Con tanto ir y venir, el baúl sería una lata.

Ahora caigo en que se me olvidaba incluir el impermeable y el paraguas. Irán ambos a mano, de modo que no me preocupo.

En un maletín pondré los objetos de tocador: polvos y borla, peine, cepillos, cremas, pasta y cepillo de dientes, un espejo, una lima y tijeritas y en el bolso llevaré la barra para los labios.

¡Veremos a ver cómo vengo! Sin duda no sabré pasar por las tiendas sin comprar algo. Mi prima no querrá traer muchas cosas para no molestarse en la aduana; pero yo trataré de traer lo más posible.

No sé aún lo que haremos a nuestro regreso, pero de todos modos habrá que trabajar y ganar dinero para ir algún día a España.

Nos gusta muchísimo viajar y ver gentes y países nuevos, sus costumbres, su arte, y así llegar a conocer mejor su lengua y su literatura.

CUESTIONARIO

1. ¿Cómo pasarán su prima y usted el verano? 2. ¿Por qué tienen que llevar ropa para dos estaciones? 3. ¿Cuándo irán ustedes de tiendas? 4. ¿Qué comprarán? 5. ¿Por qué no tendrán que comprar ropa interior? 6. ¿Qué le hace falta a usted? 7. ¿Qué falda llevará usted? 8. ¿De qué son los jerseys? 9. ¿De qué son los vestidos de tarde? 10. ¿De qué son los vestidos de noche? 11. ¿Qué dijo su prima? 12. ¿Cuántas blusas llevará usted? 13. ¿Por qué llevarán sólo un bolso? 14. ¿Qué joyas comprarán en Méjico? 15. ¿Qué llevará usted? 16. ¿Por qué dijo su prima que llevaría el despertador? 17. ¿Qué visitarán ustedes? 18. ¿Qué es una ciudad? 19. ¿Qué es un volcán? 20. ¿Qué es una catedral? 21. ¿Qué es un museo? 22. ¿A qué tratarán de asistir ustedes? 23. ¿Con qué equipaje viajarán ustedes? 24. ¿Qué no tendrán más remedio que llevar para ambas? 25. ¿Cabrá toda la ropa en dos maletas? 26. ¿En qué cae usted ahora? 27. ¿Cuándo usa usted el impermeable y el paraguas? 28. ¿Qué se pone usted en los pies cuando llueve? 29. ¿Con qué se empolva usted? 30. ¿Con qué se peina usted? 31. ¿Con qué se cepilla la ropa? 32. ¿Con qué se lava los dientes? 33. ¿Con qué se corta Ud. las uñas? 34. ¿Con qué se las lima? 35. ¿Qué llevará en el bolso? 36. ¿Con qué se pinta los labios? 37. ¿Sabe usted si vendrá con más equipaje? 38. ¿Por qué no querrá su prima traer muchas cosas? 39. ¿Qué harán a su regreso? 40. ¿Para qué habrá que ganar dinero? 41. ¿Qué les gusta?

LECCIÓN DIEZ Y SIETE

PRENDAS DE CABALLERO

abrigo	*overcoat*
pantalones	*trousers*
chaqueta *o* americana	*coat (jacket)*
chaleco	*vest*
camisa	*shirt*
corbata	*tie*
cinturón	*belt*
calcetines	*socks*
camiseta	*undershirt*
calzoncillos *o* pantaloncillos	*underwear (shorts)*
gorra	*cap*

Gramática

CAER(SE) *to fall*

PRESENTE
Me **caigo** a menudo.
Te **caes** con frecuencia.
Se **cae** del caballo.
Nos **caemos** en la calle.
Os **caéis** de la bicicleta.
Se **caen** de la ventana.

PRETÉRITO
Me **caí** del burro.
Te **caíste** del caballo.
Se **cayó**[1] de la mesa.
Nos **caímos** en el jardín.
Os **caísteis** en la calle.
Se **cayeron** a la calle.

IMPERFECTO
Me **caía**, etc.

VALER *to be worth*

PRESENTE
Valgo poco.
Vales mucho.

Vale cien dólares.
Valemos por lo que hacemos.
Valéis más que él.
Valen un Perú.

IMPERFECTO
Valía, etc.

PRETÉRITO
Valí, etc.

---

[1] Las terminaciones de las terceras personas del pretérito son **-ió** y **-ieron**, pero cuando hay una **i** sin acento ortográfico entre vocales, esta **i** se cambia en **y**; de ahí, **cayó, cayeron**. Compare **leyó, leyeron, creyó, creyeron; incluyó, incluyeron**, etc.

CABER

	PRESENTE
Quepo en la silla del niño.	*I* fit *in the child's chair.*
Cabes en el auto.	There is (enough) room *for you in the car.*
Cabe en el palco.	There is room *for him in the box seat.*
¿**Cabemos** en un cuarto tan pequeño?	Is there room *for us in such a small room?*
¿**Cabéis** en el comedor?	Is there room *for you in the dining room?*
Caben por la puerta.	They can go *through the door.*

IMPERFECTO	PRETÉRITO	
cabía, etc.	cupe	cupimos
	cupiste	cupisteis
	cupo	cupieron

Modismos

Caer en la cuenta.[2]	*To realize.*
No caigo.	*I don't get it.*
¡Válgame Dios!	*My goodness! Mercy!*
Valer la pena.	*To be worthwhile, to be worth the trouble.*
No cabe duda.	*There is no question about it; there is no room for doubt.*
No me cabe en la cabeza.	*It is beyond me; I have not the head for it.*

Gustar y doler[3]

Con los verbos **gustar** y **doler,** lo que gusta o duele es el sujeto, y la persona a quien le gusta o duele algo es el complemento indirecto; en los ejemplos siguientes el sujeto es **música, peras, paisaje,** etc.; **me, le, nos,** el complemento indirecto:

Me gusta la música.	I like *music* (Lit., *Music is pleasing to me*).
Me gustan las peras.	I like *pears.*
¿Le gustó el paisaje?	Did you like *the landscape?*
Me gusta viajar.[4]	I like *to travel.*

---

[2] Sinónimo: **darse cuenta.**
[3] **parecer, encantar** son verbos semejantes.
[4] Nótese que el infinitivo **viajar** (el sujeto) es un *substantivo* verbal; desempeña el papel de *nombre* como en la oración: "**El viajar** (sujeto) es agradable". En la oración, "Queremos viajar" **viajar** es complemento directo.

LECCIÓN DIEZ Y SIETE

    Nos gustaron las montañas.   We liked *the mountains.*
    Me duele la cabeza.   I have *a headache* (Lit., *the head* hurts me).
    Le duelen las muelas.   She has *a toothache* (Lit., *the molars* hurt her).
    Nos duele la garganta.   We have *sore throats.*

El futuro

El futuro de indicativo se forma añadiendo al infinitivo de los verbos las terminaciones: **-é, -ás, -á, -emos, -éis, -án.**

Fíjese en que:

1. todas las personas llevan acento ortográfico excepto la primera persona del plural.

2. tienen las mismas terminaciones que el presente de indicativo de **haber**:
    he,   has,   ha,   hemos,   habéis,   han

3. las mismas terminaciones se usan para las tres conjugaciones. El futuro se usa para expresar acción o estado futuro o venidero:
    Iremos.   *We shall go.*
    Comprará un bastón.   *He will buy a cane.*

PASAR	COMER	VIVIR
pasaré	comeré	viviré
pasarás	comerás	vivirás
pasará	comerá	vivirá
pasaremos	comeremos	viviremos
pasaréis	comeréis	viviréis
pasarán	comerán	vivirán

A veces se emplea el futuro como un mandato:
    No matarás, no robarás.   *Thou shalt not kill, thou shalt not steal.*
    Le dirás que no voy.   *Tell him that I am not going.*

El condicional

El condicional se forma añadiendo al infinitivo de los verbos las terminaciones: **-ía, -ías, -ía, -íamos, -íais, -ían.**[5]

---

[5] Fíjese en que estas terminaciones son las mismas que las del imperfecto de indicativo de los verbos de la segunda y tercera conjugaciones.

PASAR	COMER	VIVIR
pasaría	comería	viviría
pasarías	comerías	vivirías
pasaría	comería	viviría
pasaríamos	comeríamos	viviríamos
pasaríais	comeríais	viviríais
pasarían	comerían	vivirían

1. El condicional traduce *should* y *would*, y, como en inglés, expresa una acción o estado condicional o probable:

    Iríamos lo más pronto posible.   *We* would go *as soon as possible.*
    ¿**Viviría** Ud. en aquella ciudad?   Would *you live in that city?*

2. Indica también una acción futura en relación con una acción pasada:

    Dijeron que **comerían** en casa.   *They said they* would eat *at home.*
    Pepe dijo que **iría**.   *Joe said he* would go.

3. Se emplea para expresar cortesía:

    Desearía pedirle un favor.   *I* would like *to ask a favor of you.*

4. Se usa para expresar la consecuencia en las cláusulas condicionales:

    Si pudiera,[6] **iría**.   *If I could, I* would go.

Futuros y condicionales irregulares

INFINITIVO	FUTURO	CONDICIONAL
caber	cabré	cabría
haber	habré	habría
poder	podré	podría
saber	sabré	sabría
poner	pondré	pondría
tener	tendré	tendría
valer	valdré	valdría
salir	saldré	saldría
venir	vendré	vendría
decir[7]	diré	diría
hacer	haré	haría
querer	querré	querría

---

[6] *Véase la lección del subjuntivo* (*Lección* 21).

[7] Pero **bendecir** y **maldecir** tienen futuro y condicional regulares: **bendeciré, maldeciré bendeciría, maldeciría.** El imperativo es **bendice** (tú), **maldice** (tú); el de **contradecir** es **contradice,** de **predecir, predice.** Bendecir y maldecir tienen dos participios: **bendito** y **bendecido, maldito** y **maldecido.**

LECCIÓN DIEZ Y SIETE

Futuro y condicional de probabilidad

Para expresar probabilidad o conjetura en el presente se usa el futuro; para expresarla en el pasado, se usa el condicional:

¿Cuántos años **tiene** Juan?	How old is John?
Tiene veinte años.	He is twenty.
Tendrá veinte años.	He is probably (or He must be) about twenty.
¿Qué hora **es**?	What time is it?
Es la una.	It is one o'clock.
Será la una.	It must be one o'clock.
Serán las dos.	It must be two o'clock.
¿Cuántos años **tenía** Juan?	How old was John?
Tenía veinte años.	He was twenty.
Tendría veinte años.	He must have been (or, probably was) twenty.
¿Qué hora **era**?	What time was it?
Era la una.	It was one o'clock.
Sería la una.	It probably was one o'clock.
Serían las dos.	It must have been two o'clock.
¿Qué **pensará** Ud.?	I wonder what you are thinking.
¿Qué **pensaría** Ud.?	I wonder what you were thinking.
¿Qué **tendrá** Pedro en el bolsillo?	I wonder what Peter has in his pocket.
¿Qué **tendría** Pedro en el bolsillo?	I wonder what Peter had in his pocket.

Futuro perfecto

El futuro perfecto es el futuro de una acción terminada, pero esta acción será anterior a otra acción que se ha de ejecutar.
En « Habré aprobado el examen cuando llegue junio, » **habré aprobado** es futuro pero anterior a la llegada de junio:

Habré aprobado el examen cuando llegue junio.	I shall have passed the exam when June comes.
Habrás aprobado ...	You will have ...
Habrá aprobado ...	He will have ...
Habremos aprobado ...	We shall have ...
Habréis aprobado ...	You will have ...
Habrán aprobado ...	They will have ...

El futuro perfecto expresa probabilidad en el pasado:

¿**Habrá venido**?	I wonder if he has come.
Habrá venido ya.	He must have already come.

Condicional perfecto[8]

El condicional perfecto se forma con el condicional del verbo **haber** y el participio pasivo del verbo que se conjuga:

    Sin su permiso no **habrían ido.**   *They* would *not* have gone *without your permission.*

El condicional perfecto puede expresar probabilidad:

    ¿Por qué no nos llamaron?   *Why didn't they call us?*
    Habrían olvidado que estábamos en la ciudad.   *They had probably forgotten that we were in the city.*

Ejercicios

I. *Repase las siguientes expresiones de tiempo:*

hoy por la mañana	this morning
esta mañana	this morning
hoy por la tarde	this afternoon
esta tarde	this afternoon
esta noche	tonight
ayer	yesterday
anteayer *o* antes de ayer	day before yesterday
anoche	last night
anteanoche *o* antes de anoche	night before last
la semana pasada	last week
el mes pasado, el año pasado	last month, last year
mañana	tomorrow
la mañana	the morning
pasado mañana por la mañana	day after tomorrow, in the morning
la semana (el mes, el año) que viene	next week, next month, next year
dentro de quince días	within (or in) two weeks

---

[8] El condicional perfecto es un tiempo poco usado. Se caracteriza porque expresa un hecho terminado y perfecto.

LECCIÓN DIEZ Y SIETE

II. *Dé el futuro o el condicional del verbo correspondiente y conteste a la pregunta:*
    1. ¿Cuánto (valer) esos brazaletes? **2.** ¿Quién (venir) esta noche? **3.** ¿Por qué no (querer) ella prestarle la sombrerera? **4.** ¿Cómo (saber) mi tía que íbamos a Méjico? **5.** ¿Le (decir) usted lo que yo le dije? **6.** ¿Quién (haber) venido? **7.** ¿(Hacer) ellos el equipaje esta noche? **8.** ¿(Poder) yo ir contigo de tiendas? **9.** ¿(Caber) los zapatos en la maleta? **10.** ¿Qué hora (ser) cuando llegó! **11.** ¿Cuántos años (tener) Carlos cuando murió su padre? **12.** ¿Quién (ponerse) mi abrigo ayer?

III. *Escriba la forma correspondiente del verbo que va entre paréntesis:*
    1. Me (gustar) mis pendientes; me (encantar) los tuyos. **2.** Nos (faltar) tres pulseras que teníamos aquí. **3.** ¿Le (parecer) interesantes las novelas? **4.** ¿Te (doler) los pies? **5.** Nos (doler) la cabeza. **6.** Nos (gustar) el tafetán más que la seda. **7.** ¿Qué te (parecer) el concierto de anoche? **8.** Su hermana nos (gustar), nos (parecer) simpática.

IV. *Conteste en oraciones completas:*
    1. ¿Adónde fue usted anoche? **2.** ¿Qué leyó usted ayer? **3.** ¿Por qué no fue usted al teatro antes de anoche? **4.** ¿Dónde pasó usted el mes pasado? **5.** ¿Quién vendrá la semana que viene? **6.** ¿Qué hará usted pasado mañana por la tarde? **7.** ¿Por qué le gustaría ir a la ciudad? **8.** ¿Qué dijo él?

V. *Emplee los siguientes modismos en oraciones:*

faltar	to find missing
hacer falta	to lack, to need, to miss
caer en que	to realize
sin duda	without doubt
no obstante	nevertheless
de todos modos	anyway
ir y venir	to come and go
ser una lata	to be a bother (*bore*)
de manera que	so that
haber que	to have to
tratar de (+infinitivo)	to try . . .
deber de	must, probably . . .

LECCIÓN DIEZ Y SIETE

EJERCICIO DE PRONUNCIACIÓN

La **ñ** se pronuncia como la combinación -*ny*- en la palabra inglesa *canyon*:
Los niñitos tienen cinco años.   The little chidren are five years old.

PAREADO

El niño ñoño de Logroño
le tira a la niña del moño.

REFRÁN

Casa con dos puertas
mala es de guardar.

18 | LECCIÓN DIEZ Y OCHO

Lectura

EL CIRCO

Ayer llevé a mis sobrinos al circo. Estaban muy contentos y llenos de curiosidad porque era la primera vez que iban. Antes de empezar la función, entramos en la gran tienda de campaña a ver a los enanos y al gigante. Los niños, un poco asustados, se alegraron al ver aparecer al vendedor de globos. No bien le vieron, empezaron a palmotear. Les compré un globito azul y otro rojo. Nunca fue llevado un globo con mayor entusiasmo.

En el circo se vendían cacahuetes, palomitas de maíz (o rosetas) y refrescos. Los niños quisieron limonada y les compré una color de rosa, que les gustó mucho.

Subimos unas escaleritas y nos sentamos en la quinta fila desde donde se veía la pista muy bien. Estaba cubierta de serrín y fue el asombro de los niños.

Empezó a tocar la música y salió un hombre vestido de negro, con un bastón en la mano. Tras él, payasos, acróbatas, jinetes, vaqueros, domadores de leones, elefantes que bailaban, focas que tocaban instrumentos, monos que imitaban a los hombres, hombres que imitaban a los animales, perros amaestrados y bailarinas a caballo o en la cuerda floja.

Los niños disfrutaron del espectáculo, pero la niña se quejó al salir:

—Tío, lo que no me gustó fue no poder verlo todo a la vez. Cuando miraba a los payasos de la derecha, no podía ver lo que hacían los de la izquierda.

LECCIÓN DIEZ Y OCHO

—Ay, ¡qué risa! —dijo Paco su hermano. —Lolita es tonta. Todos los payasos hacían lo mismo, ¿verdad, tío?

—Muchas gracias, tío, por traernos al circo. Esta noche soñaré con las bailarinas y las focas.

—Y yo con los vaqueros y los caballos, y con los ciclistas.

Al llegar a casa, la función fue descrita por los niños con profusión de detalles y de gestos.

CUESTIONARIO

1. ¿Adónde llevó usted a sus sobrinitos ayer? **2.** ¿De quién son hijos sus sobrinos? **3.** ¿Por qué estaban llenos de curiosidad? **4.** ¿Estaban tristes? **5.** ¿En dónde entraron antes de empezar la función? **6.** ¿Qué querían ver ustedes? **7.** ¿Por qué estaban asustados los niñitos? **8.** ¿Cuándo se alegraron? **9.** ¿Qué hicieron al ver al vendedor de globos? **10.** ¿De qué color eran los globitos que usted compró? **11.** ¿Qué llevaron los niños con entusiasmo? **12.** ¿Qué se vendía en el circo? **13.** ¿Qué quisieron los niños? **14.** ¿Qué les gustó a los niños? **15.** ¿Qué subieron ustedes? **16.** ¿Dónde se sentaron? **17.** ¿Qué es una pista? **18.** ¿Cómo estaba la pista? **19.** ¿Quién salió al empezar la música? **20.** ¿Quiénes salieron tras él? **21.** ¿Qué animales había en el circo? **22.** ¿Qué hacían las bailarinas? **23.** ¿De qué disfrutaron los niños? **24.** De qué se quejó la niña al salir? **25.** ¿Qué cree Paco de su hermanita? **26.** ¿Qué hacían los payasos? **27.** ¿Por qué da la niña las gracias al tío? **28.** ¿Con quién soñará esta noche? **29.** ¿Con quién soñará el niño? **30.** ¿Cómo fue descrita la función?

Gramática

La voz pasiva

La voz pasiva se forma con el verbo **ser**, que actúa de auxiliar, y el participio del verbo que se conjuga.

LECCIÓN DIEZ Y OCHO

1. Los tiempos simples del indicativo:

PRESENTE

Soy querido.	*I* am *loved.*
Eres respetado.	*You* are *respected.*
Es amada.	*She* is *loved.*
Somos admirados.	*We* are *admired.*
Sois llamados.	*You* are *called.*
Son criticadas.	*They* are *criticized.*

IMPERFECTO

Era querido.	*I* was *loved.*
Eras respetado.	*You* were *respected.*
Era amada.	*She* was *loved.*
Éramos admirados.	*We* were *admired.*
Erais llamados.	*You* were *called.*
Eran criticadas.	*They* were *criticized.*

PRETÉRITO

Fui querido.	*I* was *loved.*
Fuiste respetado.	*You* were *respected.*
Fue amada.	*She* was *loved.*
Fuimos admirados.	*We* were *admired.*
Fuisteis llamados.	*You* were *called.*
Fueron criticadas.	*They* were *criticized.*

FUTURO

Seré querido.	*I* shall be *loved.*
Serás respetado.	*You* will be *respected.*
Será amada.	*She* will be *loved.*
Seremos admirados.	*We* shall be *admired.*
Seréis llamados.	*You* will be *called.*
Serán criticadas.	*They* will be *criticized.*

CONDICIONAL

Sería querido.	*I* would be *loved.*
Serías respetado.	*You* would be *respected.*
Sería amada.	*She* would be *loved.*
Seríamos admirados.	*We* would be *admired.*
Seríais llamados.	*You* would be *called.*
Serían criticadas.	*They* would be *criticized.*

LECCIÓN DIEZ Y OCHO

2. Los tiempos compuestos del indicativo:

PRETÉRITO PERFECTO
He sido llamado (llamada), etc. *I have been called, etc.*

PRETÉRITO PLUSCUAMPERFECTO
Había sido llamado (-a), etc. *I had been called, etc.*

PRETÉRITO PERFECTO ANTERIOR
(Apenas) hube sido llamado (-a), etc. (*Hardly*) *had I been called, etc.*

FUTURO PERFECTO
Habré sido llamado (-a), etc. *I shall have been called, etc.*

CONDICIONAL PERFECTO
Habría sido llamado (-a), etc. *I would have been called, etc.*

Fíjese en que en todos los tiempos compuestos de la voz pasiva no cambia el género del participio de **ser** (**sido**); cambia sólo el participio del verbo que se conjuga:

Ella ha sido llamada. *She has been called.*
Nosotros hemos sido aplaudidos. *We have been applauded.*

El participio concuerda en género y número con el sujeto:

Estas **novelas** fueron **escritas** por él. *These* novels *were* written *by him.*
Ese **cuadro** había sido **pintado** antes de 1808. *That* picture *had been* painted *before 1808.*
La **casa** fue **construída** por el padre y su hijo. *The* house *was* built *by the father and his son.*

En la voz pasiva se usa **por** generalmente con el complemento agente; el complemento agente es siempre un nombre o un pronombre; algunas veces se usa **de**, especialmente con verbos de emoción: **amar, querer, odiar,** u otros verbos como **saber, conocer**:

El maestro es respetado y querido de todos sus alumnos. *The teacher is respected and loved by all his pupils.*
Es sabido de todos que el español se habla aún en las Filipinas. *Everyone knows that Spanish is still spoken in the Phillipines.*

Fíjese en que hay dos posibles traducciones para la pasiva inglesa: por ejemplo *was buried*, **se enterró** o **fue enterrado**:

Se enterró al soldado al amanecer. *The soldier* was buried *at dawn.*
El soldado **fue enterrado** por su batallón. *The soldier* was buried *by his battalion.* (Agent expressed.)

LECCIÓN DIEZ Y OCHO

La voz pasiva refleja, para traducir la pasiva inglesa

En español se usa poco la voz pasiva. Se prefiere la voz activa del verbo con el pronombre reflexivo se, especialmente cuando no se expresa el complemento agente. Esta construcción, llamada voz pasiva refleja, es mucho más frecuente que la pasiva formada con el verbo ser.

Aquí **se venden**[1] autos de segunda mano.	*Second-hand cars* are sold *here*.
Se alquilan habitaciones.	*Rooms* are rented (or *Rooms* for rent).
Se hicieron veinte vestidos ayer.	*Twenty dresses* were made *yesterday*.
Se compra oro.	*Gold* is bought.
Aquí **se habla** español.	*Spanish* is spoken *here*.
Se dicen muchas tonterías.	*Many silly things* are said.
Se ven las montañas lejanas.	*The distant mountains* are seen.

El sujeto (**autos, habitaciones, vestidos, oro, español, tonterías, montañas**) concuerda con el verbo y le sigue. En estas construcciones reflejas el sujeto es inanimado. Cuando el sujeto de la oración inglesa es una persona, en español pasa a ser ese sujeto un complemento y se traduce el verbo en singular seguido por la preposición **a**:

Se ve[2] a los soldados (ir) de café en café.	*The soldiers are seen* (going) *from cafe to cafe.*
Se desterró a los traidores.	*The traitors were exiled.*
Se ve a muchos niños en el tiovivo.	*Many children are seen on the merry-go-round.*
Se vio bajar a los ladrones por el balcón.	*The thieves were seen coming down the balcony.*

Las construcciones impersonales inglesas, *it is believed, it is said,* etc., se traducen por medio de la misma construcción; **se cree, se dice**, etc., y *it seems to me, to her,* etc., por: **se me figura, se le figura**, etc.

Se cree que es la casa más antigua de la ciudad.	It is believed *to be the oldest house in the city.*
Se dice que su abuelo es muy pobre.	It is said *that his grandfather is very poor.*
Se me figura que va a llover.	It seems to me *it is going to rain.*

---

[1] Estas construcciones pasivas pueden expresarse por construcciones impersonales transitivas y uno puede decir: **Venden autos** ... *They sell cars* ..., con un sujeto indeterminado y callado; **autos** es complemento directo.

[2] **Se ve** puede traducirse por *one sees*.

LECCIÓN DIEZ Y OCHO

Para y por

Como estas dos preposiciones suelen confundir a los estudiantes extranjeros, creemos conveniente dar en esta lección unas reglas detalladas que aclaren su uso.

Para EXPRESA:

1. propósito:
    Como **para** vivir.   *I eat* to (in order to) *live.*
    Estudia **para** aprender.   *He studies* in order to *learn.*
    Estudio **para** médico.   *I study* in order to *become a doctor.*
    Mi padre me dio diez dólares **para** unos zapatos.   *My father gave me ten dollars* for *some shoes.*

2. el destino que se da a las cosas:
    El paquete es **para** el correo.   *The package is* for *mailing.*
    Las flores son **para** Ud.   *The flowers are* for *you.*

3. movimiento con el significado de **con dirección a**:[3]
    Sale **para** España.   *He is leaving* for *Spain.*

4. el uso de las cosas:
    Veo una taza **para** té.[4]   *I see a teacup.*
    Necesito un estante **para** libros.   *I need a bookcase.*

5. un plazo de tiempo determinado:
    La composición es **para** mañana.   *The composition is* for *tomorrow.*
    Lo terminaré **para** el lunes.   *I shall finish it* by *Monday.*

6. con el verbo **estar,** que una acción va, iba o irá a ejecutarse en seguida. **Estar para** se traduce al inglés por *to be about to.*
    Estaba **para** salir, cuando empezó a llover.   *I was* about *to go out when it* began to rain.
    Está **para** nevar.   *It is* about *to (going to) snow.*

---

[3] Con verbos que expresan movimiento se puede usar la preposición **a** en vez de **para**: Vamos a la biblioteca a buscar el drama. *We are going to the library to get the play.*
[4] Una taza de té = *A cup of tea.*

175

LECCIÓN DIEZ Y OCHO

7. la relación de unas cosas con otras, comparándolas. Se traduce por *for* or *considering*:

Para ser un país tropical, hace frío. — Considering *it is a tropical country, it is cold.*
For *a tropical country it is cold.*

Para lo viejo que es, está muy joven. — Considering (When you think) *how old he is, he looks very young.*

Actúa bien **para** ser un aficionado. — He acts very well for *an amateur.*

Por SE USA:

1. con el complemento agente de la voz pasiva:

La sonata fue compuesta **por** un compositor alemán. — *The sonata was composed* by *a German composer.*

El libro fue escrito **por** Galdós. — *The book was written* by *Galdós.*

2. para expresar cambio, precio o cantidad:

María me dio las gracias **por** las flores. — *Mary thanked me* for *the flowers.*

Te daré una blusa **por** el jersey. — *I shall give you a blouse* for (in exchange for) *the sweater.*

Pagué un dólar **por** el libro. — *I paid a dollar* for *the book.*

Vende los pollos **por** docenas. — *He sells the chickens* by *the dozen.*

3. para expresar lugar, si el verbo indica movimiento:

Pasa **por** la casa. — *He passes* by *the house.*
Pasea **por** el bosque. — *She takes a walk* in *the forest.*
Viaja **por** España. — *She travels* in *Spain.*
Saltó **por** la ventana. — *He jumped* through *the window.*

4. con expresiones de tiempo, si no se dice la hora:[5]

Voy al mercado **por** la mañana. — *I go to the market* in *the morning.*
Voy **por** una semana. — *I go* for *a week.*

---

[5] Si se dice la hora se emplea **a** en vez de **por**: Voy a clase a las diez de la mañana. *I go to class at ten o'clock in the morning.*

5. para traducir *for the sake of*:
    No quiero ir pero iré **por** ti.   *I do not wish to go, but I shall go* for *your sake.*
    Lo hice **por** mi madre.   *I did it* for *my mother's sake.*

6. con el verbo **estar** para expresar que uno tiene preferencia o es partidario de algo o de alguien, que está a favor de:
    Estoy **por** no salir esta noche.   *I am* inclined *not to go out tonight.* (*I am* for *not going out tonight.*)
    Voté **por** él.   *I voted* for *him.*

7. para expresar medio o modo:
    Iremos **por** mar.   *We shall go* by *sea.*
    Viene **por** avión.   *He comes* by *plane.*

8. para expresar motivo o razón:
    Sale **por** no ver a María.   *He goes out* so as *not to see Mary.*
    Lo hace **por** amor.   *He does it* for *love.*

9. para expresar tanto por ciento:
    Presta dinero al cuatro **por** ciento.   *He lends money* at *four per cent.*

10. para traducir *times* (veces) en la multiplicación:
    2 × 3 = 6 (dos veces tres son seis,   *two* times *three is six.*
    o dos **por** tres son seis).

11. para expresar « en lugar de »:
    Viene **por** su tío.   *He comes* instead of *his uncle.*

12. para expresar « en busca de »:
    Él va **por** pan.   *He is going* after (to get) *some bread.*
    Vamos **por** mi tío.   *We are going* for (to get) *my uncle.*

13. para expresar la opinión o concepto que se tiene de una persona:
    Ella pasa **por** rica.   *She is considered rich.*
    Se le tiene **por** noble.   *He is considered a nobleman.*

14. para traducir *remains to be*:
    La composición está **por** escribir.   *The composition* still *has to be written.*
    Eso está **por** ver.   *That* remains to be *seen.*

Ejercicios

I. *Escriba la forma pasiva o la reflexiva de los verbos entre paréntesis, según el caso:*
   1. ¿Por quién (llevar) los niños al circo? 2. Los globos (vender) a los niños por un vendedor. 3. ¿Qué (comprar) en el circo? 4. Ella (alabar) por sus sobrinos. 5. El paisaje (pintar) por un pintor italiano. 6. En esta tienda (hablar) portugués. 7. Todo lo que pasó (describir) por su tío. 8. (Decir) cosas falsas. 9. Ayer no (hacer) las cosas bien. 10. Ayer (vender) cacahuetes y rosetas de maíz en el circo. 11. (Creer) que habrá otra guerra. 12. Muchas cosas (decir) anoche. 13. América (descubrir) por Cristóbal Colón. 14. Cuba (llamarse) la perla de las Antillas. 15. El soldado (herir) en la guerra. 16. En invierno esa montaña (cubrir) de nieve.

II. *Complete con* **por** *o* **para,** *según el caso:*
   1. La carta fue escrita ___ María. Es ___ Juan. 2. Estudio mucho ___ la clase. 3. Cinco ___ seis son treinta. 4. Paseábamos ___ el parque cuando le vimos. 5. El perro saltó ___ la ventana. 6. Mi hermano estudia ___ médico. 7. Compro polvos ___ la cara. 8. No sé si viene ___ mar. 9. Estaba ___ ir al teatro cuando ella llegó. 10. Me presta el dinero al tres ___ ciento. 11. Estoy ___ ir al cine; lo prefiero al concierto. 12. No le admiten ___ tener diez y siete años. 13. ___ ser un niño, piensa con discreción. 14. Escribiré mañana ___ la noche. 15. Pasó ___ el colegio ayer. 16. Habrá terminado la novela ___ el mes que viene. 17. Hágalo ___ mí. 18. Fue a la guerra ___ pelear ___ la democracia. 19. Votaron ___ el candidato republicano. 20. Este plato ___ sopa tiene frutas.

III. *Escriba diez oraciones empleando los tiempos compuestos de la pasiva.*

IV. *A modo de curiosidad damos una lista de expresiones en que se emplean nombres de animales para referirse a personas. Explique el significado de la columna A por medio de la expresión adecuada de la columna B:*

COLUMNA A
1. Es un loro . . .
2. Es un pavo real . . .
3. Viven como perros y gatos . . .
4. Tiene menos sesos que un mosquito . . .
5. Aunque la mona se vista de seda, mona se queda . . .
6. No es tan fiero el león como lo pintan . . .
7. Nos dan gato por liebre . . .
8. ¡Lágrimas de cocodrilo! . . .
9. Parece una mosca muerta . . .
10. Es muy ganso . . .

COLUMNA B
(a) porque parece buena sin serlo.
(b) porque nos engañan.
(c) porque le gusta decir bromas y decir tonterías.
(d) porque el traje no cambia a la persona.
(e) porque llora sin sentir pena.
(f) porque no es inteligente.
(g) porque habla mucho.
(h) porque es presumido.
(i) porque riñen.
(j) porque son más las apariencias que la realidad.

V. *Emplee los siguientes modismos en oraciones:*

a la vez	at the same time
¡qué risa!	how funny!
soñar con	to dream of

VI. *Escriba una composición, en primera persona, sobre uno de los siguientes temas:*
1. Yo, payaso de circo . . . 2. Yo, mono de circo . . . 3. Yo, bailarina . . .

EJERCICIO DE PRONUNCIACIÓN

La **p** española es menos explosiva que la inglesa. Si al pronunciar la **p** española, usted apaga una cerilla que está a dos pulgadas de distancia de la boca, la pronuncia usted mal:

Pepe pasa por el palacio.   Joe passes by the palace.

LECCIÓN DIEZ Y OCHO

COPLA

La pena y la que no es pena,
todo es pena para mí;
ayer penaba por verte
y hoy peno porque te vi.

TRABALENGUAS

Compadre, compre poca capa parda. Porque el que poca capa parda compra, poca capa parda paga. Yo, que poca capa parda compré, poca capa parda pagué.

REFRÁN

Gato escaldado, del agua fría huye.

19 LECCIÓN DIEZ Y NUEVE

Lectura

CANCIÓN DE CARNAVAL

(Fragmento)

Musa, la máscara apresta,
ensaya un aire jovial
y goza y ríe en la fiesta
del carnaval.

— — — — —

Para volar más ligera
ponte dos hojas de rosa,
como hace tu compañera
la mariposa.

— — — — —

Piruetea, baila, inspira
versos locos y joviales;
celebre la alegre lira
los carnavales.

Rubén Darío
(Poeta nicaragüense, 1867–1916).

LECCIÓN DIEZ Y NUEVE

INSCRIPCIÓN

Al subir la escalera del Ayuntamiento de Toledo encontramos a mano izquierda, inscrita en la pared, la siguiente estrofa:

Nobles, discretos varones
que gobernáis a Toledo,
en aquestos escalones
desechad las aficiones,
codicias, amor y miedo.
Por los comunes provechos
dejad los particulares;
pues os fizo Dios pilares
de tan riquísimos techos,
estad firmes y derechos.

Gómez Manrique
(*Poeta y dramaturgo español, 1415-1490*).

CUESTIONARIO

1. ¿A quién se dirige Rubén Darío en su «Canción de Carnaval»? 2. ¿De quién es compañera la mariposa? 3. ¿Qué verbos emplea el poeta para dirigirse a la musa? 4. ¿Qué quiere que celebre la lira? ¿Qué es una lira? 5. ¿Cuándo y cómo se celebra el carnaval? 6. ¿Qué es un dramaturgo? ¿un siglo? ¿un Ayuntamiento? ¿un pilar? ¿un techo? 7. ¿Dónde está Toledo? 8. ¿Qué sabe Ud. de esta ciudad? 9. ¿Cómo llama el poeta a los varones que gobiernan a la ciudad? 10. ¿Cuál es un sinónimo de *varones*? ¿Qué significa la palabra *barones*? 11. Diga la diferencia entre escalón, escalera y escala. 12. ¿Qué deben desechar los hombres que suben al Ayuntamiento de Toledo? 13. ¿En quiénes deben pensar los que gobiernan? 14. ¿Con quién compara el poeta a los que gobiernan a Toledo? 15. ¿Qué cualidades deben tener los que dirigen el gobierno de un país o una ciudad? 16. ¿Qué diferencia hay entre estas breves poesías en cuanto a tono? ¿Cuál tiene un aire ligero y alegre? ¿Cuál moral y profundo? 17. ¿Cuáles son los infinitivos de los imperativos *ensaya, goza, ríe, ponte, piruetea, baila, inspira*?

Gramática

El imperativo

El imperativo tiene un tiempo, el presente, y expresa un mandato.

1. El imperativo para **usted** y **ustedes** se forma añadiendo a la raíz de los verbos de la primera conjugación **-e** y **-en**, y **-a** y **-an** a los verbos de segunda y tercera conjugación.

pasar	**pase** usted	**pasen** ustedes
comer	**coma** usted	**coman** ustedes
vivir	**viva** usted	**vivan** ustedes

Hay varios imperativos irregulares que se forman cambiando la **-o** de la primera persona del presente de indicativo en **-a**:

INFINITIVO	PRESENTE	IMPERATIVO	
caer	caigo[1]	**caiga**	**caigan**
decir	digo	**diga**	**digan**
hacer	hago	**haga**	**hagan**
oír	oigo	**oiga**	**oigan**
poner	pongo	**ponga**	**pongan**
salir	salgo	**salga**	**salgan**
tener	tengo	**tenga**	**tengan**
traer	traigo	**traiga**	**traigan**
venir	vengo	**venga**	**vengan**
ver	veo	**vea**	**vean**

Los imperativos de los siguientes verbos no siguen la regla anterior:

dar	doy	**dé**	**den**
ir[2]	voy	**vaya**	**vayan**
saber	sé	**sepa**	**sepan**
ser	soy	**sea**	**sean**

---

[1] Fíjese en cuántos verbos terminan en **-go**.
[2] El imperativo afirmativo para **nosotros** es **vamos**.

LECCIÓN DIEZ Y NUEVE

2. Los verbos regulares forman el imperativo familiar añadiendo a la raíz la terminación **-a,** si el verbo es de primera conjugación, y **-e** si es de segunda o tercera conjugación:

>Pasa (tú) por la casa.   Pass *by the house.*
>Come (tú) pan.   Eat *bread.*
>Abre (tú) el libro.   Open *the book.*

3. En el plural (**vosotros**) se substituye la **-r** del infinitivo por **-d.** No hay excepciones; pero véase el imperativo de los verbos reflexivos:

>pasar: **pasad**[3] (vosotros)
>comer: **comed**
>vivir: **vivid**

4. Los verbos cuya radical cambia en los presentes sufren en el imperativo de la segunda persona singular (**tú**) y en el de **Ud.** y **Uds.** la misma irregularidad:

Piensa (tú) [**Piense**[4] (Ud.)].   Think.
Pierde (tú) [**Pierda** (Ud.)] el miedo.   Lose *your fear.* (Don't *be afraid.*)
Cuenta (tú) [**Cuente** (Ud.)] la anécdota. Tell *the anecdote.*
Vuelve (tú) [**Vuelva** (Ud.)] pronto.   Return *soon.*
Duerme (tú) [**Duerma** (Ud.)] bien.   Sleep *well.*
Pide (tú)   [**Pida** (Ud.)] pan.   Ask *for bread.*

IMPERATIVOS IRREGULARES

>decir: **Di** (tú) la verdad.   Tell *the truth.*
>hacer: **Haz** (tú) esto.   Do *this.*
>ir: **Ve** (tú) al teatro.   Go *to the theater.*
>poner: **Pon** (tú) la mesa.   Set *the table.*
>salir: **Sal** (tú) del cuarto.   Leave *the room.*
>ser: **Sé** (tú) bueno.   Be *good.*
>tener: **Ten** (tú) cuidado.   Be *careful.*
>venir: **Ven** (tú) mañana.   Come *tomorrow.*

El imperativo para la primera persona del plural es idéntico a la primera persona del plural del subjuntivo. Se forma añadiendo **-emos** a la raíz de los verbos de la primera conjugación: **cantar — cantemos**; y **-amos** a los de la segunda y tercera: **beber — bebamos; abrir — abramos.**

---

[3] A veces el infinitivo se emplea en vez de esta segunda persona y se dice: ¡**A comer**! ¡**A callar**! ¡**No mentir**!

[4] Añádase una **-n** para el plural: **Piensen Uds.,** etc.

LECCIÓN DIEZ Y NUEVE

La forma negativa del imperativo se forma anteponiendo un negativo al presente de subjuntivo.

    No comas (tú).   *Do not eat.*
    No comáis (vosotros).   *Do not eat.*

EL IMPERATIVO Y LOS PRONOMBRES

Con el imperativo afirmativo,[5] el complemento (directo o indirecto) sigue al verbo:

    Dale los libros. (*complemento indirecto*)   *Give* him *the books.*
    Dalos al niño. (*complemento directo*)   *Give* them *to the child.*

Cuando hay dos complementos el indirecto precede al directo:

    Dámelo tú. Démelo Ud. (*complemento indirecto, complemento directo*)
    Dáselo tú. Déselo Ud. (*complemento indirecto, complemento directo*)

IMPERATIVO DE LOS VERBOS REFLEXIVOS

    Lávate tú. Lávese Ud. (*complemento directo*)   *Wash* yourself.
    Lávate la cara. Lávese la cara. (*complemento indirecto*)   *Wash your face.*

Los pronombres **te, os, se, nos,** se añaden al imperativo afirmativo; la **-d** del imperativo para **vosotros** se pierde al añadir el reflexivo **-os**. Excepción: **id, idos**. En el imperativo de la primera persona del plural (**nosotros**) se suprime la **-s** al añadir el pronombre reflexivo **nos**:

    Levántate tú.   *Get up.*
    Levantaos vosotros.   *Get up.*
    Levántese usted.   *Get up.*
    Levántense ustedes.   *Get up.*
    Levantémonos nosotros.   *Let's get up.*

Diminutivos y aumentativos

Los diminutivos y aumentativos de los nombres se forman con una serie de sufijos que pueden expresar tamaño, cariño, compasión o desprecio.

---

[5] Con el imperativo negativo los pronombres preceden al verbo. *Véase Lección 23.*

LECCIÓN DIEZ Y NUEVE

EL DIMINUTIVO

El sufijo más corriente para el diminutivo es **-ito** con su femenino y plurales:

Pedro	**Pedrito**	pollo	**pollito**
libro	**librito**	mozo	**mocito**[6]
cigarro	**cigarrito**	mesa	**mesita**
ganado	**ganadito**	Rosa	**Rosita**

Como se ve, se quita la última vocal antes de añadir los sufijos.

Las palabras que terminan en la sílaba **-co** o **-ca** cambian la **-c** en **-qu** para conservar el sonido de la **c** como **k** y añaden el sufijo; los terminados en **-go** cambian la sílaba en **-gu**:

chico	**chiquito**	vaca	**vaquita**
borrico	**borriquito**	lago	**laguito**[7]
boca	**boquita**	chango	**changuito**

Los nombres (o adjetivos) terminados en **-l**, añaden **-ito**:

animal	**animalito**	fácil	**facilito**
papel	**papelito**	débil	**debilito**
Isabel	**Isabelita**	español	**españolito**
clavel	**clavelito**		

Cuando la palabra termina en **-e** o en consonante que no es **-l**, los sufijos del diminutivo toman una **-c**: **-cito, cita**:

pobre	**pobrecito**	amor	**amorcito**
padre	**padrecito**	ratón[8]	**ratoncito**
madre	**madrecita**	joven	**jovencito**
diente	**dientecito**	jardín	**jardincito**
mujer	**mujercita**		

Hay otros diminutivos en **-illo** e **-ico**, que se usan en muchas partes de España. Las palabras monosilábicas terminadas en vocal añaden **-cecito**:

| pie | **piececito** |
| té | **tececito** |

Las palabras monosilábicas terminadas en consonante añaden **-ecito (-a)**:

| flor | **florecita** | sol | **solecito** |
| rey | **reyecito** | pan | **panecito** |

---

[6] ¿Por qué se cambia la **-z-** de **mozo** a **-c-**?
[7] ¿Por qué se añade la **-u-** a **laguito**?
[8] **Ratón** y **jardín** pierden el acento en el diminutivo. ¿Por qué?

LECCIÓN DIEZ Y NUEVE

Si terminan en **-z**, cambian la **-z** en **-c**:[9]

luz	**lucecita**
pez	**pececito**
cruz	**crucecita**

Hay algunas palabras que tienen dos diminutivos. Se puede decir: **pueblito, pueblecito; viejito, viejecito; huevito, huevecito.**

Los sufijos **-uelo, -ezuelo, -ucho, -ejo** son generalmente despectivos:

polluelo	*good-for-nothing chicken*
hombrezuelo	*despicable man*
mujerzuela	*woman of bad reputation*
hotelucho	*poor hotel*
tipejo	*despicable guy*

EL AUMENTATIVO

Los sufijos para el aumentativo son:

-ón, -ona: hombrón, mujerona, narizón, narizona, orejón, orejona, zapatón
-azo, -aza: hombrazo, mujeraza, librazo;[10] manoplazo
-ote, -ota: hombrote, mujerota, librote, grandote, grandota, feote, feota

Ejercicios

I. *Escriba el imperativo de los verbos que están entre paréntesis:*
1. (Entrar) vosotros y (sentarse) en el sofá. 2. (Volver) Ud. y (pedir) los libros. 3. (Venir) Ud. conmigo. 4. (Traer) Uds. las flores. 5. (Salir) tú, María; (salir) Ud., Carlos. 6. (Ir) Ud.; (ir) vosotros con él. 7. (Contar) tú la historieta, María. (Oír) Ud. lo que cuenta María. 8. (Pedir) tú los lápices y (dar) melos. 9. (Ir) tú; (poner) te el sombrero; y (decir) a Pedro que vas al cine. 10. (Dormir) vosotros.

---

[9] El diminutivo de **lápiz** es **lapicito**.
[10] El sufijo **-azo** expresa, además de tamaño, la idea de un golpe que se da con un objeto: Le di un librazo por fresco. *I hit him with a book for being fresh.*

187

LECCIÓN DIEZ Y NUEVE

    11. (Ponerse) Uds. los guantes y (salir) en seguida. 12. (Hacer) me Ud. el favor de abrirlo. 13. (Decir) Uds. lo que piensan.

II. *Dé en oraciones los diminutivos de las palabras siguientes:*

madre	viejo	collar	jazmines	luz
rosas	peces	chico	florero	pie
niños	azules	María	mariposas	Carmen
pollos	negros	prima	cigarro	Pedro
perro	mujer	abuela	gallina	aire

III. *Dé el aumentativo de las palabras en letra bastardilla:*
1. ¡Qué *casa*! 2. Tengo muchos *papeles*. 3. Esa *mujer* es hermana de este *hombre*. 4. Compré una *mesa* para el comedor. 5. ¡Qué *fea* es!

IV. *Escriba en prosa los versos de Gómez Manrique, o una composición sobre « Las virtudes de un buen gobernante. »*

V. *Compare ambas poesías.*

EJERCICIO DE PRONUNCIACIÓN

La **q**- sólo se encuentra en las sílabas **que** y **qui**; se pronuncia como la *k*- de la palabra inglesa *kind*:
    Queremos quitarnos los zapatos.   *We wish to take off our shoes.*

COPLA

El día que tú me quieras
lo mismo que yo te quiero,
dímelo poquito a poco,
porque de prisa me muero.

REFRÁN

Cría cuervos y te sacarán los ojos.

VI REPASO SEXTO

(LECCIONES 17-19)

I. *Substituya el infinitivo entre paréntesis por el futuro o el condicional, según el caso:*
1. María y Juan (salir) de paseo. 2. El muchacho (venir) pronto de vacaciones. 3. (Satisfacer) los requisitos; tú nos conoces. 4. Los lunes y los martes (tener) clase de equitación. 5. Yo (querer) ir pero no sé si (poder). 6. El padre y el hijo (hacer) lo mismo mañana. 7. Los varones de Toledo (valer) mucho entonces. 8. El poeta (querer) ver las piruetas de la bailarina. 9. Las maletas no (caber) en el coche. ¡Qué lata! 10. ¿Quién (ser) esa señora tan presumida? 11. ¿Qué (hacer) María ayer que no vino? 12. ¿Cómo (decir) usted esa frase en inglés? 13. ¿Qué hora (ser)? No sé, (ser) las tres y cuarto. 14. (Tener) quince años más o menos cuando la conocí. 15. ¿Qué le (hacer) falta a mi hijo? Le (hacer) falta pantalones y camisas.

II. *Cambie a la voz pasiva:*
1. El Greco pintó « El entierro del conde de Orgaz » por aquellos años. 2. Cuesta publicó la primera parte del *Quijote* en 1605. 3. La muchacha describió el cuadro de Murillo con muchos detalles. 4. Todos nosotros respetamos al señor cura. 5. Pronunció su primer discurso ante más de mil personas.

III. *Cambie a la construcción impersonal con* **se***:*
1. Hablar mucho y hacer poco. 2. Dijeron que no saldría electo el senador. 3. Afeitan y cortan el pelo por precios módicos. 4. Las cartas fueron escritas en un momento. 5. Ahora caigo en que hablan portugués en el Brasil. 6. Prohiben escupir en el metro. 7. Dicen que es más feo que Picio. 8. Compran plata y oro en estas tiendas. 9. No obstante, creen que fue Juanito el que rompió el cristal. 10. Pintaron cuadros horribles durante esos años.

REPASO SEXTO

IV. *Emplee* **por** *o* **para** *en lugar de la raya y diga cuándo es posible el uso de las dos preposiciones:*
 1. ____ ti, madre, lo haré. 2. Se embarcó ____ las Filipinas. 3. Vale ____ dos hombres, ¿verdad? 4. Estaba ____ acostarse cuando llegué. 5. Viajaba ____ Inglaterra cuando supo la noticia. 6. Trajo un gatito ____ el niño. 7. ____ ser tan joven, es sumamente discreto. 8. Saltó ____ el balcón cuando oyó la voz de alarma. 9. Estudia ____ ingeniero y se prepara ____ examinarse en mayo. 10. Gracias ____ tus atenciones. 11. Han dejado el baile ____ la semana que viene. 12. ____ lo tonta que es, el tema está bien escrito. 13. No votaré ____ tu candidato. 14. Necesitamos camas cómodas ____ descansar. 15. Iremos ____ mar y volveremos ____ tierra. 16. Fue a la sastrería ____ los pantalones. 17. Los platos están ____ fregar. 18. Regaló las flores ____ la fiesta. 19. Cinco ____ siete son treinta y cinco. 20. No protesto ____ consideración a mi profesor.

V. *Dé el imperativo afirmativo de* **tú** *y* **vosotros;** **Ud.** *y* **Uds.;** **nosotros;**
 1. (Comer) poco, (dormir) mucho, (trabajar) con moderación. 2. (Ir) de prisa y (volver) despacio. 3. (Pedir) lo menos posible; (pensar) que no hay dinero., 4. (Acostarse) temprano y (levantarse) contento. 5. (Tener) estos vasos, por favor. 6. (Venir), poner la mesa. 7. (Decir) que sí. 8. (Hacer) lo correcto. 9. (Perder) la timidez. 10. (Contar) los cuentos de un modo sencillo.

VI. *Escriban los diminutivos de las palabras en bastardilla:*
 1. La *niña* cose *vestidos* para su *muñeca*. 2. Le regalaron una *caja* de música. 3. ¡Qué *noche* estamos pasando! 4. Cuando pequeños jugábamos con *alfileres* de cristal que tenían *animales* en la *cabeza*. 5. En la *casa* suiza tienen un *reloj* de cu-cú *chico*. 6. Al *nene* le regalaron *calcetines* de todos colores y un *cepillo*, aparte de un par de *trajes* preciosos. 7. En el *vaso* cayó una *mosca* muerta. 8. Sobre la *mesa* tiene un *pisapapeles* con un *león*. 9. En Andalucía las muchachas usan *collares* de corales. 10. Llevo la *hierba* para las *vacas*.

VII. *Dé una lista de:*
 1. los animales de un circo 2. los animales de una finca 3. los artistas que toman parte en una función de circo 4. las joyas de una mujer 5. lo que constituye el equipaje de una señora o de un caballero

VIII. *¿Sabe usted cómo traducir?*

el padre y la madre	los padres
el hijo y la hija	los hijos
el tío y la tía	los tíos
el primo y la prima	los primos
el sobrino y la sobrina	los sobrinos
el abuelo y la abuela	los abuelos
el nieto y la nieta	los nietos
el hermano y la hermana	los hermanos

IX. *Cámbiense al imperativo afirmativo los verbos en letra bastardilla:*
1. *Volver* a cantar, Sra. Peña; se lo pido por favor. **2.** *Hacer* el equipaje ahora mismo, hija. **3.** Puesto que[1] quieres irte en el primer tren, *vestirse* en seguida. **4.** *Tocar* el violín, don Juan. Desde que[1] vino no lo toca usted. **5.** *Contar* conmigo si quiere usted. **6.** *Quedarse* aquí hijo mío, *hacerme* caso. **7.** *Referir* lo que vió. **8.** *Complacerme*, Sr. García, *jugar* a las cartas conmigo. **9.** *Dormirse*, niño hermoso. **10.** *Pedir* pan, Carlitos. **11.** *Servir* la sopa, Juana. **12.** *Despertar* a los alumnos, doña Carmen. **13.** Que *llover,* que *nevar,* lo mismo me da. **14.** *Compadecernos,* Sr. Profesor y *tener* piedad de nosotros. **15.** *Encender* la luz; *apagar* el fuego de la chimenea, hijo.

X. *Cambie al plural los nombres en letra bastardilla y a cuantas palabras afecte este cambio:*
1. Nos falta un *cepillo*. **2.** Le encantó la *ciudad*, por supuesto. **3.** ¿Qué le pareció la *comedia*? **4.** ¿Quieres decirme si te gustaría un *reloj* de oro? **5.** Me cae mal el *pepino*. **6.** Me sorprendió el *precio* por lo módico. **7.** Esta *moda* me recuerda mi juventud. **8.** Nos gusta la *descripción* que crea un ambiente con arte. **9.** A la viejecita de la tiendecita le duele la *muela*. **10.** Se enciende la *luz* a las siete y se apaga a medianoche.

---

[1] Fíjese en que **puesto que** y **desde que** se traducen por *since*, pero tienen significados distintos.

20 | LECCIÓN VEINTE

Lectura

UNA CARTA

8 de agosto de 19...

Querida Teresa:

Espero que recibas ésta[1] antes de que salgas para tu casa, pues quiero que sepas que ha habido que posponer la fecha del viaje para el 27 de este mes. A duras penas he conseguido pasaje.

María y Concha no se van con nosotras porque su madre teme que se mareen en el barco y a última hora han cancelado el pasaje. Van en tren; ya han sacado los billetes de ida y vuelta hasta Miami. No han podido conseguir un reservado, pero van en el expreso, y dicen que dos días se pasan pronto.

Aunque dudo que el viaje sea tan bueno como creen, no lo pasarán mal; no creo que tengan mucho tiempo para aburrirse. En la estación tomarán un taxi para ir al aeropuerto y allí, el avión para Puerto Rico. De modo que llegarán a San Juan mientras estemos[2] tú y yo en el barco. Estaremos todo el día sobre cubierta, al aire libre, y tendremos donde hacer un poco de ejercicio y estirar las piernas. Siento que no te guste el mar tanto como a mí, pero no creo que ellas en el tren descansen como nosotras en el barco.

He pedido que nos den un buen camarote en que no dé[2] el sol por

---
[1] ésta: esta carta.
[2] *Véase Lección 22.*

la mañana para que no nos despierten demasiado temprano la luz y el calor. Te dejaré la litera de abajo si lo prefieres, pues a mí me da igual.

Creo que el viaje será muy económico. A bordo hay pocos gastos, salvo propinas. No sé cuánto tiempo nos llevará la aduana; pero María y Concha han quedado en ir a recibirnos y al salir de allí dejaremos el equipaje en el hotel y nos iremos de paseo. Espero que haga buen tiempo y que nos divirtamos.

Me dice mi madre que te mande recuerdos y que vengas pronto a pasar unos días con ella; celebraremos su cumpleaños; cumple cincuenta y tres años.

Cuando sepas qué día llegas y a qué hora, mándame un telegrama para ir a recibirte a la estación. Es posible[3] que mi padre me preste el auto.

Un abrazo,
Dolores.

CUESTIONARIO

1. ¿Cuándo salen de viaje Dolores y Teresa? 2. ¿Por qué no van en barco? 3. ¿Qué billletes han sacado? 4. ¿Cómo van de la estación al aeropuerto? 5. ¿Dónde se descansa más, en el tren o en el barco? 6. ¿Cuáles son los camarotes más frescos? 7. ¿Qué gastos hay en el barco? 8. ¿Qué se hace en la aduana? 9. ¿Por qué no se aburre uno (una) en un barco? ¿Qué diversiones hay a bordo? 10. ¿Qué ventajas e inconvenientes tiene el viaje en avión?

Gramática

El subjuntivo

Los tiempos simples del subjuntivo son tres: el presente, el imperfecto (dos formas) y el futuro, pero apenas usamos el futuro, por lo tanto no se estudia

---

[3] *Véase Lección 23*, subjuntivo con expresiones impersonales.

LECCIÓN VEINTE

en esta gramática; baste decir que se emplea en frases hechas y en proverbios, por ejemplo:

ocurra lo que **ocurriere**	*come what* may (come)
Dondequiera que **fueres**, haz lo que **vieres**.	*When in Rome do as the Romans do.*

FORMACIÓN DEL PRESENTE DE SUBJUNTIVO

El presente de subjuntivo de los verbos regulares se forma añadiendo a la raíz de los verbos las siguientes terminaciones:

PRIMERA CONJUGACIÓN		SEGUNDA Y TERCERA CONJUGACIONES	
-e	-emos	-a	-amos
-es	-éis*	-as	-áis*
-e	-en	-a	-an

HABLAR

Juan quiere que
- yo **hable** español.
- tú **hables** francés.
- él **hable** inglés.
- nosotros **hablemos** ruso.
- vosotros **habléis** alemán.
- ellos **hablen** portugués.

John wants
- *me* to speak *Spanish.*
- *you* to speak *French.*
- *him* to speak *English.*
- *us* to speak *Russian.*
- *you* to speak *German.*
- *them* to speak *Portuguese.*

VENDER

Juan quiere que
- yo **venda** frutas.
- tú **vendas** peras.
- él **venda** manzanas.
- nosotros **vendamos** uvas.
- vosotros **vendáis** naranjas.
- ellos **vendan** melocotones.

ABRIR

Juan quiere que
- **abra** el libro.
- **abras** la puerta.
- **abra** la caja.
- **abramos** la casa.
- **abráis** la lata.
- **abran** la ventana.

---

* La única persona que lleva acento ortográfico es la segunda persona del plural.

LECCIÓN VEINTE

SUBJUNTIVOS IRREGULARES

Los verbos irregulares tienen en el presente de subjuntivo, con pocas excepciones, la misma irregularidad que la primera persona del presente de indicativo:

INFINITIVO	PRESENTE DE INDICATIVO	PRESENTE DE SUBJUNTIVO
caber	yo quepo	que yo **quepa** que tú **quepas**, etc.
caer	yo caigo	que yo **caiga** que tú **caigas**, etc.
decir	yo digo	que yo **diga** que tú **digas**, etc.
hacer	yo hago	que yo **haga** que tú **hagas**, etc.
oír	yo oigo	que yo **oiga** que tú **oigas**, etc.
poder	yo puedo	que yo **pueda**[4] que tú **puedas**, etc.
poner	yo pongo	que yo **ponga** que tú **pongas**, etc.
querer	yo quiero	que yo **quiera** que tú **quieras**, etc.
salir	yo salgo	que yo **salga** que tú **salgas**, etc.
tener	yo tengo	que yo **tenga** que tú **tengas**, etc.
traer	yo traigo	que yo **traiga** que tú **traigas**, etc.
valer	yo valgo	que yo **valga** que tú **valgas**, etc.
venir	yo vengo	que yo **venga** que tú **vengas**, etc.
ver	yo veo	que yo **vea** que tú **veas**, etc.

---

[4] En el caso de **poder** y **querer** las formas del plural del subjuntivo son: **podamos, podáis, puedan,** y **queramos, queráis, quieran.**

LECCIÓN VEINTE

Excepciones:
Los siguientes verbos no siguen esta regla:

dar	yo doy	que yo **dé**, etc.
estar	yo estoy	que yo **esté**, etc.
haber	yo he	que yo **haya**, etc.
ir	yo voy	que yo **vaya**, etc.
saber	yo sé	que yo **sepa**, etc.
ser	yo soy	que yo **sea**, etc.

SUBJUNTIVOS DE LOS VERBOS QUE SUFREN IRREGULARIDAD EN LA RAÍZ

1. Si los verbos que cambian la radical son del primer grupo (modelos: **pensar, contar, perder, mover**) tienen los mismos cambios y en las mismas personas en el presente de indicativo y en el de subjuntivo:

PENSAR
que yo **piense**
que tú **pienses**
que él **piense**
que nosotros **pensemos**
que vosotros **penséis**
que ellos **piensen**

CONTAR
que yo **cuente**
que tú **cuentes**
que él **cuente**
que nosotros **contemos**
que vosotros **contéis**
que ellos **cuenten**

PERDER
que yo **pierda**
que tú **pierdas**
que él **pierda**
que nosotros **perdamos**
que vosotros **perdáis**
que ellos **pierdan**

MOVER
que yo **mueva**
que tú **muevas**
que él **mueva**
que nosotros **movamos**
que vosotros **mováis**
que ellos **muevan**

2. Si los verbos son del segundo grupo (moldelos: **sentir, morir**), sufren dos cambios: **-ie-** o **-ue-** en todo el singular y en la tercera persona plural; **-i-** o **-u-** en primera y segunda persona plural:

SENTIR
que yo **sienta**
que tú **sientas**
que él **sienta**
que nosotros **sintamos**
que vosotros **sintáis**
que ellos **sientan**

MORIR
que yo **muera**
que tú **mueras**
que él **muera**
que nosotros **muramos**
que vosotros **muráis**
que ellos **mueran**

LECCIÓN VEINTE

3. Si los verbos son del tercer grupo (modelo: **pedir**) sufren el cambio (**-i-** en vez de **-e-**) en todas las personas del presente de subjuntivo:

PEDIR
que yo **pida**	que nosotros **pidamos**
que tú **pidas**	que vosotros **pidáis**
que él **pida**	que ellos **pidan**

CUÁNDO SE USA EL SUBJUNTIVO

El subjuntivo expresa la significación del verbo en forma insegura, emocional o volitiva y dependiente; por eso el subjuntivo se usa siempre en una cláusula subordinada. De manera que tiene que haber dos verbos con diferentes sujetos: el primer verbo, en indicativo o imperativo, puede no expresarse pero se sobreentiende. El segundo verbo irá en el subjuntivo.

Quiero que Ud. **viva** muchos años.   *I* wish *that you* may live *many years.*

Quiero expresa la acción principal y **que Ud. viva muchos años**, la acción subordinada a **quiero** y es su complemento directo. Prodríamos omitir el verbo principal y decir:

¡Que **viva** Ud. muchos años!

sobreentendiéndose **quiero, deseo,** etc.

Si los sujetos del verbo principal y del dependiente son los mismos, se usa el infinitivo:

Quiero vivir muchos años.   I want to live *many years.*

La cláusula subordinada o dependiente puede hacer uno de estos tres oficios: de nombre, y se llama entonces cláusula nominal; de adjetivo, y se llama cláusula adjetiva; de adverbio, y se llama cláusula adverbial.

CLÁUSULA NOMINAL
Dudo **que él escriba bien.**   *I doubt* that he writes well.

Que él escriba bien, cláusula nominal, complemento directo del verbo **dudo.**

CLÁUSULA ADJETIVA
Busco[5] una niña **que sepa español.**   *I am looking for a girl* (any girl) who knows Spanish.

Que sepa español es la cláusula adjetiva y modifica al nombre **niña.**

---

[5] Se suprime la **a** del complemento directo porque aunque **niña** es una persona es una niña indeterminada, cualquier niña.

197

LECCIÓN VEINTE

CLÁUSULA ADVERBIAL

Le daré el dinero **cuando venga**. *I will give him the money* **when he comes**.

Cuando venga es la cláusula adverbial y modifica al verbo **daré**.

Cláusula nominal o substantiva

El verbo de la cláusula principal tiene que pertenecer, para exigir el subjuntivo, a uno de los tres grupos generales: a los verbos que expresan voluntad, deseo; a los verbos que expresan emoción; a los verbos que expresan duda o negación.

VERBOS QUE RIGEN SUBJUNTIVO

1. Los verbos que expresan voluntad, deseo, implican mandato, ruego, prohibición, preferencia, permiso, aprobación, desaprobación, proposición, consejo y necesidad.

DESEO

desear	*to wish*	**Deseo** que Ud. esté aquí.
querer	*to wish*	**Quiero** que Ud. esté aquí.
anhelar	*to wish ardently*	**Anhelo** que Ud. esté aquí.

MANDATO

| mandar[6] | *to command* | Ella **manda** que yo vaya a la ciudad. |
| ordenar | *to order* | Ella **ordena** que yo vaya a la ciudad. |

Decir y **escribir** cuando expresan mandato, rigen subjuntivo:

Ella **dice** que yo vaya.   *She* tells *me to go.*
Ella **escribe** que yo vaya.   *She* writes (*ordering*) *me to go.*

RUEGO

pedir	*to ask for*	Les **pido** que canten.
rogar	*to beg*	Les **ruego** que canten.
suplicar	*to beg*	Les **suplico** que canten.

PROHIBICIÓN

| prohibir | *to forbid* | Él **prohibe** que fumemos. |
| impedir | *to prevent* | Él **impide** que fumemos. |

---

[6] Con verbos como **mandar, hacer**, etc., a veces se usa el infinitivo en vez del **subjuntivo**: Él me hace venir a las ocho. *He makes me come at eight.*

198

PERMISO

consentir	*to consent*	**Consiento**
permitir	*to permit*	**Permito** que tú lo hagas.
dejar	*to allow*	**Dejo**

APROBACIÓN

aprobar *to approve* **Apruebo** que lo escriban.

DESAPROBACIÓN

desaprobar *to disapprove* **Desapruebo** que lo escriban.

PROPOSICIÓN Y CONSEJO

proponer	*to propose*	**propongo**
sugerir	*to suggest*	Le **sugiero** que escriba ahora mismo.
aconsejar	*to advise*	**aconsejo**

NECESIDAD

necesitar	*to need*	**Necesito** que ellos vengan.
hacerle falta a uno	*to need*	**Me hace falta** que ellos vengan.
ser preciso	*to be necessary*	**Es preciso** que ellos vengan.

2. Algunos de los verbos que expresan emoción son los siguientes:

alegrarse de *to be glad of*	Me **alegro de** que usted venga.
celebrar *to rejoice*	**Celebro** que ganes tanto dinero.
sentir *to be sorry*	**Siento** que usted esté enfermo.
lamentar *to be sorry*	**Lamento** que usted esté enfermo.
doler *to be sorry, to hurt*	Me **duele** que usted esté enfermo.
temer *to fear*	**Temo** que él no venga.
esperar *to hope*	**Espero** que ellos lo hagan bien.
extrañar *to be surprised*	**Extraño** que él no esté aquí.
sorprenderse *to be surprised*	Me **sorprende** que él no esté aquí.
emocionar(se) *to move, to be moved*	Me **emociona** que él sea tan generoso.
conmover(se) *to move, to be moved*	Me **conmueve** que él sea tan generoso.

3. Los verbos que expresan duda o negación:

dudar *to doubt*	Él **duda** que yo lea mucho.
negar *to deny*	**Niego** que María lo tenga.
no creer *not to believe*	**No creo** que Juan esté aquí.

Creer en forma afirmativa exige indicativo:

Creo que Juan está aquí.   I think *John is here.* (estoy casi seguro)

LECCIÓN VEINTE

Creer en la forma interrogativa negativa puede usarse con el subjuntivo o con el indicativo:
 ¿No cree Ud. que Juan esté aquí? (*subjuntivo, porque, hay duda*)
 ¿No cree Ud. que Juan está aquí? (*indicativo, porque no hay duda por parte del que pregunta*)

Creer en la forma interrogativa afirmativa, si se implica el tiempo futuro, se puede usar con el presente de subjuntivo o con el futuro de indicativo:
 ¿Cree Ud. que **venga**?
 ¿Cree Ud. que **vendrá**?

Correlación de los tiempos

1. Al presente y al futuro de indicativo, por lo general, sigue el presente de subjuntivo:

Me **alegro** de que Juan **esté** aquí.	*I am glad that John is here.*
Le **permitiré** que **salga** temprano.	*I shall permit him to leave early.*
No **creo** que **quieran** acompañarnos.	*I don't believe they want to go with us.*
Estará bien que lo **hagáis**.	*It will be all right for you to do it.*
Dudan que **vayas**.	*They doubt that you are going.*
No **querrán** que ustedes **hagan** el trabajo.	*They will not want you to do the work.*

2. El pretérito perfecto y el imperativo van seguidos del presente de subjuntivo:

Le **he rogado** que se **calle**.	*I've begged him to be quiet.*
Ruéguele que se **calle**.	*Ask him to be quiet.*

Ejercicios

I. *Dé la forma correspondiente del verbo que va entre paréntesis y termine la oración:*
 1. No creeré que Ud. (aprender). **2.** Desearemos que ellos (vivir).
 3. Me conmueve que ella (decir). **4.** Él ordenará que yo (hacer).
 5. Pedimos que vosotros (oír). **6.** Me sorprenderá que Ud. (poder).

7. Él espera que tú (caber). **8.** Niego que ellos (querer). **9.** Preferimos que tú (salir). **10.** Te pido que (venir). **11.** Nos aconseja que (traer). **12.** ¿Se alegra usted de que (ver)? **13.** Dudo que tú (ser). **14.** Siente mucho que yo (estar). **15.** Aprobamos que Juan (ir). **16.** Me gusta más que tú (hacer). **17.** Quieren que Ud. (saber). **18.** ¿Cree Ud. ellos que (valer)? **19.** Les hemos escrito que (venir). **20.** Dígale Ud. que (entrar).

II. *Forme oraciones originales usando diez de los siguientes verbos en la cláusula principal:*

anhelar	rogar	lamentar
sugerir	desaprobar	decir
consentir	necesitar	temer
mandar	alegrarse de	dejar
prohibir	sorprenderse	escribir

III. *Construya oraciones en subjuntivo con los siguientes verbos en la cláusula principal:*
 1. Duda ____ **2.** ¿Cree Ud. ____ **3.** Teme ____ **4.** No creo ____ **5.** Me ruega ____ **6.** Permite ____ **7.** Me alegro ____ **8.** Le sorprende ____ **9.** Siento ____ **10.** Necesita ____ .

IV. *Emplee en oraciones los siguientes modismos:*

billete de ida y vuelta	round-trip ticket
a bordo	on board, aboard
sobre cubierta	on deck
cumplir . . . años	to become . . . years old
dar (el sol)	to strike (*the sun*)
darle a uno(-a) igual	to be all the same to . . .
a duras penas	with great difficulty
a última hora	at the last minute
de modo que	so (*that*)
al aire libre	out-of-doors
al lado de	on (*by*) the side of; beside

V. *Escriba una composición contando los pasos que tiene que dar para hacer un viaje de Chicago a Los Ángeles.*

LECCIÓN VEINTE

EJERCICIO DE PRONUNCIACIÓN

La -r- entre vocales, se pronuncia como la -r- de la palabra inglesa *caramel*:
Compro caramelos para Carolina.

COPLA

¿Cómo quieres que yo cante
si perdí las ilusiones?
En árbol donde no hay hojas
no cantan los ruiseñores.

CANCIÓN DE NAVARRA

Uno de enero,
dos de febrero,
tres de marzo,
cuatro de abril,
cinco de mayo,
seis de junio,
siete de julio
San Fermín.[7]

A LA ROSA

Fresca, lozana, pura y olorosa,
gala y adorno del pensil florido,
gallarda, puesta sobre el ramo erguido,
fragancia esparce la naciente rosa . . .
                      José de Espronceda.

REFRÁN

No hay mal que por bien no venga.

---

[7] Patrón de Pamplona, Navarra, cuya fiesta cae el 7 de julio. Son famosas su animación y las corridas de toros que duran una semana. Véase su descripción en la novela de E. Hemingway, *The Sun Also Rises*.

21 LECCIÓN VEINTIUNA

Lectura

CAMBA EN LONDRES

«Desde que he llegado a Londres, Inglaterra no deja de hacer esfuerzos para conquistarme. Por lo pronto, ya ha conseguido que yo me acueste temprano y me levante temprano, que no coma pan y que me meta toda la cabeza hasta el pescuezo dentro de un sombrero hongo; pero esto no basta. Es preciso que yo sea un inglés. En Francia, en España, en todas partes, uno es una persona cuando tiene personalidad. Aquí no se es persona mientras no se pierde la personalidad por entero. Inglaterra no consiente que haya en ella un hombre diferente de los otros, y en cuanto llega a Londres un extranjero, todo el mundo cae sobre él hasta reducirlo a la más mínima expresión.»

Julio Camba
(*Humorista español, 1884–1961*).

PARÁFRASIS

Desde que llegué a Londres, Inglaterra no dejó de hacer esfuerzos para conquistarme. Consiguió que yo me acostase y me levantase temprano, que no comiera pan y que me metiese toda la cabeza hasta el pescuezo dentro de un sombrero hongo; pero esto no bastaba. Era preciso que yo fuera un inglés. Inglaterra no consentía que hubiera en ella un hombre diferente de los otros y en cuanto llegaba a Londres un extranjero, todo el mundo caía sobre él hasta reducirlo a la más mínima expresión.

LECCIÓN VEINTIUNA

CUESTIONARIO

1. ¿Cuál es la capital de Inglaterra? 2. ¿Qué es el Thames? 3. ¿Qué hizo Inglaterra para conquistar a Camba? 4. ¿Qué consiguió Inglaterra? 5. ¿Cuándo solía Camba acostarse y levantarse? 6. ¿Qué acostumbraba comer Camba antes de llegar a Inglaterra? 7. ¿Cuál es un sinónimo de *pescuezo*? 8. ¿Cómo es un sombrero hongo? 9. ¿Por qué no bastaba que Camba se acostara temprano, se pusiera un sombrero hongo y no comiera pan? 10. ¿Cuándo se es una persona en Francia y España? 11. ¿Qué hay que perder en Inglaterra para ser persona, según Camba? 12. ¿Qué no consentía Inglaterra? 13. ¿Cuál es un sinónimo de *por entero*? 14. ¿Cuándo es uno un extranjero? 15. ¿Qué significa *todo el mundo*?

Gramática

El imperfecto de subjuntivo de los verbos regulares

El imperfecto de subjuntivo de los verbos regulares se forma añadiendo a la raíz de los verbos de la primera conjugación las terminaciones:

-ara *o* -ase   -áramos *o* -ásemos
-aras *o* -ases   -arais *o* -aseis
-ara *o* -ase   -aran *o* -asen

A la raíz de los verbos de segunda y tercera, las terminaciones:

-iera *o* -iese   -iéramos *o* -iésemos
-ieras *o* -ieses   -ierais *o* -ieseis
-iera *o* -iese   -ieran *o* -iesen

Juan quería que
- yo **pasara** *o* **pasase**
- tú **pasaras** *o* **pasases**
- él **pasara** *o* **pasase**
- nosotros **pasáramos** *o* **pasásemos**
- vosotros **pasarais** *o* **pasaseis**
- ellos **pasaran** *o* **pasasen**

por su casa.[1]

---

[1] *John wanted me to pass (go) by his house* (Lit., *John wanted that I should pass (go) by his house*), etc.

LECCIÓN VEINTIUNA

El campesino
dudaba que
{ yo **vendiera** o **vendiese** los pollos.[2]
tú **vendieras** o **vendieses** los gallos.
él **vendiera** o **vendiese** los burros.
nosotros **vendiéramos** o **vendiésemos** los patos.
vosotros **vendierais** o **vendieseis** los pavos.
ellos **vendieran** o **vendiesen** los bueyes. }

Ana mandó que
{ yo **abriera** o **abriese** la ventana.[3]
tú **abrieras** o **abrieses** la puerta.
él **abriera** o **abriese** el cajón.
nosotros **abriéramos** o **abriésemos** el libro.
vosotros **abrierais** o **abrieseis** la mano.
ellos **abrieran** o **abriesen** el cuarto. }

El imperfecto de subjuntivo de los verbos irregulares

Los verbos irregulares tienen la misma irregularidad en el imperfecto de subjuntivo que en la tercera persona plural del pretérito de indicativo:

INFINITIVO	PRETÉRITO	IMPERFECTO DE SUBJUNTIVO
caber	cupieron	**cupiera** o **cupiese**, etc.
decir	dijeron	**dijera** o **dijese**, etc.
estar	estuvieron	**estuviera** o **estuviese**, etc.
haber	hubieron	**hubiera** o **hubiese**, etc.
hacer	hicieron	**hiciera** o **hiciese**, etc.
ir	fueron	**fuera** o **fuese**, etc.
poder	pudieron	**pudiera** o **pudiese**, etc.
poner	pusieron	**pusiera** o **pusiese**, etc.
querer	quisieron	**quisiera** o **quisiese**, etc.
saber	supieron	**supiera** o **supiese**, etc.
ser	fueron	**fuera** o **fuese**, etc.
tener	tuvieron	**tuviera** o **tuviese**, etc.
traer	trajeron	**trajera** o **trajese**, etc.
traducir	tradujeron	**tradujera** o **tradujese**, etc.
venir	vinieron	**viniera** o **viniese**, etc.
ver	vieron	**viera** o **viese**, etc.

---

[2] *The peasant doubted that I would sell the chickens, etc.*
[3] *Anne ordered me to open the window.*

LECCIÓN VEINTIUNA

Los verbos del segundo y tercer grupos que sufren cambio en la radical en el pretérito de indicativo, tienen la misma irregularidad en el imperfecto de subjuntivo:

INFINITIVO	PRETÉRITO	IMPERFECTO DE SUBJUNTIVO
sentir	sintieron	**sintiera** o **sintiese**, etc.
dormir	durmieron	**durmiera** o **durmiese**, etc.
pedir	pidieron	**pidiera** o **pidiese**, etc.

Correlación de los tiempos

El imperfecto de subjuntivo se usa:
1. Cuando el verbo de la cláusula principal es un pasado (menos el pretérito perfecto) o un condicional:

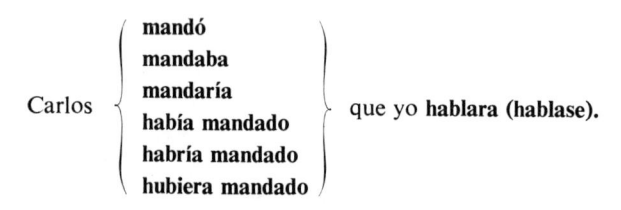

Carlos { mandó / mandaba / mandaría / había mandado / habría mandado / hubiera mandado } que yo **hablara (hablase)**.

2. Cuando el verbo de la cláusula principal es un presente o un futuro de indicativo, si la acción de la cláusula subordinada es anterior a la del verbo de la cláusula principal:

Dudo que Juan **hablara**. *I doubt that John spoke.*
Se alegrará de que **compraras** el auto. *He will be glad that you bought the car.*

Se puede usar también en la cláusula subordinada el pretérito perfecto después de un presente o de un futuro:

Dudo que Juan **haya hablado**. *I doubt that John has spoken.*
Se alegrará de que **hayas comprado** el auto. *He will be glad that you have bought the car.*

Las cláusulas condicionales

1. Si en inglés en las cláusulas condicionales se usan el presente y el futuro de indicativo, se usarán los mismos tiempos al traducirlas al español:

Si **tengo** dinero, **iré**. *If I have money, I shall go.*
Si **puede, comprará** el sombrero. *If she can, she will buy the hat.*

En estos ejemplos hay la posibilidad de que yo tenga dinero y de que ella pueda comprar el sombrero.

206

LECCIÓN VEINTIUNA

2. Una cláusula condicional expresa el resultado que se obtendría si una condición, contraria a las condiciones existentes, cambiara:

    Si él **tuviera (tuviese)** automóvil, **iría.** (*pero no tiene automóvil*)   *If he* had *a car, he* would *go.*

    Si él **cantara (cantase)** bien, le **oiría** con gusto. (*pero no canta bien*)   *If he* sang *well, I* would (listen to) hear *him with pleasure.*

Si el verbo que sigue a **si** es el imperfecto de subjuntivo, no importa el orden de las cláusulas; lo mismo es decir: **Iría si tuviera automóvil.**

3. En vez de **si**, pueden usarse otras palabras (**aunque**, por ejemplo):

    Aunque cantara bien, no me gustaría oírle esta noche.   *Even if he sang well, I should not like to hear him tonight.*

4. El condicional se usa para expresar un deseo, aunque se suprima la condición:

    Me **gustaría** ir con usted.   *I* would like *to go with you.*

5. Muchas veces se substituye el condicional por la forma **-ra**; de modo que se puede decir:

    Si tuviera (*o* tuviese) dinero compraría (*o* **comprara**) el libro.   *If I had the money, I would buy the book.*

    Si hubiera (*o* hubiese) tenido dinero, lo habría (*o* **hubiera**) comprado.   *If I had had the money, I would have bought it.*

Como puede verse, la forma **-ra** puede usarse en cualquier parte de la cláusula.

6. **Quisiera** se usa mucho en vez de **querría**, para pedir favores:

    Quisiera verle esta tarde.   *I should like to see you this afternoon.*
    Quisiera que me prestase el libro.   *I should like you to lend me the book.*

Si = *if, whether*. Cuando se emplea **si** con el significado de *whether*, se usa el indicativo en español en el mismo tiempo que el verbo inglés:

    Mi padre me preguntó **si había comprendido** (o no).   *My father asked me if (whether) I had understood.*

    No sé **si vendrán** esta noche.   *I do not know if (whether) they will come tonight.*

Sólo se emplea el subjuntivo después de **si** (*whether*) en oraciones dubitativas cuando la duda se refiere al futuro y el sujeto de los dos verbos es el mismo:

    No sé **si vaya.**   *I don't know if (whether) I will go.*

LECCION VEINTIUNA

Ojalá[4] y quiera Dios

Se usa el subjuntivo después de **ojalá** y **quiera Dios**:
¡Ojalá que **esté** en casa!	*I* hope *he* is *at home!*
¡Ojalá que **estuviera** en casa!	*I* wish *he* were *at home!*
¡Ojalá que **hubiera estado** en casa!	*I* wish *he* had been *at home!*
¡Quiera Dios que **venga**!	*I* hope *he* will come!
¡Dios quiera que **haya venido**!	*I* hope *he* has come!

Quizá(s), tal vez y acaso

1. Se usa el subjuntivo después de **quizá(s), tal vez** y **acaso** cuando se implica duda en una acción futura:
Quizá (*o* **Quizás**) **venga** mañana.	*He may come tomorrow.*
Tal vez apruebe el curso.	*He* may pass *the course.*
¡**Acaso** lo **haga**!	*Perhaps he* will do *it!*

2. También se usa el subjuntivo después de **quizá(s), tal vez** y **acaso** cuando se implica duda en una acción del pasado:
Quizás haya venido Juan.	*Perhaps John* has come.
Tal vez hubiera comprado un auto si tú lo hubieras querido.	*Maybe he* would have bought *a car if you had wanted it.*

Fíjense en que también cuando se refiere a tiempo pasado **quizá(s), tal vez** y **acaso** pueden no ir seguidos del subjuntivo.
Quizás iría él.	*Maybe he* went.
Tal vez lo **hizo** sin intención.	*Perhaps he* did *it unintentionally.*

Como si

Después de esta expresión se usa el imperfecto de subjuntivo:
Juan le habló **como si** ella **fuese** (*o* **fuera**) su madre.	*John spoke to her* as if *she* were *his mother.*

---

[4] **Ojalá** es una expresión de origen árabe que significa **"quiera Allah"**, y equivale por tanto a **quiera Dios**. Literalmente estas expresiones significan *May God grant* . . .

Ejercicios

I. *Cambie el primer verbo al pretérito y el segundo al imperfecto de subjuntivo:*
1. Siento que tú estés enferma. **2.** Dudo que él piense eso. **3.** Él ordena que yo vaya. **4.** Ella pide que tú vengas. **5.** Carlos me escribe que tenga cuidado. **6.** El abuelo manda que nos pongamos el abrigo. **7.** Usted no cree que él quepa en el auto. **8.** Deseo que sepas la lección. **9.** Te suplico que duermas. **10.** Él prohibe que lo hagamos. **11.** Temo que no los traigan. **12.** Se alegra de que estés aquí. **13.** ¿Quiere usted que yo me muera de pena? **14.** Ella impide que ellos lo digan. **15.** Lamentan que me caiga tan a menudo. **16.** Me sorprende que no puedas hacerlo. **17.** Niego que María oiga bien. **18.** ¿No cree usted que tengamos tiempo? **19.** Propone que yo vaya. **20.** Prefiere que escribamos la carta.

II. *Cambie el verbo entre paréntesis al tiempo debido:*
1. Si yo puedo (ir). **2.** Mi tía compraría una blusa si (tener) una falda. **3.** Compraremos guantes si (ir). **4.** Yo escribiría si (tener) talento. **5.** Aunque yo tenga tiempo no lo (hacer). **6.** Me gustaría que tú (saber) coser. **7.** ¿Quiere Ud. contarme el cuento si (venir)? **8.** ¿Lo haría Ud. si (poder)? **9.** ¡Ojalá que él (ser) mi hermano! **10.** ¡Dios quiera que él (venir)! **11.** Dudo que él (salir) tan pronto. **12.** Ella sintió que tú no (estar) aquí porque le (haber) gustado verte. **13.** Si nos (prohibir) salir, nos quedaríamos en casa estudiando. **14.** No deseo que tú (decir) eso. **15.** Publicarían el poema si lo (traducir) para el lunes. **16.** ¿Cree Ud. que (caber) nueve personas en el auto? **17.** Carmen me pidió que (comprar) los billetes para que su amiga (ir) a la ópera. **18.** Si me (prestar) tus apuntes te los devolveré mañana. **19.** Dudo que (llover) esta tarde. **20.** Tal vez (llegar) ellos en el tren de las siete.

LECCIÓN VEINTIUNA

III. *Describa un encuentro imaginario entre Camba y un yanqui.*

EJERCICIO DE PRONUNCIACIÓN

Si la **r** es inicial, o va después de **l-, n-, s-,** o es doble **(rr)**, vibra con un movimiento de la punta de la lengua:

>Rosa, Ulrico y Enrique Barros son israelitas.

TRABALENGUAS

El perro de San Roque no tiene rabo
porque Ramón Ramírez se lo ha cortado.

Erre con erre, cigarro,
erre con erre, barril,
¡rápidos corren los carros
que llevan la caña al ferrocarril!

Uvas tiene la parra del cura,
uvas tiene, pero no maduras;
uvas tiene la parra del fraile,
uvas tiene que no le da a nadie.

REFRÁN

Perro ladrador poco mordedor.

22 — LECCIÓN VEINTIDÓS

Lectura

DE MI « DIARIO »

Cuando perdimos de vista la costa y nos metimos mar adentro fuimos a sentarnos un rato sobre cubierta a mirar el mar. Si me hubiesen (hubieran)[1] dicho que éste podía estar tan sereno no lo habría (hubiera)[2] creído.

Hacía un tiempo maravilloso y creímos que lo mejor sería aprovechar el escaso movimiento del barco para inspeccionarlo. Queríamos saber dónde estaban la biblioteca y el comedor. Fuimos primero a pedir que nos dieran una mesa para dos en el primer turno pero no la había. Dos señoritas que vieron nuestro desencanto nos rogaron que nos sentáramos a su mesa. Aceptamos gustosos porque las señoritas parecían muy simpáticas y no habríamos hallado compañeras más encantadoras aunque las hubiéramos (hubiésemos) buscado por todo el barco. No tardamos en hacernos amigos.

Esa noche cenamos un plato de entremeses variados: aceitunas, jamón, sardinas, salchichón, tomates, etc.; sopa de pescado, cordero asado con verduras, ensalada de escarola, y de postre, helado. Todo nos pareció exquisito. El camarero nos sirvió después un café tan delicioso que pensé que, aunque viviese mil años, no volvería a probarlo tan rico.

---

[1] Las dos formas del imperfecto de subjuntivo se pueden usar indistintamente.
[2] Esta forma del imperfecto de subjuntivo puede substituir al condicional.

LECCIÓN VEINTIDÓS

Luego una señora que comía con nosotros nos contó que en un viaje que había hecho recién casada, hacía ya algunos años, el barco estuvo a punto de irse a pique, tan fuertes eran el viento y las olas, y lo pasó tan mal que hubiera[3] querido morir.

—Llovía a cántaros—decía—y fue una noche que no quisiera[3] recordar. El naufragio nos parecía seguro. Temíamos que el barco se hundiera de un momento a otro. Íbamos a merced de las olas. Al amanecer, cuando amainó la tormenta y navegábamos viento en popa sobre un mar sereno, apenas podíamos dar crédito a nuestros ojos. Dos días después desembarcamos. En el muelle nos esperaba la familia deseando que les contáramos nuestras peripecias. Mi madre me dijo: « No te empeñes más en viajar. No quisiera[3] volver a sufrir las angustias de estos días que anhelaba que llegasen a su fin.»

—En cuanto a mí, aunque me predijesen que iba a morir ahogado, no dejaría de viajar por mar. Nada me gustaría más que hacer un largo viaje por el Mediterráneo y que el barco hiciese escala en esas viejas ciudades de sus costas, tan llenas de historia. Por desgracia no se cumplen los deseos de uno.

CUESTIONARIO

1. ¿Qué es la costa? ¿Qué es el mar? 2. ¿Qué hicieron ustedes cuando perdieron de vista la costa? 3. ¿Qué significa un rato? 4. ¿Qué hacen los pasajeros sobre cubierta? 5. ¿Cómo estaba el mar? 6. ¿Qué no hubiera creído usted? 7. ¿Qué tiempo hacía? 8. ¿Qué creían ustedes que sería lo mejor? 9. ¿Cuál es un sinónimo de *escaso*? 10. ¿Qué es un barco? 11. ¿Qué es una biblioteca? ¿el comedor? 12. ¿Adónde fueron ustedes primero? 13. ¿Por qué no les dieron una mesa para dos? 14. ¿Qué les rogaron dos señoritas? ¿por qué? 15. ¿Por qué aceptaron ustedes gustosos? 16. ¿Qué significa *hallar*? 17. ¿En qué consistían los entremeses? 18. ¿En qué consistía la cena? 19. ¿Qué contó una señora? 20. ¿Cuánto o cómo llovía? 21. ¿Qué le parecía seguro? 22. ¿Qué temía? 23. ¿De qué se lamentaban? 24. ¿Cuándo amainó la tormenta? 25. ¿Qué significa *hundirse*? 26. ¿Cómo iba el barco al amanecer? 27. ¿Qué es la popa de un barco? ¿y la proa? 28. ¿Cuándo desembarcaron? 29. ¿Qué anhelaban

---

[3] Esta forma del imperfecto de subjuntivo puede substituir al condicional.

todos? **30.** ¿Qué es *llegar a su fin*? **31.** ¿Qué le dijo la madre a su hija? **32.** ¿Qué no quería la madre? **33.** ¿Qué haría el joven si le predijesen que moriría ahogado? **34.** ¿Qué viaje le gustaría hacer al que escribe el diario? **35.** ¿Cuáles son las principales ciudades españolas en el Mediterráneo?

Gramática

Cláusulas adjetivas

Se usa el subjuntivo cuando las cláusulas adjetivas van introducidas por un pronombre relativo cuyo antecedente—al que modifica—se caracteriza por ser una persona o cosa indeterminada; una persona o cosa inexistente; un pronombre indefinido; un adjetivo indefinido.

PERSONA O COSA INDETERMINADA

Ella pregunta si hay **un hombre que pueda trabajar en la huerta.**	*She asks if there is* a man who can work in the garden.
Necesitamos **un maestro que enseñe bien.**	*We need* a teacher who teaches well.
Busco **un sombrero que cueste poco.**	*I am looking for* a hat that costs little.

Un hombre, un maestro y **un sombrero** son los antecedentes indeterminados; **que pueda trabajar en la huerta, que enseñe bien, que cueste poco** son las cláusulas adjetivas que los modifican.

Estas oraciones se pueden cambiar al pasado y decir:

Ella **preguntaba** si había un hombre que **pudiera,** etc.	*She was asking if there were a man who might be able* (*or could*), etc.

PERSONA O COSA INEXISTENTE

No hay **nadie que sepa tantos idiomas.**	*There is* nobody who knows so many languages.
No hay **ningún libro** aquí **que me interese.**	*There isn't* a book here that interests me.
No hay **nada que me moleste más.**	*There is* nothing that bothers me more.

Nadie, ningún libro, nada son los antecedentes inexistentes.

LECCIÓN VEINTIDÓS

PRONOMBRE INDEFINIDO

Llevaré al campo a **cualquiera**[4] **que pueda ir.**
I shall take to the country anyone who can go.

Aquí están mis libros: le daré **cualquiera**[5] **que Ud. desee.**
Here are my books; I shall give you whichever one you may wish.

Cualquiera es el pronombre indefinido.

ADJETIVO INDEFINIDO

Pintaré **cualquier**[6] **cosa que vea.**
I shall paint anything I (may) see.

Pintaré **cualquier paisaje que vea.**
I shall paint any landscape I (may) see.

Cualquier es el adjetivo indefinido.

Cláusulas adverbiales

Se usa el subjuntivo en las cláusulas adverbiales:

1. con expresiones de tiempo y lugar cuando se implica tiempo futuro o ugar indeterminado:

Le daré café **cuando venga.**
I shall give you coffee when you come.

Le daré café **después que venga.**
I shall give you coffee after you come.

Le dare café **así que venga.**
I shall give you coffee as soon as you come.

Le daré café **luego que venga** *o* **en cuanto venga.**
I shall give you coffee as soon as you come.

Le mandaré café **mientras estemos en el Brasil.**
I shall send him coffee while we are *in* Brazil.

Le mandaré té **donde me diga.**
I'll send you tea wherever you tell me.

Le mandaré té **dondequiera que esté.**
I'll send you tea wherever you are.

2. con expresiones de modo:

Lo haré **como usted diga.**
I shall do it the way you tell *me*.

Me gusta María **comoquiera que sea.**
I like Mary no matter what she is like.

---

[4] En vez de a **cualquiera** podríamos decir: **al que, a quien.**
[5] **el que.**
[6] **Cualquiera**, antes de un nombre en el singular, sufre apócope: **cualquier niño, cualquier niña** *any boy, any girl.*

214

3. con expresiones de propósito o de resultado:

Él me da veinte dólares **para que compre** una pluma.
He gives me twenty dollars to (so that I may) buy a pen.

Él trabaja **para que** usted **descanse.**
He works so that you may rest.

Él trabaja **a fin de que** usted **duerma.**
He works so that you may sleep.

Lo pondré aquí **de manera que (de modo que)** le **dé** la luz.
I shall place it here so that the light may shine on it.

4. con expresiones que implican suposición:

Aun suponiendo que lo tenga, no nos lo dará.
Even supposing he may have it, he will not give it to us.

Le daré la carta **en caso de que venga.**
I shall give him the letter in case he comes.

5. con expresiones que indican condición:

Se lo presto **a condición de que (con tal que)** me lo **devuelva.**
I'll lend it to you on the condition (provided) you return it.

6. con expresiones que implican oposición:

No lo diré **aunque él me lo ordene.**
I will not say it even if he orders me (to).

No lo diré **aun cuando él me lo ordene.**
I will not say it even when (if) he orders me to.

7. con expresiones que implican excepción:

No voy **a menos que (salvo que, a no ser que)** usted me **dé** permiso.
I shall not go unless you give me permission.

Ejercicios

I. *Dé la forma adecuada del verbo que va entre paréntesis:*

1. Le di el dinero en cuanto (venir). Le daré el dinero en cuanto (venir). 2. Nos mandó las flores adonde usted (decir). Nos mandará las flores adonde usted (decir). 3. No lo dije aunque Juan me (mandar) decirlo. No lo diré aunque Juan me (mandar) decirlo. 4. Los llevé al salón tan pronto como (llegar). Los llevaré al salón tan pronto como (llegar). 5. Esperé hasta que ella (irse). Esperaré hasta que ella (irse). 6. Leí mientras (estar) sobre cubierta. Leeré mientras (estar) sobre cubierta. 7. Dudo que Pedro me (decir) la verdad. Dudé que Pedro me (decir) la

LECCIÓN VEINTIDÓS

verdad. **8.** Temo que Uds. no me (dar) mi parte. Temí que Uds. no me (dar) mi parte. **9.** No quiero que Ud. me lo (rogar). No quise que Ud. me lo (rogar). **10.** Deseo que tú (dormir) bien. Deseaba que tú (dormir) bien. **11.** Toque lo que Ud. (querer). Tocaré lo que Ud. (querer). **12.** ¿Quieres que yo (servir) los entremeses? ¿Querías que yo (servir) los entremeses?

III. *Emplee en oraciones los siguientes modismos:*

estar a punto de	to be on the verge of
irse a pique	to sink
llover a cántaros	to rain hard (cántaros = *jugs*)
en cuanto a mí	as far as I am concerned
por lo general	generally
dejar de	to stop (*doing something*)
hacer escala	to touch at (*a port*)
recién casada	newlywed
tardar en	to take much time in
hacerse amigos	to become friends
cumplirse los deseos	to fulfill one's desires

III. *Narre usted un viaje que haya hecho.*

EJERCICIO DE PRONUNCIACIÓN

La *s* se pronuncia como la *s* en la palabra inglesa *sassafras*:
El soldado sube a la sala. *The soldier goes up to the hall.*

FRAGMENTO

¿Qué es la vida? Un frenesí.
¿Qué es la vida? Una ilusión,
una sombra, una ficción,
y el mayor bien es pequeño:
que toda la vida es sueño,
y los sueños sueños son.

« *La vida es sueño* »
Pedro Calderón de la Barca.
(*1600–1681*)

REFRÁN

A camarón que se duerme
se lo lleva la corriente.

VII REPASO SÉPTIMO

(LECCIONES 20–22)

I. *Cambie los verbos entre paréntesis al presente de subjuntivo:*
1. Se lamenta de que él (caerse) tan a menudo. **2.** Duda que nosotros (querer) hacerlo. **3.** Necesitaré que Vd. (tener) paciencia. **4.** Será necesario que Juan (salir) cuanto antes. **5.** Niega que eso (valer) lo que pagué. **6.** No creo que ellos (caber) en el comedor. **7.** Les prohibimos a Vds. que (decir) nada de esto. **8.** No creo que los niños (saber) lo bastante. **9.** ¿Se alegra Vd. de que Luis (poder) sufrir el examen? **10.** Nos propondrán que (traer) el auto. **11.** Anhela que Luisa (ir) conmigo. **12.** Dios quiera que ellos (sentarse) en las primeras filas. **13.** Te ruego que no (volver) a decir eso. **14.** Acaso (dormir) tú mañana ocho horas. **15.** Queremos que (pedir) lo que necesites. **16.** Esperamos que el chico (satisfacerse) con tan poco. **17.** ¿No cree Vd. que él (perder) el reloj? **18.** Te pido que (acercar) la silla. **19.** Le rogaré que (llegar) a tiempo. **20.** ¡Ojalá que Juan no (morirse)!

II. *Escriba el subjuntivo correspondiente al infinitivo en el tiempo debido:*
1. Dudaré siempre que Ud. (ir) ayer. **2.** Le impediría a Juan que (venir) si no (ser) porque es su deber. **3.** Dudé que Carlos (haber) muerto en la guerra. **4.** Ojalá que ella (dormir) antes de haber ido. **5.** Sería preciso que él (saber) de qué se trata. **6.** ¡Si yo (poder) embarcarme contigo! **7.** Dios querrá que él no (oír) tales cosas. **8.** Me regaló ochenta dólares para que se los (dar) a mi sobrino. **9.** Si (estar) mi padre aquí, (haber) orden. **10.** ¿Cree Vd. que María lo (hacer) mañana. **11.** ¿No creyó Vd. que lo (poner) ellos aquí? **12.** Apenas hubo pedido la madre que (traer) a los niños, aparecieron éstos. **13.** No hay nada que me (entristecer) tanto como verte enferma. **14.** Llevaremos en el coche a todos los que (querer) ir. **15.** Saldríamos si ellos lo (hacer).

REPASO SÉPTIMO

III. *Diga cuáles son las cláusulas subordinadas en diez de los ejemplos siguientes y qué clases de cláusulas son:*
  1. El director pide que busquemos alumnos de primera calidad. **2.** Cuando vengan los médicos, avísenos. **3.** Un hombre que sepa seis idiomas bien no es corriente. **4.** No veo nada que sea una verdadera obra de arte. **5.** Llévele el violín a dondequiera que esté. **6.** Callaré de modo que puedas hablar. **7.** Queríamos saber si había quien pudiera darnos lecciones. **8.** Quiera Dios que durmáis bien. **9.** Nos trata como si fuéramos sus esclavos. **10.** « Que se muera » no fue lo que dijo el hombre. **11.** ¡(Que) viva Méjico! **12.** Sería una lata que volvieran de visita. **13.** Habían pedido que les dieran buenos camarotes. **14.** ¿Te importa que yo vaya? **15.** Aunque supiera escribir, no escribiría.

IV. *Emplee en oraciones:*
  1. he conseguido
  2. hacerse muy amigos
  3. por desgracia
  4. a duras penas
  5. cumplir
  6. llover a cántaros
  7. prestar
  8. a bordo
  9. tomar (*o* coger) prestado
  10. estar para

V. *Explique en qué consisten las irregularidades de los siguientes verbos y diga a qué grupo pertenecen:*
  1. sentarse   **3.** dormir   **5.** encender   **7.** servir
  2. mentir   **4.** almorzar   **6.** devolver   **8.** reír

VI. *Dé un diminutivo de los siguientes nombres y adjetivos:*
  1. foca   **6.** barco   **11.** inglés   **16.** lápiz
  2. Enrique   **7.** sombrero   **12.** mazo   **17.** corazón
  3. clavel   **8.** esfuerzo   **13.** hongo   **18.** vaca
  4. viaje   **9.** loco   **14.** pozo   **19.** tarde
  5. varón   **10.** pilar   **15.** poco   **20.** luz

VII. *¿De qué nombres son aumentativos las siguientes palabras?*
  1. casona   **5.** naranjota   **9.** chicote
  2. bocaza   **6.** cabezón   **10.** manaza
  3. ventanota   **7.** papelote   **11.** zapatón
  4. hombrazo   **8.** madraza   **12.** librote

23 LECCIÓN VEINTITRÉS

Lectura

EL AGUA, EL VIENTO Y LA VERDAD

(*Adaptado de « El caballero Cifar », relato caballeresco del siglo XIV*)

El agua, el viento y la verdad se habían hecho muy amigos pero como la una corría y el otro volaba por todo el universo, temiendo no encontrarlos algún día, dijo la verdad al viento:

—Amigo, tú eres muy sutil y vuelas por todas partes del mundo, y por lo tanto es necesario que sepamos dónde te hallaremos cuando sea menester que te busquemos. Sería una gran lástima que te perdiéramos.

—Me hallaréis en las alturas de la tierra, pero en caso de que no me halléis[1] allí, buscadme en los valles, y si no me encontráis, iréis a un árbol, al álamo temblón, que allí estaré.

Entonces la verdad y el viento preguntaron al agua dónde la hallarían cuando fuera menester.

—Sería mejor que me buscaseis en los ríos, y si no, en las fuentes; pero si no me halláis[2] allí, buscadme en los juncos verdes.

Después el agua y el viento dijeron a la verdad:

—Amiga, cuando te necesitemos, ¿dónde te hallaremos?

Y la verdad respondió:

—Amigos, cuando me tengáis entre las manos es preciso que me

---

[1] **halléis**, porque la conjunción **en caso de que** exige subjuntivo.
[2] **halláis**: se usa el indicativo lo mismo que en inglés.

219

LECCIÓN VEINTITRÉS

guardéis bien, que no me salga de ellas, porque si una sola vez me salgo no me podréis hallar nunca. Soy de tal naturaleza que aborrezco a quien una sola vez me abandona. Por más que me busquéis no me hallaréis; el que me desprecia a mí, a la verdad, no es digno de mí. Guardadme siempre.

CUESTIONARIO

1. ¿Quiénes son los tres amigos de la fábula? **2.** ¿Qué teme la verdad? **3.** ¿Qué pregunta la verdad al viento? **4.** ¿Dónde dice el viento que le hallarán? **5.** ¿Qué preguntaron la verdad y el viento al agua? **6.** ¿Por dónde dice el agua que la busquen? **7.** ¿A quién preguntan al fin? **8.** ¿Qué dice la verdad de sí misma? **9.** ¿Qué le parece esta fábula? **10.** Cuente usted una fábula que conozca.

Gramática

El subjuntivo con expresiones impersonales

Se usa el subjuntivo:

1. con expresiones impersonales que indican necesidad, posibilidad o inseguridad en cuanto a la acción o estado mencionados en la cláusula subordinada:

Es necesario[3] que tú trabajes.	It is necessary *that you work*.
Es preciso que tú estudies.	It is necessary *that you study*.
Era necesario que tú trabajases.	It was necessary *for you to work*.
Era preciso que tú estudiases.	It was necessary *for you to study*.
Es probable que él venga.	It is probably *that he will come*.
Era posible que él viniera.	It was possible *that he might come*.
Es natural que le guste la chica.	It is natural *that he should like the girl*.

---

[3] Fíjese en que las expresiones impersonales se traducen al inglés por *it* y la forma singular del verbo.

Puede ser que venga.	Maybe *he will come.*
Quizá(s) vaya.	Perhaps *he will go.*
Tal vez vayan.	Perhaps *they will go.*
Era dudoso que nos vieran.	It was doubtful *that they would see us.*

Con las expresiones impersonales que denotan certidumbre no se usa el subjuntivo:

Es verdad que tú trabajas mucho.	It is true *that you work a great deal.*
Es cierto que leen bien.	It is true *that they read well.*

2. con frases que expresan emoción:

Es lástima que él esté enfermo	It's a pity *that he is sick.*
Es una suerte que se curara.	It's luck *that he was cured.*
Es de temerse que se enferme otra vez.	It's to be feared *that he may become sick again.*

3. con las expresiones impersonales de los verbos que expresan opinión, como **convenir, importar, ser mejor,** etc.:

Importa que escribas.	It's important *that you write.*
Es sorprendente que sepa tanto.	It's surprising *that he knows so much.*
Conviene que vayan.	It's advisable *for them to go.*
Sería mejor que lo hiciera Ud.	It would be better *for you to do it.*

El subjuntivo con **por . . . que**

La combinación de **por** + adjetivo o adverbio + **que** va seguida del subjuntivo:

Por bueno que sea, no lo compraré.	No matter how good it is (may be), *I shall not buy it.*
Por rápidamente que escriba, escribirá siempre mejor que yo.	No matter how rapidly he writes, *he will always write better than I.*

Otras combinaciones son: **por mucho** o **poco** + nombre + **que**; **por más** o **menos** + nombre, adjetivo o adverbio + **que**; y **por** + **más, mucho, poco,** etc. + **que** + verbo. Ejemplos:

Por mucho dinero que tenga, no dará nada.	No matter how much money he may have, *he will not give anything.*
Por más tiempo que trabajen, no están nunca cansados.	No matter how long they work, *they are never tired.*
Por más inteligente que sea, no sabrá la lección sin estudiar.	However intelligent he is, *he will not know the lesson without studying.*

LECCIÓN VEINTITRÉS

  Por más de prisa que vayamos,   No matter how fast we may go, *we shall*
  no llegaremos a tiempo.   *not arrive on time.*
  Por mucho (*o* **más**) **que estudie,**   No matter how much I study, *I do not*
  no lo comprendo.   *understand it.*

Fijémonos en que la palabra **que** se usa generalmente con el subjuntivo y, en cambio, en inglés se omite por lo regular.

El subjuntivo y el imperativo

El subjuntivo se usa con todas las personas del imperativo negativo, y con todas las del afirmativo, con excepción de **tú** y **vosotros**; con éstas se emplea el imperativo:

NEGATIVO		AFIRMATIVO	
no escribas	(tú)	**escribe**	(tú)
no escriba	(usted)	**escriba**	(usted)
no escribamos	(nosotros)	**escribamos**	(nosotros)
no escribáis	(vosotros)	**escribid**	(vosotros)
no escriban	(ustedes)	**escriban**	(ustedes)

Tiempos compuestos del subjuntivo

En el subjuntivo se usan dos tiempos compuestos: el pretérito perfecto y el pretérito pluscuamperfecto.

El pretérito perfecto se forma con el presente de subjuntivo del verbo **haber** (**haya**, etc.) y el participio del verbo que se conjuga:

  Siento que Juan no **haya venido.**   *I am sorry that John* has *not* come.
  Duda que **hayamos escrito** la poesía.   *He doubts that we* have written *the poem.*

El pretérito pluscuamperfecto se forma con el imperfecto de subjuntivo del verbo **haber** (**hubiera** o **hubiese**) y el participio del verbo que se conjuga:

  Sentí que Juan no **hubiera venido.**   *I regretted that John* had *not* come.
  Dudó que **hubiéramos escrito** la   *He doubted that we* had written *the poem.*
  poesía.

Ejercicios

I. *Conjugue los verbos* **escribir, abrir, volver, decir** *en los siguientes tiempos:*

    INDICATIVO
1. pretérito perfecto
2. pretérito anterior
3. pluscuamperfecto
4. futuro perfecto
5. condicional perfecto

    SUBJUNTIVO
1. pretérito perfecto
2. pretérito pluscuamperfecto

II. *Use la forma debida del verbo:*
1. Por sencilla que ella (ser), es posible que tú no la (entender). 2. No podrá el viento encontrarla por mucho que la (buscar). 3. Es necesario que tú (volar) por todo el mundo porque si no, por mucho que (querer) no la hallarás. 4. Sería una gran lástima que tú y yo (tener) que decirle a nuestra amiga que (irse). 5. No llegaré a las cinco por más de prisa que (ir). 6. No (dejar) tú que nada te (entristecer). 7. (Tener) paciencia, hijo mío, y (esperar) nosotros que todo se (arreglar). 8. Es triste que mis primos (irse) ayer. 9. Me habría gustado que tú se lo (decir) antes de marcharte. 10. Dudé que ellos lo (hacer).

III. *Escriba un diálogo entre el mar y la tierra.*

EJERCICIO DE PRONUNCIACIÓN

La **t** se aproxima a la *d* inglesa pero es menos explosiva. La punta de la lengua toca la parte posterior de los dientes superiores:

    —Dame té, Teresa.
    —No tengo tiempo, Tomás.

    En este mundo traidor
    nada es verdad ni mentira;
    todo es según el color
    del cristal con que se mira.
        Ramón de Campoamor. (1817–1901).

LECCIÓN VEINTITRÉS

Tú me levantas, tierra de Castilla,
en la rugosa palma de tu mano,
al cielo que te enciende y te refresca;
al cielo, tu amo.

Miguel de Unamuno (1864-1936).

REFRÁN
Tanto va el cántaro a la fuente
que, al fin, se rompe.

24 | LECCIÓN VEINTICUATRO

••••••••••••••••••••••••••••••••••••Lectura

UNA NOVELA ROMÁNTICA

 Una de las historias de amor de mayor poesía y popularidad en la lengua española es *María*, del escritor colombiano Jorge Isaacs (1837–1895). Cuenta los tristes y románticos amores de Efraín con la huérfana María a quien tenían prohijada los padres de este muchacho colombiano. La niña era bella y dulce. Todos los que la veían la admiraban y quienes la conocían la amaban. Sin embargo, había como una sombra negra y amenazadora sobre su vida, lo cual llenaba de inquietudes y temores a Efraín que no se atrevía a averiguar cuál era la causa de su mal.
 Los estudios de medicina que cursaba en Inglaterra mantuvieron a Efraín, durante algunos años, ausente de la casa paterna y de la muchacha a quien amaba. Un día recibió una carta en la que le decía su padre que María estaba muy grave. Isaacs nos cuenta en unas dramáticas páginas, cuya lectura está presente en el recuerdo de todos los hispanoamericanos, la vuelta a la patria, a su querido valle del Cauca, del joven médico quien descubre que su precipitado viaje ha sido en vano ya que María había muerto antes de su llegada.
 Jorge Isaacs escribió esta novela, cuyo tema es autobiográfico, a los treinta años y en ella nos dejó algunas de las mejores páginas del romanticismo americano, con hermosas descripciones del campo y la vida patriarcal de Colombia.

LECCIÓN VEINTICUATRO

CUESTIONARIO

1. ¿En qué siglo vivió Jorge Isaacs? **2.** ¿Por qué obra se recuerda a Jorge Isaacs? **3.** ¿Cuál es el tema y el tono de la novela *María*? **4.** ¿Quiénes son los protagonistas de esta novela? **5.** ¿Por qué eran sus amores unos amores tristes? **6.** ¿Dónde se desarrolla la acción de la novela? **7.** ¿Por qué hizo Efraín un viaje en vano? **8.** ¿Qué sabe usted de Colombia? **9.** ¿Ha leído Ud.. alguna novela de ambiente romántico? ¿Cuál? Describa ese ambiente.

Gramática

Los pronombres relativos

Los pronombres relativos son: **que, el que, quien, el cual, cuyo,** con sus plurales y femeninos.

1. que se refiere a personas y cosas; puede ser sujeto u objeto del verbo:

El hombre **que**[1] salió es mi hermano. — *The man who went out is my brother.*

El libro **que**[2] leí es interesante. — *The book which I read is interesting.*

Cuando **que** va precedido de una preposición, se refiere sólo a cosas:

El libro **de que** te hablé es de María. — *The book of which I spoke to you is Mary's.*

2. Las formas **el que, la que, los que, las que; el cual, la cual, los cuales, las cuales** se usan en vez de **que**:

(a) cuando hay dos antecedentes, para aclarar a cuál de ellos nos referimos.

El tío de Carmen, **el que** está en España, es rico. — *Carmen's uncle, the one who is in Spain, is rich.*

El padre de mi amiga, **la que** está en España, es viejo. — *The father of my friend, the one who is in Spain, is old.*

---
[1] **Que** es el sujeto del verbo **salió**.
[2] **Que** es el complemento del verbo **leí**.

LECCIÓN VEINTICUATRO

El que y **el cual**, si van precedidos de la preposición **de** o **a**, cambian a **del que** y **del cual** o **al que** y **al cual**:

Éste es el libro **del que** traduje el poema.	*This is the book from which I translated the poem.*
Aquél es el jardín **al cual** yo iba.	*That is the garden to which I used to go.*

(b) cuando se usan preposiciones largas: **acerca de, detrás de, contra**, etc.

Los cuadros, **acerca de los que** te hablé, son de María.	*The pictures of which I spoke to you are Mary's.*
El parque, **detrás del cual** está el palacio, es más grande que éste.	*The park behind which the palace is located is larger than this one.*
Los hijos de mi hermana, **contra los cuales** van ustedes a jugar, son muy fuertes.	*My sister's children, against whom you are going to play, are very strong.*

3. **quien** y su plural **quienes** se emplean sólo para referirse a personas y van precedidos generalmente de una preposición. Las preposiciones con que se usan son: **a, con, de, en, por, sin, para, tras**, etc.

El hombre **de quien** te hablé está aquí.	*The man of whom I spoke to you is here.*
Los señores **con quienes** hablamos son inteligentes.	*The gentlemen with whom we talked are intelligent.*
La mujer **para quien** traje las flores está enferma.	*The woman for whom I brought the flowers is ill.*

4. *He who, she who*, etc., se traducen al español de dos maneras:
(a) por **quien, quienes**; (b) por **el que, la que, los que, las que**:

Quien estudia, aprende.	*He who studies, learns.*
El que estudia, aprende.	*The one who studies, learns.*
Los que sufren son los niños.	*Those who suffer are the children.*

5. **Cuyo** concuerda con la persona o cosa poseída y no con el poseedor:

El hombre, **cuya hija** vino, es mi hermano.	*The man whose daughter came is my brother.*
Las niñas, **cuyo padre** murió anoche, llegan esta tarde.	*The girls whose father died last night are arriving this afternoon.*
Vi a los niños a **cuya madre** escribí.	*I saw the boys to whose mother I wrote.*

En una pregunta se emplea **¿de quién?** en vez de **cuyo** para traducir *whose*:

¿De quién es este libro?	*Whose book is this*[3]*?*

---

[3] Fíjese en que el orden de las palabras es distinto en inglés.

LECCIÓN VEINTICUATRO

6. **Lo que** puede ser sujeto o complemento del verbo:

Lo que nos gusta es viajar.	What *we like is traveling (to travel)*.
Voy a España, **lo que** me gusta mucho.	*I am going to Spain,* which *pleases me very much.*
No oí **lo que** explicó el profesor.	*I did not hear* what *the professor explained.*
No quiero repetir **lo que** me dijo.	*I do not wish to repeat* what *he said to me.*

Lo que y **lo cual** son formas neutras y se refieren a una idea.

7. Hay otras palabras (**cuanto, cuanta, cuantos, cuantas**) que se usan como pronombres o como adjetivos relativos:

PRONOMBRES

Él da **cuanto** tiene.	*He gives* what *he has.*
Él da **cuantos** tiene.	*He gives all that he has.*

ADJETIVOS

Él da **cuanto** dinero tiene.	*He gives what (all the) money he has.*
Él da **cuantos** libros tiene.	*He gives all the books he has.*

Más verbos irregulares

1. Los verbos que terminan en **-acer, -ecer, -ocer** admiten una **-z-** antes de las sílabas **-co, -ca**, o sea en la primera persona singular del presente de indicativo y en todo el presente de subjuntivo.

	PRESENTE DE INDICATIVO		PRESENTE DE SUBJUNTIVO	
nacer:	nazco	nacemos	nazca	nazcamos
	naces	nacéis	nazcas	nazcáis
	nace	nacen	nazca	nazcan
florecer:	florezco		florezca, etc.	
	floreces, etc.			
complacer:	complazco		complazca, etc.	
	complaces, etc.			
conocer:	conozco		conozca, etc.	
	conoces, etc.			

LECCIÓN VEINTICUATRO

Parecer, aparecer, ofrecer, agradecer, permanecer se conjugan como estos verbos.

Excepciónes: **hacer** y **cocer**:

hago	hacemos	cuezo	cocemos
haces	hacéis	cueces	cocéis
hace	hacen	cuece	cuecen

2. Los verbos que terminan en **-ucir, -ducir** tienen la misma irregularidad en los mismos tiempos que los del párrafo anterior.

lucir:	luzco	luzca, etc.
	luces, etc.	
conducir:	conduzco	conduzca, etc.
	conduces, etc.	

Los verbos que terminan en **-ducir** tienen pretérito irregular: **conduje**, etc. El imperfecto de subjuntivo es **condujera**.
Como **conducir** se conjugan **reducir, deducir, traducir, inducir**.

3. Hay un grupo de verbos terminados en **-uir** que reciben una **y-** antes de **-o -a -e**:

CONCLUIR

PRESENTE	PRETÉRITO	PRESENTE DE SUBJUNTIVO	IMPERFECTO DE SUBJUNTIVO
concluyo	concluí	concluya, etc.	concluyera, concluyese, etc.
concluyes	concluiste		
concluye	concluyó		
concluimos	concluimos		
concluís	concluisteis		
concluyen	concluyeron		

Como **concluir** se conjugan **argüir, atribuir, constituir, contribuir, disminuir, distribuir, excluir, huir, incluir, instituir, instruir, obstruir, restituir, substituir**.
Argüir lleva diéresis en la primera y segunda personas del plural del presente de indicativo: **argüimos, argüís**; y en cuatro personas del pretérito: **argüí, argüiste, arguyó, argüimos, argüisteis, arguyeron**.

Ejercicios

I. *Dé la primera persona del singular del presente de indicativo y del imperfecto de subjuntivo de los siguientes verbos:*

    nacer   concluir   incluir   excluir   argüir
    haber   conocer   andar   comenzar   traducir

II. *Complete con los pronombres apropiados:*

    1. Iré con _____ quiera. **2.** _____ lo leyeron, lo saben. **3.** Hablábamos del médico _____ hijas conoces. **4.** ¿De _____ está hecho? **5.** No sé de _____ es esta casa. **6.** El niño _____ pasó por la calle es de _____ te hablé. **7.** ¿Sabes a _____ quiere tu hermana? **8.** Me dijo que se iba a España, _____ me sorprendió mucho. **9.** Todos _____ la conocen, la admiran. **10.** Es una poesía _____ tema es insignificante, pero _____ versos son preciosos.

III. *Dé la forma adecuada del verbo:*

    1. Aunque (nacer) las flores, no durarán mucho tiempo. **2.** Con tal que (conducir) despacio, iré con ella. **3.** Carlos (traducir) el drama el año pasado; dudo que lo (traducir) bien. **4.** Los alumnos (concluir) el examen pronto, pero (permanecer) en la escuela mucho tiempo. **5.** Si el soldado (huir) sería una cobardía. **6.** Nosotros no (argüir) jamás. **7.** Pepe le (restituir) lo que perdió. **8.** (Complacer) nosotros a nuestros padres y estudiemos ahora. **9.** Yo (cocer) la carne una hora. **10.** Aunque (reducir) la velocidad, va Ud. demasiado de prisa. **11.** Le (agradecer) mucho su interés, Sr. Profesor; no sé qué haría yo si no (concluir) estos problemas antes de las cinco. **12.** No (hacer) siempre yo lo que me (atribuir) tú, pero (contribuir) con lo que puedo. No me lo (agradecer).

IV. *Complete las oraciones siguientes:*

    1. Es imposible que los amigos _____ visité en Toledo ayer, se hayan ido ya. **2.** ¿Es posible que la mujer _____ hijos son tan mayores sólo _____ sesenta años? **3.** Llevaré al teatro a _____ vengan. **4.** _____ me gusta no tiene que ver con _____ tengo que hacer. **5.** Los alumnos

LECCIÓN VEINTICUATRO

_____ te hablé, sienten que no vayas. **6.** El hombre _____ vino a comer no es pintor, _____ dramaturgo. **7.** Las novelas _____ leí eran interesantes _____ demasiado largas. **8.** Él pagó _____ entrar; los otros entraron _____ pudiéramos pedirles el dinero. **9.** Conduzco bastante bien _____ no tan bien _____ el hombre _____ coche compraste. **10.** _____ fuerte que sea, no podrá resistir este clima. **11.** ¿_____ es este abrigo? De la mujer _____ sombrero puso Ud. sobre la mesa. **12.** Se alegra mucho cuando hago _____ le gusta.

V. *Comente una película romántica que haya visto.*

EJERCICIO DE PRONUNCIACIÓN

La **-x-** se pronuncia como *-gs-* entre dos vocales y como **-s-** en los demás casos:
    El examen es extenso.   *The examination is comprehensive.*
En las palabras **México** y **mexicano** la **-x-** se pronuncia como **-j-**. Fuera del país se escribe **Méjico** y **mejicano**.

DISPARATE EN X
Esa extraña exhalación
que va por el cielo exótico
deja en el alma estrambótico,
exiguo, exacto dolor.

REFRÁN
Bien vengas, mal,
si vienes solo.

25 | LECCIÓN VEINTICINCO

Lectura

DOS POESÍAS DE FRAY LUIS

Vida retirada
(*fragmento*)

¡Qué descansada vida
la del que huye el mundanal rüido,[1]
y sigue la escondida
senda por donde han ido
los pocos sabios que en el mundo han sido![2]

Del monte en la ladera
por mi mano plantado tengo un huerto,
que con la primavera
de bella flor cubierto
ya muestra en esperanza el fruto cierto.

El aire el huerto orea,
y ofrece mil olores al sentido,
los árboles menea
con un manso rüido,
que del oro y del cetro pone olvido.

---

[1] La diéresis sobre la -ü- deshace el diptongo -ui- y divide la palabra en tres sílabas: **rü-i-do.**
[2] **Ser** en su acepción de **existir.**

LECCIÓN VEINTICINCO

Al salir de la cárcel

Aquí la envidia y mentira
me tuvieron encerrado:
dichoso el humilde estado
del sabio que se retira
de aqueste mundo malvado;
y con pobre mesa y casa
en el campo deleitoso
con sólo Dios se compasa
y a solas su vida pasa
ni envidiado ni envidioso.

Fray Luis de León.

Fray Luis de León (1528-1591), fraile agustino, descendiente de judíos, fue profesor de la Universidad de Salamanca y gran poeta religioso. Cantó a Dios, a la naturaleza, y a la soledad. Se cuenta que después de salir de la cárcel, donde estuvo cinco años preso por la Inquisición, volvió a sus discípulos y comenzó su clase con estas palabras: «Como decíamos ayer ...» Es una hermosa leyenda que muestra el espíritu generoso de Fray Luis.

CUESTIONARIO

1. ¿Qué vida alaba Fray Luis de León? 2. Dé un sinónimo de «han sido.» 3. ¿Dónde tiene Fray Luis un huerto? 4. ¿Quién lo plantó? 5. ¿De qué se cubre el huerto en la primavera? 6. ¿De qué son esperanza esas flores? 7. ¿Qué hace el aire? 8. ¿Qué ofrece al sentido? 9. ¿Qué menea el aire y cómo? 10. ¿De qué se olvida Fray Luis ante la belleza y los olores del huerto? 11. ¿Por qué estuvo Fray Luis en la cárcel? 12. ¿A quién cree Fray Luis dichoso y por qué? 13. ¿Cuáles son los placeres del sabio? 14. ¿Qué datos sabe usted sobre Fray Luis? 15. ¿Cuál es la fecha de su nacimiento? ¿de su muerte? 16. ¿Cuáles fueron los temas de su poesía? 17. Cuente la anécdota sobre Fray Luis.

............................Gramática

Cambios ortográficos de algunos verbos

1. Algunos verbos sufren cambios ortográficos para conservar el sonido de la consonante en que termina su raíz, pero no por eso se consideran irregulares.
Los verbos que sufren cambios ortográficos terminan en **-car**; **-cer**, **-cir**; en **-gar**; **-ger**, **-gir**; y en **-zar**; **-guar**; **-guir**; **-quir**.

-car

Los verbos que terminan en **-car**, como **tocar**, cambian la **-c-** en **-qu-** cuando sigue **-e**; esto es, en la primera persona del singular del pretérito de indicativo y en todo el presente de subjuntivo:
Pretérito: **toqué**.
Presente de subjuntivo: **toque, toques, toque,** etc.
Como **tocar** se conjugan: **acercarse, buscar, sacar.**

-cer, -cir

Algunos verbos que terminan en **-cer**, como **vencer**, y en **-cir**, como **esparcir**, cambian la **-c-** en **-z-** antes de **-o, -a**: esto es, en la primera persona del singular del presente de indicativo, y en todo el presente de subjuntivo:
Indicativo: **venzo; esparzo.**
Subjuntivo: **venza, venzas, venza,** etc.; **esparza, esparzas,** etc.
Como **vencer: cocer (cuezo; cueza, cuezas, cueza, cozamos, cozáis, cuezan).**

-gar

Los verbos que terminan en **-gar**, como **pagar**, anteponen una **-u-** antes de **-e**; esto es, en la primera persona del singular del pretérito de indicativo y en todo el presente de subjuntivo:
Pretérito: **pagué**.
Presente de subjuntivo: **pague, pagues, pague,** etc.
Como **pagar; llegar.**

LECCIÓN VEINTICINCO

-ger, -gir

Los verbos que terminan en **-ger, -gir**, como **coger, exigir**, cambian la **-g-** en **-j-** antes de **-o** y **-a**; esto es, en la primera persona del singular del presente de indicativo y en todo el presente de subjuntivo:
Indicativo: **cojo; exijo.**
Subjuntivo: **coja, cojas,** etc.; **exija, exijas,** etc.
Como estos verbos se conjugan: **recoger, escoger, proteger; dirigir, corregir.**

-zar

Los verbos que terminan en **-zar**, como **gozar**, cambian la **-z-** en **-c-** antes de **-e**; esto es, en la primera persona del singular del pretérito de indicativo y en todo el presente de subjuntivo:
Pretérito: **gocé.**
Presente de subjuntivo: **goce, goces,** etc.

-guar

Los verbos terminados en **-guar**, como **averiguar**, cambian **-gu-** en **-gü-** antes de **-e**; esto es, en la primera persona del singular del pretérito de indicativo y en todo el presente de subjuntivo:
Pretérito: **averigüé.**
Presente de subjuntivo: **averigüe, averigües,** etc.
Como **averiguar: aguar.**

-guir

Los verbos que terminan en **-guir**, como **distinguir**, pierden la **-u-** antes de **-o** o de **-a**; esto es, en la primera persona del singular del presente de indicativo y en todo el presente de subjuntivo:
Indicativo: **distingo.**
Subjuntivo: **distinga, distingas,** etc.
Como **distinguir: extinguir, seguir** y verbos en **-seguir** (**conseguir, perseguir**).

-quir

Hay un solo verbo, **delinquir**, que termina en **-quir**. Cambia la **-qu-** en **-c-** antes de **-o** y de **-a**; esto es, en la primera persona del singular del presente de indicativo y en todo el presente de subjuntivo:
Indicativo: **delinco.**
Subjuntivo: **delinca, delincas,** etc.

LECCIÓN VEINTICINCO

2. Cuando los verbos, como **leer**, tienen una -i- inacentuada entre vocales, cambian la -i- en -y-. Esto ocurre en las terceras personas del pretérito de indicativo, en todo el imperfecto de subjuntivo y en el gerundio:

PRETÉRITO DE INDICATIVO		IMPERFECTO DE SUBJUNTIVO	
él	leyó	(que) yo	leyera (leyese)
		(que) tú	leyeras
ellos	leyeron	(que) él	leyera
		(que) nosotros	leyéramos
		(que) vosotros	leyerais
		(que) ellos	leyeran

GERUNDIO: **leyendo**

Otros verbos que sufren estos cambios son **creer, caer, oír, huir**.

3. Los verbos que terminan en -iar o en -uar como **variar** y como **continuar** cambian la -i- en -í- y la -u- en -ú- en todas las personas del singular y en la tercera del plural de los dos presentes:

INDICATIVO		SUBJUNTIVO	
varío	-----	varíe	-----
varías	-----	varíes	-----
varía	varían	varíe	varíen
continúo	-----	continúe	-----
continúas	-----	continúes	-----
continúa	continúan	continúe	continúen

Como **variar**: desvariar, extraviar, espiar, criar, enviar, fiar, guiar, vaciar, hastiar, liar, porfiar, confiar.
Como **continuar**: atenuar, extenuar, perpetuar, graduar.

Algunos casos gramaticales

A continuación se dan ejemplos del uso de ciertas palabras y combinaciones de palabras que ofrecen dificultad: **ambos, tanto ... como; cada; todo; mismo; uno ... otro; otro; medio**.

1. Ambos, -as se usa siempre en el plural, como adjetivo o como pronombre:
    Ambos niños están aquí.   Both *children are here.* (*adjetivo*)
    Ambas son hermosas.   Both *are beautiful.* (*pronombre*)
La conjunción inglesa *both* se traduce por **tanto ... como**:
    Tanto Juan **como** Pedro están aquí.   Both *John and Peter are here.*
    Tanto el padre **como** el hijo son inteligentes.   Both *the father and the son are intelligent.*

LECCIÓN VEINTICINCO

2. **Cada** es invariable y va seguido siempre por un nombre o por **uno, una** o **cual**:

Cada hombre trajo un saco de patatas.	Each man *brought a sack of potatoes*.
Cada mujer hizo un jersey.	Each woman *made a sweater*.
Cada vez que viene trae flores.	Each time *he comes he brings flowers*.
Cada uno cumplió con su deber.	Each one *did his duty*.
Cada una hizo lo que tenía que hacer.	Each one *did what she had to do*.
Cada cual sabe lo que pasa en su casa.	Each one *knows what happens in his house*.

3. **Todo, -a, -os, -as** es variable y se emplea para designar una clase:

Todo soldado debe ser fiel a su patria.	Every soldier *should be loyal to his country*.
Toda mujer debe educar a sus hijos.	Every woman *should bring up her children properly*.
Todo el mundo viene al baile.	Everybody *is coming to the dance*.
Toda la gente fue a la corrida.	Everybody *went to the bullfight*.
Dios está en **todas partes**.	God is *everywhere*.
Todas las noches lo repasa todo.	Every night *he reviews everything*.
Todo lo bueno es para ella.	Everything *good is for her*.

Cuando **todo** es complemento del verbo se antepone **lo** al verbo:

Lo sabe todo. Todo lo sabe.	*He knows* it all. (*He knows* everything.)

4. **Mismo, -a, -os, -as** significa *same*:

Yo vi el **mismo** drama.	*I saw the* same *drama*.
¿Tiene usted la **misma** opinión?	*Have you the* same *opinion?*
¿Son ésos los **mismos** hombres?	*Are those the* same *men?*

Cuando **mismo** sigue al nombre o al pronombre, se traduce *-self* y sirve para intensificar el significado:

Yo **mismo** lo oí.	*I heard it* myself.
Ellas **mismas** lo hicieron.	*They did it themselves.*
El rey **mismo** abrió la puerta.	*The king* himself *opened the door.*
Los niños **mismos** lo dijeron.	*The children* themselves *said it.*

El mismo = *the same (one);* **él mismo** = *he himself:*

El mismo viene siempre.	*The same one always comes.*
Él mismo viene.	*He himself comes.*

Mismo puede seguir a un adverbio y se traduce entonces por *this* o *that very, right, only, just:*

Allí mismo ocurrió el crimen.	*The crime occurred in* that very *spot.*
Ahora mismo escribiré la carta.	*I'll write the letter* right now.
Ayer mismo llegaron.	*They arrived* only *yesterday.*

Lo mismo es la forma neutra:

Pienso **lo mismo** que tú.	*I think* the same *as you do.*

LECCIÓN VEINTICINCO

5. Uno ... otro. Cuando hay duda entre que la acción sea reflexiva o mutua, se usan **uno ... otro** para aclarar la duda:

    Ellos se engañan.   *They deceive* themselves.
    Ellos se engañan **el uno al otro**.   *They deceive* each other.

6. Otro, -a se traduce por *another*; **otros, -as** se traduce por *other*:

    Quiero **otro** vaso de leche.   *I want* another *glass of milk*.
    Tenemos **otra** casa.   *We have* another *house*.
    Leemos **otros** libros.   *We read* other *books*.
    Hablamos de **otras** cosas.   *We speak of* other *things*.

El otro, la otra, los otros, las otras significan *the other (one), the others*:

    Tome este vaso; quiero **el otro**.   *Take this glass; I want* the other (one).
    Los otros vendrán más tarde.   The others *will come later*.

8. medio puede ser nombre, adjetivo o adverbio. Como nombre significa *center, middle, means*:

    En el **medio** de la plaza hay una estatua.   *In the center of the square there is a statue.*
    ¿Qué **medio** emplea para convencerlos?   *What* means *does he use to convince them?*

Como adjetivo significa *half* y modifica a un nombre con el que concuerda en género y número:

    El niño se comió **medio** melón.   *The boy ate up* half *a melon*.
    Aquí tiene Ud. **media** sandía.   *Here is* half *a watermelon*.
    Viene dentro de **media** hora; a las ocho y **media**.   *He is coming in* half *an hour; at 8:30*.

Como adverbio significa *half* y modifica a un adjetivo o a un verbo:

    Llegó del viaje **medio** muerto.   *He arrived* half *dead from the trip*.
    Las niñas están **medio** dormidas.   *The girls are* half *asleep*.
    Al oír «¡Fuego!» salió a **medio** vestir.   *Upon hearing «Fire!» he came out* half *dressed*.

La preposición

La preposición es la parte invariable de la oración que sirve para unir palabras, relacionándolas entre sí. Relaciona:

1. dos substantivos, subordinando el segundo nombre al primero:

    una casa **de** verano   *a summer house*
    un jardín **sin** flores   *a garden* without *flowers*

2. un pronombre y un substantivo, subordinando el nombre al pronombre:

    ése **de** la capa roja   *the one* in *the red cape*

LECCIÓN VEINTICINCO

3. un adjetivo con un nombre:
   inútil **para** la vida diaria   *useless* for *daily life*

4. un verbo y un substantivo:
   Voy **a** la calle.   *I am going* to *the street.*
   Canta **con** gusto.   *He sings* with *style.*

Hay dos clases de preposiciones: propias e impropias. Son propias las que no van unidas a ninguna de las palabras a las cuales enlazan.

LAS PREPOSICIONES PROPIAS MÁS CORRIENTES

a	*at, to*	**mediante**	*by means of*
ante	*before (space)*	**para**	*for, in order to,*
bajo	*under*		*considering*
con[3]	*with*	**por**	*for, by, through, for*
contra	*against*		*the sake of, in*
de	*of, from; in; with*		*exchange for, per*
desde	*from, since*	**salvo**	*except, save*
durante	*during*	**según**[4]	*according to*
en	*in, into, at, on*	**sin**	*without*
entre	*among, between*	**so**	*under (poetic)*
hacia	*towards*	**sobre**	*on, about, over, concerning*
hasta	*until, as far as, up to*	**tras**	*after*

Son impropias las preposiciones que van unidas a otra palabra; tienen forma latina. Algunas de estas preposiciones inseparables son:

ad	*to, at*	**in**	*not*	**sub**	*under*
des	*no*	**infra**	*under*	**super**	*above*
ex	*out of, from*	**su**	*under*	**trans**	*through*

Los siguientes son ejemplos del uso de preposiciones impropias:

ad	admirar	*to admire*
des	desilusión	*disillusion*
ex	exportar	*to export*
in	indocto	*unlearned*
infra	infrarrojo	*infrared*
su	suponer	*to suppose*
sub	subacuático	*subaqueous*
super	superintendente	*superintendent*
trans	transparente	*transparent*

---

[3] La preposición **con** no rige **mi** ni **ti**, sino **-migo** y **-tigo**: **conmigo, contigo**.
[4] La preposición **según** no rige **ti**, sino **tú**: **según tú**.

LECCIÓN VEINTICINCO

Las preposiciones y los complementos circunstanciales

Las preposiciones sirven para formar el complemento circunstancial, esto es, el complemento que expresa las circunstancias relacionadas con la significación del verbo:

La causa, el medio, el tiempo, el instrumento, el lugar, el modo, la procedencia, la dirección, la compañía, la cantidad, etc.:

Juan lo hace **por** molestar. (*causa*)	*John does it* to *make trouble.*
Carlos viene **en** tren. (*medio*)	*Charles comes* by *train.*
Vamos **a** las tres. (*tiempo*)	*We are going* at *three.*
¿Escribes **con** lápiz? (*instrumento*)	*Do you write* with *a pencil?*
El crimen ocurrió **ante** mi casa. (*lugar*)	*The crime occurred* in front of *my house.*
Trabajo **de** mala gana. (*modo*)	*I work* against *my will.*
Viene **de** la universidad. (*procedencia*)	*He comes* from *the university.*
Va **hacia** la iglesia. (*dirección*)	*He goes* towards *the church.*
Baila **con** José. (*compañía*)	*She dances* with *Joe.*
Compra los huevos **por** docenas. (*cantidad*)	*She buys eggs* by *the dozen.*

LA PREPOSICIÓN a

1. Se emplea con el complemento directo si éste es persona o cosa personificada:

Quiero **a mi madre.**	*I love my mother.*
Quiero **a España.**	*I love Spain.*
Quiero **a Leal,** mi perro.	*I love Leal, my dog.*
Espero **a la Muerte.** (*personificada*)	*I await Death.*

No se emplea si el complemento es indeterminado:

Espero la muerte.	*I await death.*
Busco una señora que hable inglés.	*I am looking for a woman who speaks English.*

2. Se emplea con el complemento indirecto:

Di todos mis libros **a María** y **al niño.**	*I gave all my books to Mary and to the boy.*

3. Se usa a veces para distinguir al complemento del sujeto.

La virtud destruye **al vicio.**	*Virtue destroys vice.*

4. Se emplea para denotar el término de la acción del verbo que precede:

Ella va **a comer.**	*She is going to eat.*
Empieza **a escribir.**	*He begins to write.*
Me enseñó **a leer.**	*She taught me to read.*

LECCIÓN VEINTICINCO

5. Se emplea para expresar a qué parte se dirige una persona, animal o cosa.

| Pepe va **a Cádiz.** | *Joes goes* to Cádiz. |
| El libro iba dirigido **al Perú.** | *The book was addressed* to Perú. |

6. Se emplea para expresar el lugar y la hora en que ocurre algo:

| Le hallaron herido **a la puerta** de su casa **a las siete.** | *They found him wounded* at the door *of his home* at seven. |

7. Se emplea rara vez la preposición **a** con el verbo **tener**:

| Allí tiene Ud. **a mi madre;** es la que tiene al niño en brazos. | *There is* my mother; *she is the one who is holding (has)* the baby *in her arms.* |
| Tengo **a los tres hijos** enfermos. | My three sons *are sick.* |

En los casos de **tener a, tener** se usa en sentido idiómatico.

LA PREPOSICIÓN de

1. Se emplea para indicar posesión:

| La pluma **de Juan** es nueva. | John's *pen is new.* |

2. Traduce a menudo las preposiciones inglesas *in* y *with*:

Tiene el pelo teñido **de negro.**	*Her hair is dyed* [in] *black.*
Está vestida **de blanco.**	*She is dressed* in white.
El peón **del sombrero** es Jaime.	*The peon* with the hat *is James.*

3. Indica procedencia o lugar de nacimiento:

| Viene **de Valencia** hoy. | *He is coming* from Valencia *today.* |
| Pepe es **de Valencia.** | *He comes* from Valencia. |

ALGUNAS PREPOSICIONES COMPUESTAS

1. con la preposición **a**:

| **frente a** | *in front of, opposite* | **respecto a** | *with respect to* |
| **junto a** | *next to, close to* | **tocante a** | *with regard to* |

2. con la preposición **de**:

acerca de	*about*	**delante de**	*before (space)*
además de	*besides*	**dentro de**	*within*
alrededor de	*around*	**después de**	*after (time, order)*
antes de	*before (time, order)*	**detrás de**	*behind, after*
cerca de	*near*	**encima de**	*on top of*
debajo de	*under*	**fuera de**	*outside*
		lejos de	*far from*

241

LECCIÓN VEINTICINCO

3. con dos preposiciones y otra palabra:

a causa de	on account of	en cuanto a	as for
a diferencia de	unlike	en frente de	before, in front of
a excepción de	with the exception of	en vez de	instead of
a fuerza de	by dint of	más allá de	beyond
a pesar de	in spite of	por causa de	on account of, because of
a través de	across, through		

Ejercicios

I. *Dé las primeras personas del presente de subjuntivo de los siguientes verbos:*

aguar	sacar	corregir	cocer
rezar	vencer	distinguir	enviar
escoger	acercarse	dirigir	perpetuar

II. *Escriba oraciones con el gerundio y con la primera persona del imperfecto de subjuntivo de los verbos* **creer, huir, oír.**

III. *Emplee la preposición conveniente:*
1. Busco ____ Juan. **2.** Salgo de viaje ____ la Argentina. **3.** ____ estar enfermo, no fue a clase. **4.** El niño iba ____ su madre. **5.** ____ lo que dices, prefiero no comentar. **6.** Pepe estudia ____ el árbol. **7.** Fue a la tienda ____ pan. **8.** Vino de España ____ avión. **9.** Mi butaca estaba ____ la suya. **10.** No la veo ____ ayer. **11.** ____ estudiar, se va de fiesta. **12.** No lo veo ____ el lunes, esto es, ____ que se fue su madre. **13.** Este cuchillo es ____ frutas. **14.** Iremos ____ excursión aunque él ha venido ____ visita. **15.** No es la ocasión ____ propósito para hablar de negocios. **16.** No habla mucho ____ lo común. **17.** ¿Trajo Ud. la estilográfica ____? **18.** ____ seguida voy. No lo haré ____ esa manera. **19.** Lo hago ____ ti, porque es mi deber. **20.** A Juan lo toman ____ su hermano.

LECCIÓN VEINTICINCO

IV. *Escriba diez oraciones empleando preposiciones propias; subraye éstas.*

V. *Escriba una composicióne sobre las dos poesías de fray Luis.*

VI. *Emplee los siguientes modismos en oraciones:*

dichoso el que	*happy he who*
a solas	*alone*
cada vez más	*more and more*
cada vez menos	*less and less*
de excursión	*on an excursion*
a propósito	*suitable*
por lo común	*as a rule*

EJERCICIO DE PRONUNCIACIÓN

La **y** se pronuncia como la *y-* en la palabra inglesa *year*:

SINFONÍA EN Y

No hay yerba para los bueyes,
ya el boyero fue a yantar,
y la yegua yace yerta
debajo del olivar.

Ya vienen los reyes,
óyelos llegar,
que yo ya el arroyo
les siento cruzar.

Ya del sol los rayos
salen a alumbrar.
¡Niños paraguayos
despiertos ya están!

REFRÁN

De noche, todos los
gatos son pardos.

26 ⁞ LECCIÓN VEINTISÉIS

•◆•◆•◆•◆•◆•◆•◆•◆•◆•◆•◆•◆•◆•◆•◆•◆•◆•◆•◆◆*Lectura*

LOS FENÓMENOS ATMOSFÉRICOS

Cuando apenas se conocen dos personas, comentan un tema muy socorrido: los fenómenos atmosféricos. ¿Nieva? ¿Llovizna? ¿Hace frío? ¿Graniza? ¿Truena? ¿Relampaguea? O ¿hace buen día? ¿Hace sol?

Pero lo que ocurre entre extraños ocurre también entre los amigos: invariablemente van a parar al mismo tema. Oigamos a Antonio y a Paco. Entre paréntesis, aunque hace poco que se conocen, se tutean y se quieren mucho. Estudian juntos. Paco suele ir a casa de Antonio porque éste tiene a mano los libros de la biblioteca de su padre.

Antonio —¡Hola! ¿Qué tiempo hace hoy?

Paco —¡Huy! Infernal. Llueve a cántaros. ¡Qué digo llueve! ¡Diablos! ¡Diluvia!

Antonio —¡Hombre, ya era hora de que lloviera! ¿Cuánto tiempo hacía que no llovía?

Paco —Hacía catorce días que no llovía, pero ¡mira que hoy!... Hará media hora que llueve y ha caído lluvia para un siglo. Me siento muy deprimido. Salí de casa sin chanclos y sin impermeable, y fíjate en cómo me he puesto del metro a tu casa. Estoy hecho una sopa mientras tú estás más seco que un esparto. Sí, sí, ríete.

Antonio —Si no me río, hombre. Es que pones tanto fuego en lo que dices ... No te pongas así. ¡Anda!, sécate con esta toalla ... al instante.

LECCIÓN VEINTISÉIS

Paco —Gracias. Ya sabes que no me gusta tomar nada prestado, pero ... ¿quieres prestarme una camisa? Ésta está mojadísima.

Antonio —Ya lo creo. Quítate la camiseta también. Y anímate, hombre, que peor sería la nieve o ... un terremoto.

Paco —No bromees. ¡Más truenos y más relámpagos! Me disgusta el mal tiempo. Esta mañana, ¡qué día tan maravilloso! Y esta noche, ¡válgame Dios! a lo mejor, graniza.

Antonio —No creas. Una vez que escampe, ya verás qué noche. Date prisa a mudarte, que te ha calado el aguacero. Una vez que te mudes, te daré un vasito de Jerez, y después con calma, comenzaremos el repaso para el dichoso examen. ¡Ole!

Paco —¡Caramba! ¡Vaya un programa! Con lo bien que estaría en mi cama durmiendo a pierna suelta, sin inquietudes, « ni envidioso ni envidiado, » ¡ay! Hace tiempo que no sé lo que es dormir mucho y a gusto, y hasta que no duerma como un lirón seguiré insatisfecho, inquieto, desencantado, desilusionado y requeterrefunfuñón. Entre paréntesis, no he sido comprendido jamás. Yo quiero dormir. ¡Dormir! Nada de soñar, nada de soñar. ¡He dicho, he dicho!

Antonio —¡Chico! No tienes que repetirte tanto, que no estás en la clase de conversación. Ve leyendo tus apuntes en voz alta mientras sirvo el Jerecito. Y no seas pesimista, no te preocupes por nada. No te entristezcas: que te envejeces. Deja de quejarte. Escampe o no escampe, aquí no te mojas.

Al cabo de un rato Paco dormía como un bendito.

CUESTIONARIO

1. ¿Cuál es el tema corriente en la conversación entre extraños? **2.** ¿Cuáles son los nombres que corresponden a los siguientes verbos: *nevar, llover, relampaguear, granizar, tronar*? **3.** ¿Por qué se tutean Antonio y Paco? **4.** ¿A quiénes tutea usted? **5.** ¿Por qué se queja Paco tanto? **6.** ¿Qué medio de locomoción empleó Paco para ir a casa de su amigo? **7.** ¿Qué le coge Paco prestado a Antonio? **8.** ¿Cuál es el deseo más ardiente de Paco por el momento? **9.** ¿Qué es: *un cántaro, un lirón, un tacaño, una pierna, un aguacero, un extraño, un extranjero, un forastero, un compatriota, un trueno, un relámpago*?

245

Gramática

Verbos reflexivos o reflejos

1. Son aquéllos cuya acción recae sobre el sujeto; en ellos el sujeto es agente y paciente a la vez. Tienen por complemento el mismo sujeto expresado por medio de la forma pronominal correspondiente.

SUJETO	FORMA PRONOMINAL CORRESPONDIENTE
yo	me
tú	te
él	se
nosotros	nos
vosotros	os
ellos	se

Son oraciones reflexivas, pues, las que tienen: (a) sujeto, agente y paciente (b) predicado verbal reflexivo como:

| Juan **se marchó** sin abrigo. | *John* left *without a coat.* |
| ¿**Te fuiste** a casa? | Did you go *home?* |

1. Con los verbos transitivos las formas pronominales pueden ser complemento directo o indirecto.

| La niña **se lava** bien. | *The girl washes* herself *well.* |
| La niña **se lava la cara.** | *The girl washes* her face. |

En el primer ejemplo **se** es complemento directo; en el segundo, indirecto; **la cara** es el complemento directo de la segunda oración.

2. Verbos intransitivos: Muchos verbos no admiten otro modo de expresión que la reflexiva: **abstenerse de, arrepentirse de, atreverse a, jactarse de, quejarse de, ausentarse:**

Me abstengo de dar mi opinión.	I abstain from *giving my opinion.*
Se arrepiente sinceramente.	He repents *sincerely.*
¿**Te atreves?**	Do you dare?
Se jacta de ser listo.	He boasts of *being clever.*
Nos quejamos con razón.	We complain *rightly.*
Se ausentará un año.	He will be absent *for a year.*

LECCIÓN VEINTISÉIS

3. Verbos activos que se emplean como reflejos: **asombrar, afligir, enojar, horrorizar, encolerizar, irritar, enfurecer, asustar, enamorar, alegrar**, etc., expresan diferentes estados del alma:

El payaso **alegra** al niño.	*The clown* makes *the child* happy.
El niño **se alegra** de verte.	*The boy* is glad *to see you.*
Luis **enfadó** a su padre.	*Louis* angered *his father.*
Luis no **se enfada** nunca.	*Louis never* gets angry.
La actriz **asombró** a su público.	*The actress* surprised *her audience.*
Se asombra de todo.	*He is* surprised *at everything.*

4. Los verbos intransitivos **reir, morir, quedar, dormir** y **marcharse** se construyen a menudo como reflexivos:

Ellos **se rieron** la mar.	*They* laughed *a lot.*
Se murió sin verte.	*He* died *without seeing you.*
Nos quedamos solos.	*We* were left *alone.*
Se durmió en seguida.	*He* fell asleep *right away.*
¿**Te marchas** ya?	*Are you* leaving *already?*

VERBOS RECÍPROCOS

Son los que expresan cambios mutuos de acción entre dos sujetos y llevan siempre un predicado verbal recíproco: los pronombres van siempre en el plural: **nos, os, se.**

Los hermanos **se** quieren.	*The brothers love* each other.
Los amigos **se** tutean.	*The friends call* each other «tú».
Rosa y Elena no **se** odian.	*Rose and Helen don't hate* each other.

Las oraciones recíprocas pueden tener un complemento directo:

Juan y yo nos escribimos cartas casi insultantes.	*John and I* wrote *each other almost insulting letters.*

En caso de que haya duda entre si el significado del verbo es reflexivo o recíproco, se añade **sí mismo, -a, -os, -as** para indicar la significación reflexiva, y la expresión **uno ... otro** (con su plural y femeninos), o los adverbios **recíprocamente, mutuamente**, para indicar la reciprocidad:

Ellos **se admiran a sí mismos**.	*They admire* themselves.
Ellas **se admiran la una a la otra**.	*They admire* each other.
Ellas **se admiran mutuamente**.	*They admire* one another.

LECCIÓN VEINTISÉIS

Verbos impersonales

Estos verbos—llamados también unipersonales—sólo tienen una persona: la tercera del singular. Pertenecen a esta clase:

1. los verbos que expresan fenómenos de la naturaleza: **anochecer, amanecer diluviar, granizar, helar, llover, lloviznar, nevar, relampaguear, tronar**:

    Llueve a menudo.   It rains *often*.
    Amanece a las cinco.   Dawn comes (It dawns) *at five o'clock*.

2. el verbo **haber** cuando se usa para expresar fenómenos naturales, la existencia de algo o distancia:

    Hay niebla.   It is *foggy*.
    Había mucho polvo.   It was *very dusty*.
    Había muchos árboles.   There were *many trees*.
    Hubo tres bailes el mes pasado.   There were *three dances last month*.
    ¿Cuánto **hay** de aquí a tu casa?   How far is it *from here to your home*?
    Hay tres millas.   It is *three miles*.

3. el verbo **hacer**, para indicar transcurso de tiempo o clase de tiempo:

    Hace un mes que no te veo.   *I have not see you* for a *month*.
    Hace calor.   It is *warm*.

4. Hay verbos transitivos e intransitivos que se usan impersonalmente; pueden emplearse en la tercera persona del singular, anteponiendo **se**, o en la tercera persona del plural para indicar un sujeto desconocido o callado:

    Aquí **se habla** español.   *Spanish* is spoken *here*.
    Se venden zapatos.   *Shoes* for sale.
    Se alquilan cuartos.   *Rooms* to let.
    Se ve a los niños allí.   *The children* are seen *over there*.
    Se dice que será presidente.   It is said *he will be president*.
    Dicen que es tonto.   They say *he is a fool*.
    Cantan en el jardín.   Someone is singing *in the garden*.
    Llaman a la puerta.   Someone is knocking *at the door*.

Los verbos **ser, estar, y dar** se usan como impersonales:

    Es lástima.   It is *a pity*.
    Es muy tarde.   It is *very late*.
    Es de noche ya.   It is *night already*.
    Está nublado.   It is *cloudy*.
    Estaba obscuro.   It was *dark*.
    Han dado las tres.   It's *three o'clock*.

5. Otros verbos que se emplean como impersonales son **bastar** (*to suffice*), **constar** (*to be evident, certain*), **convenir** (*to suit, to be advantageous*), **importar** (*to matter*), **parecer** (*to seem*).

Verbos defectivos

Son los que no se usan ni en todas las personas ni en todos los tiempos: **soler, abolir. Soler** se usa solamente en el presente y en el imperfecto de indicativo y de subjuntivo:

Suelo venir los viernes.	*I* usually *come on Fridays.*
Solía ir al cine a menudo.	*She* used *to go often to the movies.*
Aunque **suele** ir, hoy no va.	*Though he* usually *goes, he will not go today.*

Abolir se usa en algunas personas y en algunos tiempos:

Abolieron la pena de muerte.   *They* abolished *capital punishment.*

Verbos determinados y determinantes

El verbo determinante rige a otro y forma oración con él. El verbo determinado es el regido por otro:

Queremos bailar.   *We wish to dance.*

Queremos, verbo determinante; **bailar**, verbo determinado.

La traducción de « to become »

La idea de cambio de estado o de carácter, que da en inglés el verbo *to become, to get,* se expresa en español de varios modos:

1. por medio de verbos terminados en -ecer: **envejecer** (*to grow old*), **palidecer** (*to become pale*), **convalecer** (*to get well*), **enriquecerse** (*to become rich*), **enrojecerse** (*to become red*), *to blush,* **entristecerse** (*to become sad*):

Jaime **se ha enriquecido,** pero **ha envejecido** mucho.	*James* has become rich, *but he* has grown (*or* become) *very old.*
Palideció cuando lo supo y **se entristeció** mucho.	*He* became pale *when he learned about it and* became very sad.
Mi tía **convalecía** despacio.	*My aunt* was getting better *slowly.*

LECCIÓN VEINTISÉIS

2. por verbos reflexivos como **acostumbrarse, cansarse, enojarse**:

Se acostumbró de prisa.	*He* became accustomed *rapidly*.
Se cansa de nada.	*He* becomes tired *very easily.* (*from nothing at all*)
Se enojó por eso.	*He* became angry *because of that*.

3. por medio de los siguientes verbos: **ponerse, volverse, hacerse, llegar a ser**:[1]

Se puso roja; se puso mala.	*She* became *red*; *she* became *sick*.
Se volvió loco.	*He* went *crazy*.
Se hizo médico.	*He* became *a doctor*.
¿Qué se hizo de Luis?	*What* became *of Louis?*
Llegó a ser presidente.	*He* became *president*.

Quedar y quedarse

Quedar se traduce de varios modos:

1. quedar: *to stay*
Él se fue y aquí **quedó** Pepe. *He left and Joe stayed here.*

2. quedar: *to be left*
Quedan dos pesos. *Two pesos are left.*

3. quedar (a uno): *to have left*
Le **quedan** dos pesos. *He has two pesos left.*

4. quedar: *to be, be situated*
El cine **queda** allí. *The movie theater is over there.*

5. quedar en: *to agree*
Quedaron en verse mañana. *They agreed to see each other tomorrow.*

6. quedar de: *to come out of*
Quedó del accidente con dos costillas rotas. *He came out of the accident with two broken ribs.*

---

[1] *Véase Apéndice 11.*

LECCIÓN VEINTISÉIS

Quedarse también se traduce de varios modos. Entre ellos:

1. quedarse: *to stay*
Váyase usted, yo **me quedo**.   *You go,* I'll stay.

2. quedarse con: *to keep*
Me quedo con la pulsera.   *I* shall keep *the bracelet.*

Conjunciones

La conjunción es una parte invariable de la oración que une palabras, frases u oraciones. Las hay de una palabra (simples) y de dos o más palabras (compuestas).

SIMPLES

y (e)[2]	*and*	menos	*minus, but*
o (u)[3]	*or*	si	*if, whether*
ni[4]	*neither*	porque	*because*
mas	*but*	luego	*therefore, then*
sino	*but*	como	*since*
pero	*but*	conque	*and so*
aunque	*although*	siquiera	*even though*

COMPUESTAS

sino que	*but, but that*
a pesar de que	*in spite of the fact that*
no obstante	*however, nevertheless*
por lo tanto	*therefore*
por consiguiente	*consequently*
puesto que	*since*
mientras que	*while*
para que	*in order that*
a menos	*unless*
hasta que	*until*
antes de que	*before*
de manera que	*so that*
de modo que	*so that*

---

[2] Se emplea **e** en vez de **y** cuando sigue una palabra que comienza con **i-** o **hi-**: **Pepe e Isabel**; **padre e hijo**.
[3] Se emplea en vez de **o** cuando sigue una palabra que comienza con **o-** u **ho-**: **siete u ocho**; **días u horas**.
[4] **Ni . . . ni** y **o . . . o** significan *neither . . . nor* y *either . . . or.*

251

LECCIÓN VEINTISÉIS

a medida que	*as, while*
en caso (de) que	*in case*
con tal que	*provided*
fuera de que	*aside from the fact that*
más que	*although*
pues que	*since, because, in as much as*
supuesto que	*since, in as much as*
por + adj. o adv. + que	*however + adj. or adv.*
sin que	*without*

Ni

Cuando la conjunción **ni** une dos o más sujetos, el verbo es plural:

Ni Juan **ni** Pepe **están** aquí.   *Neither John nor Joe is here.*
No **vendrán** ni Rosa **ni** Luz.   *Neither Rose nor Luz will come.*

Hasta que

Algunas conjunciones, como **hasta que**, requieren subjuntivo si la acción es futura:

Estará aquí **hasta que llegue** Juan.   *He will be here until John arrives.*
PERO: Estuvo aquí **hasta que llegó** Juan.   *He was here until John arrived.*

Para que, sin que, antes de que, en caso de que, con tal que requieren el subjuntivo siempre:

Cierro la puerta **para que** no entre la luz.   *I close the door so that the light will not come in.*
Se irá **antes de que vuelvas**.   *He will go away before you return.*

Pero

La palabra *but* se traduce generalmente por **pero**:

No quiero leer esa novela **pero** tengo que leerla para dar un informe en clase.   *I do not wish to read that novel, but I have to in order to give a report in class.*
Quiero ir **pero** estoy enferma.   *I wish to go, but I am sick.*
No es inteligente **pero** es simpática.   *She is not intelligent, but she is nice.*

LECCIÓN VEINTISÉIS

Sino

Cuando se emplea **pero**, la primera oración puede ser afirmativa o negativa. En cambio, **sino** (*but, but on the contrary*) se usa después de una negación si le sigue un nombre o pronombre, un adjetivo, un adverbio o un infinitivo en contraposición con el que se halla en la negación. **Sino** contrapone siempre una afirmación a una negación.

No es Juan **sino** Pepe.	*It is not John* but *Joe.*
No es él **sino** ella.	*It is not he* but *she.*
No es bueno **sino** malo.	*He is not good* but *bad.*
No leen bien **sino** mal.	*They do not read well* but *badly.*
No quiere estudiar **sino** jugar.	*He doesn't wish to study* but *to play.*

Sino equivale a veces a excepto.

Nadie los vio sino tú.	*Nobody saw them except (but) you.*

Sino que

Se usa, como **sino**, para expresar un contraste entre la afirmación que introduce y la negación que le precede; pero hay una diferencia: que no le sigue ni un nombre ni un adjetivo ni un adverbio ni un infinitivo sino cualquier persona del verbo:

Él no duda que tú seas actor **sino que** seas un buen actor.	*He doesn't doubt you're an actor,* but *that you're a good actor.*
Él no quiere que tú vayas a la ópera **sino que** le acompañes al cine.	*He does not want you to go the opera,* but that *you accompany him to the movies.*

Mientras que

El adverbio de tiempo **mientras** se antepone a la conjunción **que** y se traduce por *but, on the other hand.*

Ella trabaja **mientras que** él no hace nada.	*She works* but (on the other hand) *he does nothing.*

Interjecciones

En español se usa la interjección con más frecuencia que en inglés:

1. Se usan nombres divinos como interjecciones sin carácter blasfematorio:
   ¡**Por Dios!** ¡**Dios mío!** ¡**Jesús!** ¡**Válgame Dios!** ¡**Virgen Santísima!**
   También se usan ¡**Diablo!** ¡**Demonio!**

LECCIÓN VEINTISÉIS

2. Algunos nombres y adjetivos se usan como interjecciones:
¡Ojo! ¡Cuidado! ¡Socorro! ¡Bravo! ¡Señor! ¡Hombre! ¡Chico! ¡Hijo! ¡Mujer!

3. Los imperativos se usan a veces como interjecciones:
¡Viva! ¡Muera! ¡Calla! ¡Anda! ¡Toma! ¡Quita!

4. Las interjecciones más corrientes son:
¡Ah! ¡Alto! ¡Ay! ¡Arre! ¡Bah! ¡Ca! ¡Caracoles! ¡Caray! ¡Caramba! ¡Chitón! ¡Eh! ¡Hola! ¡Huy! ¡Oh! ¡Ole! ¡Olé! ¡Ya! ¡Zas!

Hacer y expresiones de tiempo

Con el pretérito se traduce por *time* + *ago*:

Hace un año que vino.	He came a year ago.
Vino **hace un año**.	
Hace tres días que nevó.	It snowed three days ago.

Fijémonos en que cuando el verbo precede, no se emplea el **que** de la expresión **hacer que**.

Con el presente, del segundo verbo (**nieva**) se indica que la acción continúa en el presente:

Hace tres días que nieva.   *It's been snowing* for three days.

Con el imperfecto expresa que en la acción pasada hubo una interrupción:

Hacía dos meses que no la veía (y la vi ayer).   *I had not seen her* for two months (*and I saw her yesterday*).

¿**Cuánto (tiempo) hacía** que no la veías? **Hacía tres días**.[5]   How long had it been *since you saw her last*? Three days.

Con el futuro se dirá:

Mañana **hará un año** que no la veo.   It will be a year ago *tomorrow since I saw* (*that I haven't seen*) *her*.

Dudo que **haga un año**.   *I doubt it* will be a year.

---

[5] Si se preguntara « ¿**Desde cuándo no la veías?** » se podría contestar « **Desde febrero.** »

Prefijos

Los prefijos más comunes en español son **des-, in-, re-,** que equivalen a los prefijos *dis-, un-, re-,* del inglés:

desheredar	*to disinherit*	**insatisfecho**	*dissatisfied*
impermeable	*impermeable,*	**reedificar**	*to rebuild*
	waterproof,	**reforzar**	*to reinforce*
	raincoat	**replantar**	*to replant*
inolvidable	*unforgettable*		

Re-, rete-, y **requete-** sirven para aumentar o recalcar la cualidad que se atribuye a la persona o cosa. En inglés se diría *very* o *very, very*:

    Ella es **rebonita**.   *She is* very *pretty.*

En palabras compuestas con el prefijo **in-,** la **-n-** se convierte en **-m-** antes de **-b** y **-p** (Ejemplos: **impermeable, imborrable**) porque delante de **-b** y **-p** siempre se escribe **-m-** y no **-n-**: **ambos, tiempo, imbécil.**

Ejercicios

I. *Dé los tiempos simples del indicativo y del subjuntivo:*

nevar poco
tronar
escampar
lloviznar

estar hecho una sopa
llover a cántaros
hacer dos días
ponerse rojo

II. *Dé el pretérito de indicativo y los subjuntivos simples:*
1. Voy a parar al mismo tema.
2. Me quito el sombrero.
3. Tomo prestado un coche.
4. Me doy prisa.
5. Duermes como un lirón.
6. El tacaño no da nunca nada.
7. Sueña con ir a España.
8. Duerme a pierna suelta.

III. *Anteponga el prefijo necesario* **(des-, in-, re-)**:

penetrable	disciplinado	existente	probable
aprobado	expedir	pertinente	quieto
gratitud	decisión	embolsar	hecho

LECCIÓN VEINTISÉIS

IV. *Emplee en oraciones diez de los modismos siguientes:*

entre paréntesis	incidentally
tener a mano	to have handy
¿Qué tiempo hace?	What is the weather like?
estar hecho una sopa	to be soaking wet
no te pongas así	don't be that way
ya lo creo (que sí)	of course, I should say so!
a lo mejor	probably
volverse loco	to go crazy
¡Vaya un programa!	Some program (or plan)!
dormir a pierna suelta ⎫ dormir como un lirón ⎬ dormir como un bendito ⎭	to sleep like a log
he dicho	I thank you (at end of a speech)
dejar de + inf.	to stop + present participle
al cabo de un rato	after a while

V. *Escriba un diálogo empleando las interjecciones de uso más frecuente.*

EJERCICIO DE PRONUNCIACIÓN

Diptongos

Se llama diptongo a la combinación de dos vocales que forman una sola sílaba. Forman diptongo una vocal fuerte (**a, e, o**) y una débil (**u, i, y**) con el acento en la fuerte, o dos débiles con el acento en la última. Ambas letras se pronuncian con su propio sonido; no se separan al dividirse la palabra en sílabas.

Hay catorce diptongos, que son: **ai** (o **ay**), **ia, ua, au, ei** (**ey**), **ie, eu, ue, oi** (**oy**), **io, ou, uo, iu, ui** (**uy**).

Triptongos

Un triptongo es la reunión de una vocal fuerte y dos débiles con la fuerte en el centro y acentuada ortográfica o prosódicamente:

-iáis	a-pre-ciáis
-iéis	a-pre-ciéis
-uáis, -uay	ac-tuáis; Pa-ra-guay
-uéis, -uey	ac-tuéis; buey

No se separan tampoco los triptongos al dividirse la palabra en sílabas.

LECCIÓN VEINTISÉIS

Y VA DE VERSO

No digáis que no apreciáis
lo que pasa en Paraguay.

Y ¡guay! si el vinito aguáis,
aunque no lo atestigüéis.

COPLAS

¡Ay, pobrecito de mí,
que doy suspiros al aire,
y el aire se me los lleva,
y no los recoge nadie!

Niña de los veinte novios,
que con ninguno te casas:
si te guardas para un rey,
cuatro tiene la baraja.

Las ovejuelas, madre,
las ovejuelas,
como no hay quien las guarde,
se guardan ellas.

LO MÁS CÓMODO

De que se está, estoy bien cierto,
mejor que de pie, sentado;
mejor que sentado, echado,
y mejor que echado, muerto.
                                    Ramón de Campoamor.

REFRANES

El que espera, desespera.
Año de nieves, año de bienes.

257

VIII : REPASO OCTAVO

(LECCIONES 23–26)

I. *Escriba la forma correspondiente del verbo entre paréntesis:*
   1. Todo está lleno de polvo; no (tocar) Vd. nada; (recogerse) la falda y (acercarse); (buscar) el alfiler en ese mueble. **2.** (Escoger) las rosas rojas; te las doy a ti para que las (distribuir) en esos floreros. **3.** No quiero que tú (dirigir) porque (continuar) tan desordenado como siempre. **4.** ¿Quieres que yo (averiguar) lo que les pasó a los chicos que (huir) del colegio anteanoche? **5.** Dios los (criar) y el diablo los junta; no (variar) nada; dudo que (pagar) sus deudas, que (llegar) a tiempo, que (vencer) sus pasiones. **6.** No (exigir) Vd. tanto de sus alumnos, que el día no tiene cincuenta horas. **7.** (Complacer) Vd. a su padre; (traducir) estas cartas ahora mismo y cuando (concluir) se puede ir de paseo. **8.** Si las (traducir) ahora mismo se haría tarde para salir. **9.** Espero que (substituir) a la maestra de aritmética. **10.** No quiere que (rezar) en alta voz pero él (continuar) haciéndolo.

II. *Cambie los verbos en letra bastardilla al tiempo compuesto correspondiente:*
   1. Si *viniera, iría*. **2.** Aunque *venga*, no le hablaré. **3.** *Compraría* el traje si *tuviera* dinero. **4.** Duda que *diga* la verdad. **5.** Me *gustaría* ir. **6.** ¡Ojalá que *pueda* hacerlo! **7.** Espero que *tenga* valor. **8.** Nunca creí que lo *dijera*. **9.** *Quisiera* tener tiempo para terminarlo. **10.** No sé si *dijera* eso lo que él *contestaría*.

III. *Termine las frases:*
   1. Sentí mucho que ____ **2.** Por más dinero que ____ **3.** Es una suerte que ____ **4.** Lástima que ____ **5.** Dimos a cada ____ **6.** ¿Cuál ____ **7.** Ambos ____ **8.** El chico cuyas ____ **9.** A pesar de ____ **10.** Alrededor de ____.

IV. *Por medio de oraciones explique los usos de* **mismo, medio, a, otro**.

V. *Dé los antónimos de las siguientes palabras y frases en oraciones:*
   1. debajo de **2.** me alegro de que **3.** estar vivo **4.** aburrido **5.** detrás de **6.** a la izquierda **7.** manso **8.** de prisa.

REPASO OCTAVO

VI. *Haga oraciones usando las siguientes palabras:*
1. fraile 2. cetro 3. ladera 4. hacer escala 5. entremeses 6. a punto de 7. anhelar 8. con tal que 9. a menos que 10. aceitunas.

VII. *Dé las primeras personas del presente de indicativo y de subjuntivo:*

pagar	exigir	dormir	vencer	sacar
escoger	conocer	cocer	llegar	buscar
averiguar	conseguir	corregir	nacer	rezar
deducir	distinguir	esparcir	mecer	morir

VIII. *Dé ejemplos de diferentes clases de conjunciones y úselas en oraciones.*

IX. *Escriba la traducción adecuada del verbo* **to become:**
1. ____ rojo de vergüenza cuando lo supo. 2. ____ médico. 3. ____ loco con tanto sufrimiento. 4. ____ gobernador del Estado. 5. ¿ ____ de tanto dinero? 6. ____ muy gordo de tanto comer. 7. ____ riquísimo. 8. No sé que ____ mis guantes. 9. Lincoln ____ presidente de los Estados Unidos. 10. Cada día ____ más tonto.

X. *Emplee* **pero, sino** *o* **sino que** *según el caso:*
1. Yo no opino que la novela sea aburrida ____ lenta. 2. Quisiera ir ____ es imposible. 3. No a Juan, ____ a todo el mundo se lo diría. 4. No vendré ____ mandaré a Pepe. 5. No canta mal ____ tiene poca voz. 6. No vamos al cine ____ al teatro. 7. Es bondadoso ____ tonto. 8. Todos dieron su opinión ____ Luis. 9. Nadie pudo hacerlo ____ María. 10. Lo que tiene que hacer no es pasear ____ trabajar.

XI. *Escriba el prefijo adecuado y use en oraciones:*
1. construir 2. penetrable 3. formar 4. ilusionar 5. tranquilo 6. personal 7. creíble 8. soluble 9. abrochar 10. preciso 11. acostumbrado 12. posible 13. activa 14. atar.

XII. *Forme oraciones con sinónimos de las siguientes frases:*

no hay otra solución   hacer algo otra vez
estar mojado   tener algo cerca
estar enfermo   estar ausente de una clase

REPASO OCTAVO

XIII. *Dé el gerundio en lugar del infinitivo que va entre paréntesis:*
  1. Él venía (leer). 2. Estaba (concluir) el trabajo. 3. Estábamos (caerse) de sueño. 4. No se puede estudiar (dormir) tan pocas horas. 5. Aun (sentir) el frío como lo siento, prefiero vivir aquí. 6. Lo digo por todos, (incluirse) a ti. 7. ¿Cómo siguen (construir) tantas casas sin dinero? 4. Irá (pedir) cigarrillos como siempre.

XIV. *Complete las frases siguientes:*
  1. Quiso saber si yo conocía a alguien que ____. 2. Dudo que haya quien ____. 3. Es probable que tú ____. 4. Lástima que un hombre ____. 5. Por más buena que ____. 6. Lo diré donde quiera que ____. 7. Aun cuando él ____. 8. A menos que ellos ____. 9. Por mucho miedo que ____. 10. El médico con ____. 11. La mujer cuyos ____. 12. Los que ____. 13. Los pasajes acerca de ____.

XV. *Cada grupo de las siguientes palabras se traduce por una sola palabra en inglés. Diga, en español, oraciones que demuestren que Ud. sabe la diferencia entre las palabras españolas:*
  1. también, demasiado 2. puesto que, desde, desde que 3. fecha, dátil, cita 4. cuestión, pregunta 5. sujeto, tema.

XVI. *Emplee en oraciones:*
  1. a tiempo, es hora de 2. dejar, dejar de 3. acabar, acabar de, acabar por 4. no poder más, no poder menos 5. me da lo mismo, no me importa.

XVII. *Lea estas adivinanzas y trate de adivinarlas:*
  1. Verde en el campo,
     negro en la plaza
     y colorado en casa.
  2. Tan grande como un ratón
     y guarda la casa como un león.
  3. Tan grande como una almendra
     y toda la casa la llena.
  4. Plata no es.
     Oro parece.
     ¡Adivina lo que es!
  5. Una cosa quisicosa
     que va por el agua
     ¡y no se moja!
  6. Camisa sobre camisa,
     camisa de filigrana,
     ¿a que no me lo adivinas
     ni de aquí a pasao[1] mañana?[2]

---

[1] Forma popular por **pasado**.
[2] ¿No las puede adivinar? He aquí las repuestas: la cebolla, el plátano, un rayo de luna, el carbón, el cerrojo, la llama de una vela. Colóquelas en el orden debido.

IX REPASO NOVENO

(EJERCICIOS GENERALES)

I. *Anteponga el artículo necesario:*
1. María es ____ ángel. **2.** ____ clima es templado. **3.** No veo ____ mapas. **4.** ____ monarca habla con ____ centinela. **5.** Juan es ____ mala persona. **6.** ¿Es ____ alma inmortal? **7.** Me duelen ____ manos. **8.** No me gusta ____ sistema que tiene el profesor de enseñar ____ idiomas. **9.** ____ ama quitó ____ hacha al niño. **10.** Está con ____ día y ____ noche, más pobre que ____ ratas. **11.** En ese monte vive ____ águila que viste ayer. **12.** Lo dijo ____ profeta. ¡Bah! Nadie es profeta en su tierra. **13.** En tierra de ciegos ____ tuerto es rey. **14.** ____ príncipe Felipe era hijo de ____ emperador Carlos V. **15.** Tengo ____ par de zapatos azules y dos pares negros. **16.** En ____ drama ____ trama era menos interesante que ____ tema. **17.** Comprendo ____ dilema. **18.** ____ cura parece ____ fantasma, de pálido y delgado que está. **19.** Me gusta ____ café cargado, ____ chocolate espeso, ____ agua clara y ____ té ni claro ni cargado. **20.** ____ bebé bebe ____ leche más caliente que fría, por ____ noche. **21.** En ____ escaparate hay ____ serie de diamantes grandes. **22.** En ____ clase hay un hombre que tiene ____ dientes de oro. **23.** ____ paisaje está bien descrito en ____ pasaje suyo. **24.** ____ adjetivos que usa son corrientes; ¿cómo crees tú que califica a ____ nube, ____ nieve, ____ monte, ____ aire, ____ horizonte? **25.** Para ____ viaje lleva poco equipaje. **26.** Los soldados tienen fe en ____ teniente porque es ____ jefe incomparable. **27.** ¿Quiere Ud. ____ legumbres con ____ carne? Sí, pero deje ____ tomates para luego. **28.** Tengo ____ pies fríos, ____ frente caliente y ____ semblante horrible. **29.** ____ jinete de ____ traje negro va

REPASO NOVENO

ya por ____ puente. 30. Después de ____ cine el médico fue a ver a ____ pacientes del quinto piso; uno tenía ____ fiebre terrible. 31. ____ árabes rebeldes mataron a ____ jefes. 32. ____ muerte es personaje en algunas obras teatrales. 33. Hay ____ gran baile en ____ café cantante. 34. Con ____ inundación, ____ valle parece ____ estanque enorme. 35. ____ tigre está en la copa de ____ árbol. 36. ____ b es ____ letra del alfabeto. 37. ____ cliente compró ____ coche elegante que ves en ____ calle. 38. ¿Quién ha roto ____ transparente de la ventana? 39. En ____ breve instante saldrán ____ elefantes a la pista del circo. 40. ____ sirviente trae ____ vinagre y ____ aceite para la ensalada. 41. ____ corriente del río causó ____ gran desastre en los campos. 42. ____ parientes de ____ sacerdote viven en ____ ambiente pobre y triste. 43. ____ debate fue ____ catástrofe. 44. ____ reclutas iban contentos en ____ desfile. 45. No me gustó ____ desenlace de la obra. 46. Luis, ¿dónde está ____ llave de ____ arca? 47. ____ corte de su traje es perfecto; le viste ____ mejor sastre de ____ corte. 48. Junto a ____ fuente del jardín vi ____ sauce que era una maravilla. 49. ¿Cuánto cuesta ____ pasaje a España? ¿Y ____ billete de Santander a Madrid? 50. ____ linaje de ____ conde es tan noble como el de ____ duque.

II. *Escriba Ud. la conjunción o preposición adecuada:*
1. No sé si tengo diez ____ once. 2. Guió ____ los ciegos. 3. Condujo el automóvil ____ el parque. 4. Está aquí ____ llevarse ____ su hijo. 5. Acababa ____ ver ____ su yerno. 6. El miércoles precede ____ jueves. 7. Leemos ____ Cervantes ahora. 8. ¿Mujer ____ hombre? 9. Conozco ____ París bastante bien. 10. Cuatro ____ cinco son veinte. 11. Viaja ____ Europa ____ incógnito. 12. Juan los trajo. Son ____ ti. 13. ____ ser tan joven sabe más que Alfonso el Sabio. 14. Está enamorado ____ Rita y se casa ____ Paquita. 15. ____ tú y yo haremos los preparativos ____ la cena. 16. ¿Qué sería ____ mí ____ tu ayuda? 17. El ternerito va ____ la vaca. 18. El maestro está ____ pie ____ del escritorio. 19. Hacen cola ____ la entrada del teatro. 20. Vaya ____ la izquierda y siga calle arriba ____ que llegue a la plaza. 21. He venido ____ aquí, pero no puedo andar ____ un paso más. 22. No vendrá ____ mañana y vendrá tarde; todos saben eso, ____ los gatos del pueblo. 23. ¿Llevará Ud. a su único hijo ____ sigo? 24. Su sueño eran los jardines ____ Aranjuez. 25. Los cuadernos verdes están ____ del cajón y los rojos ____ la mesa.

REPASO NOVENO

III. *De la lista siguiente, diga cuáles adverbios son de* (1) *modo* (2) *cantidad* (3) *tiempo* (4) *lugar* (5) *duda* (6) *afirmación* (7) *negación:*

aquí	cuando	cariñosamente	allá	donde
poco	allí	despacio	atrás	bastante
pronto	abajo	elocuentísimamente	mucho	mal
acá	bien	siempre	ahora	nunca
encima	después	temprano	tarde	así
como	ahí	ayer	entonces	no
sí	quizá(s)	mañana	jamás	hoy
adentro	tampoco	detrás	también	antes
afuera	arriba	adelante	más	debajo

IV. *Emplee quince de los adverbios del ejercicio precedente en oraciones; recuerde que* **bastante, poco, más, mucho** *pueden ser adjetivos también.*

V. *Emplee las siguientes frases adverbiales en oraciones:*

de ninguna manera	de antemano	a tiempo
hacia abajo	con tiempo	de todos modos
con mucha cortesía	del todo	hacia atrás
para siempre	hacia arriba	de ningún modo

VI. *Defina y dé plurales:*

estación	inmortal	aptitud	mes	idioma	andén	catedral
piscina	talón	timbre	tren	avión	muelle	película
balcón	compás	hotel	cine	reloj	barón	pasaporte
análisis	jueves	varón	vino	tisis	sol	librería

VII. *Complete las frases siguientes:*

1. _____ nos revisó el equipaje. 2. _____ que pagar impuestos. 3. Como _____, hicimos cola en la taquilla. 4. Un viejo no le quitaba los gemelos a _____. 6. No quiero billete de ida y vuelta, sólo de _____. 6. Otro nombre para la plumafuente es _____. 7. Voy al cine a _____. 8. El acento ortográfico es una coma o tilde que _____. 9. Todo el mundo va todas las tardes _____. 10. Todo lo que pasa por todas partes _____. 11. _____ perdió todo; ahora _____ 12. Esto es _____ fácil que _____. 13. Escribe cada vez _____. 14. Mientras más tiene, _____. 15. Todo país democrático lucha _____.

REPASO NOVENO

VIII. *Escriba el pronombre correspondiente:*
   1. Los libros ____ compraré en la librería de la universidad. 2. A Luis ____ diremos la verdad. 3. A Carlos ____ vi ayer en el cine. 4. A mi tía ____ acompaña Pepe. 5. A los niños ____ traje juguetes. 6. ____ gustó el reloj a Antonio. 7. A nosotros ____ gusta más el reloj de bolsillo que el de pulsera. 8. A vosotros ____ quiero mucho más. 9. Tal cosa no ____ sabía yo. 10. Semejante tontería no ____ oímos jamás.

IX. *Conteste a las siguientes preguntas:*
   1. ¿Se acuerda Ud. de lo que acordaron los alumnos en su última reunión? 2. ¿Está Ud. de acuerdo con su tío en cuestiones políticas? 3. ¿Quién estaba cerca de Ud.? ¿Hablaban Uds. acerca de lo que pasó anoche? 4. ¿Pudo el anciano aguantar al niño que estaba de pie junto a él y que hablaba y se movía tanto? 5. ¿Quiénes se pusieron de pie al entrar el profesor en clase? 6. ¿Siente Ud. haber ido al teatro o se alegra Ud.? 7. ¿Qué dijo el maestro al amo del perro? 8. Me dicen que creían que Juana era una aparición. ¿Qué aspecto tenía? Porque en apariencia es muy saludable. 9. ¿Asistió él a la conferencia? ¿Le atendió Ud.? 10. ¿Por qué aplaudió el auditorio? 11. ¿Va Ud. a pedir audiencia al rey? 12. ¿Ha llegado ya? ¿Todavía no? ¿Le esperará Ud. aún? 13. ¿Por qué se fue tan azorado? 14. ¿Qué busca Ud. y qué pide ella? 15. ¿Qué diferencia hay entre un librero y un bibliotecario? 16. ¿Por qué dicen que el caballero está bien equilibrado si hace tantas tonterías? 17. ¿Distingue Ud. entre un cabello y un caballo? 18. ¿Cómo es el paisaje en este país? 19. ¿Prefiere Ud. vivir en el campo o en la ciudad? 20. No tengo cambio, pero en cambio tengo un billete. ¿Y usted? 21. ¿Quiere Ud. este anillo a cambio de su pluma estilográfica? 22. El pasaje de tercera clase es de obreros en su mayoría. ¿Cuánto les costaría el pasaje? ¿Lo sabe Ud.?

X. *Emplee en oraciones las siguientes frases con el significado « to become »:*
   1. hacerse. 2. llegar a ser. 3. ponerse. 4. volverse.

XI. *Cámbiense al imperativo (afirmativo y negativo) los verbos que van en paréntesis:*
   1. (Sostener) tú esto; no puedo más. 2. (Volver) a cantar, Sra. Peña; se lo pido por favor. 3. (Darse) prisa, Doctor. 4. (Hacer) el equipaje ahora mismo, hija. 5. Niño, (tener) vergüenza de decirlo. 6. Puesto

REPASO NOVENO

que[1] quieres irte en el primer tren, (vestirse) en seguida. **7.** ¡(Pararse), (mirar), (oír)! **8.** (Tocar) el violín, don Juan; desde que vino no lo toca Ud. **9.** (Ponerse) de acuerdo con tu hermana. **10.** (Contar) conmigo, si quiere Ud. **11.** (Quedarse) aquí, hijo mío, (hacerme) caso. **12.** (Dejar) ese libro, madre, y (llevarse) éste. **13.** (Referir) lo que vió. **14.** (Acostarse) temprano, señora. **15.** (Complacerme), Sr. García, (jugar) a las cartas conmigo. **16.** (Resolverse) a venir, don Pedro. **17.** (Dormirse), niño hermoso. **18.** (Pedir) pan, Carlitos. **19.** Que (soñar) conmigo, niña. **20.** (Agradecerle) lo que hizo, don José. **21.** (Despedirse), mamá. **22.** (Servir) la sopa caliente, Juana. **23.** (Despertar) a los alumnos, doña Carmen. **24.** (Hacer) el favor a Luis. **25.** Que (llover), que (nevar); lo mismo me da. **26.** (Ir) nosotros con él. **27.** (Compadecernos), Sr. Profesor, y (tener) piedad de nosotros. **28.** (Encender) la luz; (apagar) el fuego de la chimenea, Sr. García.

XII. *Escriba las fechas y explique por qué se usa el pretérito o el imperfecto:*

1. El Greco nació en 1542 en la isla de Creta pero vivió muchos años en España donde murió en 1614. **2.** A Ribera le llamaban «El españoleto» en Italia, donde vivió hasta su muerte en 1656. Si nació en 1588, ¿cuántos años tenía cuando murió? **3.** Cuando Velázquez (1599–1660) era pintor de la corte de Felipe IV pintó a la familia real y a los caballeros, enanos y bufones del palacio. **4.** Murillo era más joven que Velázquez pues nació en 1617 y vivió cuatro años más que él. Era un pintor religioso, como El Greco, pero de estilo muy distinto. Murió en 1682. **5.** ¿Cuándo vivió Zurbarán y qué pintó? Pintó retratos de frailes y vivió de 1598 a 1664 (?). **6.** Goya vivió de 1746 a 1828. Era muy viejo cuando murió. Era sordo. Era un genio y un patriota. ¿Conoce usted algún cuadro suyo? **7.** Sorolla y Zuloaga nacieron en 1863 y 1870 respectivamente. Este murió mucho después que aquél. A Sorolla le gustaba pintar escenas al aire libre, sobre todo del mar. Recuerde que era de Valencia. Zuloaga, en cambio, prefería pintar retratos de toreros, gitanos y bailarinas. Era vasco. **8.** Como era aficionado a la pintura desde que era niño, se dedicó a ella muy temprano; tendría diez años entonces. **9.** El gran emperador Carlos V abdicó en 1556 y se retiró a un monasterio. **10.** La Constitución de Cádiz se promulgó en 1812. **11.** La guerra terminó en 1939. **12.** La segunda parte del Quijote se publicó en 1615.

---

[1] Fíjese en cómo se traduce *since*: **puesto que** supone una causa; **desde que**, tiempo.

REPASO NOVENO

XIII. *Cambie el infinitivo que va entre paréntesis al tiempo correspondiente:*
   1. Yo (conocer) a María, pero no a su hermana. 2. Ella (venir) hace muchos meses de Madrid. 3. Yo no (saber) si él (poder) ir ayer. 4. (Andar) de prisa, pero no llegamos a tiempo. 5. Me (contenerse) porque creí que era de mal gusto porfiar tanto. 6. ¿Quién te (detener) una hora esta mañana? 7. ¿Dónde (obtener) ellos uvas frescas? Me gustaron mucho. 8. ¿(Satisfacer) usted todos los requisitos que exigió la universidad? 9. ¿Por qué no (poder) usted traerlos ayer? 10. El actor no me (distraer) anoche porque yo (estar) cansada y (dormirse). 11. ¿Quién (intervenir) ayer en la discusión? Yo no, nunca (intervenir) en discusiones tontas. 12. ¿Fue usted la que (traducir) el ensayo del español al inglés? ¿Sí? Lo (deducir) por la fotografía que se publicó con la traducción. 13. El pobre hombre (sentirse) enfermo y (pedir) un médico; pero (morirse) antes de llegar el doctor Alonso. 14. (Haber) quinientos soldados que (preferir) venir en tren. 15. Él no (corregir) la poesía antes de publicarla. 16. María y su madre (preferir) ir al campo la semana pasada a quedarse en el pueblo. 17. El conferenciante (dar) una interesante conferencia sobre las leyendas de Bécquer. 18. En la entrevista que yo (tener) con él me (decir) que prefería la lectura de buenos libros a dar conferencias. 19. El gran novelista (nacer) en 1547 y (morir) en 1616. 20. El pueblo español (luchar) por su independencia contra los ejércitos franceses en 1808 y al fin (obtener) lo que (querer).

XIV. *Dé el gerundio de los siguientes verbos:*
   1. huir 2. sentir 3. reír 4. decir 5. dormir 6. venir 7. ir 8. leer 9. traer 10. poder 11. oír 12. seguir 13. instruir

XV. *Dé el participio pasivo:*
   1. huir 2. reír 3. decir 4. hacer 5. poner 6. leer 7. traer 8. oír 9. ver 10. distinguir 11. instruir 12. satisfacer 13. cubrir 14. resolver

XVI. *Dé la primera persona del singular del presente de indicativo:*
   1. ser 2. huir 3. perder 4. saber 5. sentir 6. sentarse 7. reír 8. decir 9. dormir 10. caber 11. intervenir 12. hacer 13. querer 14. poner 15. salir 16. continuar 17. traer 18. poder 19. enviar 20. oír 21. oler 22. ver 23. tener 24. seguir 25. vencer 26. agradecer 27. averiguar 28. dirigir 29. distinguir 30. mecer 31. instruir 32. pensar 33. jugar 34. satisfacer 35. resolver 36. acordarse 37. enterrar 38. haber 39. estar 40. dar 41. ir

XVII. *Dé la tercera persona del singular del presente de subjuntivo:*
1. ser 2. huir 3. perder 4. saber 5. sentir 6. sentarse 7. sonreír
8. decir 9. dormir 10. gozar 11. caber 12. sacar 13. venir
14. hacer 15. pagar 16. querer 17. poner 18. salir 19. continuar
20. ir 21. traer 22. poder 23. enviar 24. oír 25. oler 26. ver
27. tener 28. seguir 29. vencer 30. agradecer 31. averiguar
32. dirigir 33. distinguir 34. mecer 35. instruir 36. pensar
37. jugar 38. satisfacer 39. resolver 40. acordarse 41. enterrar
42. haber 43. estar 44. dar 45. tocar

XVIII. *Dé la tercera persona del plural del pretérito de indicativo:*
1. ser 2. huir 3. saber 4. sentir 5. reír 6. decir 7. dormir
8. andar 9. conducir 10. caber 11. venir 12. hacer 13. querer
14. poner 15. ir 16. leer 17. traer 18. poder 19. oír 20. ver
21. tener 22. seguir 23. instruir 24. satisfacer 25. haber 26. estar
27. dar

XIX. *Dé la tercera persona del plural del imperfecto de subjuntivo de los verbos del ejercicio XVIII.*

XX. *Estudie el apéndice « Palabras y frases cuyo uso presenta dificultad a los alumnos. » Seleccione varios grupos y escriba oraciones empleándolos Por ejemplo, el grupo 29* (**cuadro, cuarto, cuatro, cuadra**)*:*
La casa tiene cuatro cuartos y en cada uno hay cuadros en la pared y relojes sobre la chimenea; pero sólo un cuarto tiene un reloj que no funciona y marca siempre las cuatro y cuarto. A un cuarto de legua de la casa hay una cuadra con dos magníficos caballos.

Apéndices

1. Silabeo 270
2. Nombres y adjetivos terminados en **-a** 271
3. Nombres terminados en **-e** 272
4. Nombres que tienen formas diferentes para el masculino y el femenino 275
5. Adjetivos y nombres abstractos correspondientes . . . 275
6. El pronombre 279
7. Verbos regulares 282
8. Verbos que sufren cambio en la radical 287
9. Verbos irregulares 290
10. Uso de preposiciones 298
11. Modismos más frecuentes 299
12. Palabras y frases cuyo uso presenta dificultad a los alumnos . 309
13. Abreviaturas 316
14. Cancionero 317

I. Silabeo

1. Una consonante entre dos vocales se une siempre a la segunda vocal: **A-na, E-le-na.**[1]

2. Si hay dos consonantes juntas se separan: **dig-ni-dad, cos-to, ac-ti-tud.**

3. Pero si una de las consonantes es **l** or **r** y va precedida de **b, c, f, g** o **p**, no se separan: **ca-ble, a-bri-go, an-cla, re-cre-o, a-fli-gir, re-fres-co, con-glo-me-rar, en-gre-í-do, a-plas-tar, a-pre-tar.**

4. Las combinaciones **-dr, -tr** tampoco se separan: **me-lo-dra-ma, cua-dro, de-trás, as-tro.**

5. Las combinaciones **-ns-** y **-bs-** no se separan en un grupo de tres o cuatro consonantes: **ins-tin-to, trans-for-mar, ins-cri-bir, obs-cu-ro, obs-tá-cu-lo, obs-truc-ción.** Se separan cuando no hay otra consonante: **ob-se-sión, ab-so-lu-to, in-so-cia-ble, in-su-fi-cien-te.**

6. **Ll, rr, ch** no se separan nunca porque son una letra: **ca-ba-llo, pa-rra, co-che.**

7. Las únicas letras que se doblan y que se separan en español son **c** y **n**: **ac-ción, in-ne-ce-sa-rio.**

8. No se separan las vocales de diptongos y triptongos: **bai-le, Pa-ra-guay, a-pre-ciáis.**

9. Se separan las vocales que no forman diptongo: **cre-er, ca-o-ba, ho-je-ar.** En las palabras compuestas se separan los elementos componentes: **nos-o-tros,**[2] **sub-ra-yar, des-a-ten-ción.**

---

[1] Una consonante entre dos vocales forma sílaba con la segunda vocal. Pero si la primera o la última sílaba de una palabra es vocal, al escribirse no se deja en el principio o en el fin de la línea. Por lo tanto, **Ana** no se separa; **Elena** se separa Ele-na al escribirse o imprimirse.

[2] **Nosotros** se puede separar así: nos-otros, por ser palabra compuesta de **nos** y **otros**.

2. Nombres y adjetivos terminados en -a

NOMBRES

Son masculinos:

axioma — *axiom*
cablegrama — *cable*
cometa — *comet*
clima — *climate*
día — *day*
diagrama — *diagram*
dilema — *dilemma*
diploma — *diploma*
dogma — *dogma*
drama — *drama*
emblema — *emblem*
enigma — *enigma*
esquema — *scheme, plan*
idioma — *language*
lema — *theme, motto*
mapa — *map*
melodrama — *melodrama*
monarca — *monarch*
monograma — *monogram*
parabrisa — *windshield*
panorama — *view*
pentagrama — *musical staff*
pijama — *pajamas*
poema — *poem*
planeta — *planet*
problema — *problem*
profeta — *prophet*
programa — *program*
recluta — *recruit*
reuma — *rheumatism*
síntoma — *symptom*
sistema — *system*
telefonema — *telephone call*
telegrama — *telegram*
tema — *theme*
teorema — *theorem*
tranvía — *trolley car, tramway*

Son masculinos o femeninos:

atleta — *athlete*
artista — *artist*
camarada — *comrade, pal*
centinela — *sentinel*
colega —colleague
compatriota — *fellow citizen*
dentista — *dentist*
ensayista — *essayist*
espía — *spy*
novelista — *novelist*
periodista — *newspaperman, newspaperwoman*
pianista — *pianist*
protagonista — *protagonist*
suicida — *suicide*
telefonista — *telephone operator*
turista — *tourist*
violinista — *violinist*
violoncelista — *violoncellist*

El género se indica por el artículo que se emplea: **el espía, la espía, un espía, una espía.**

Hay nombres que cambian de significado según el artículo que les modifica:

el cura — *the priest*
la cura — *the cure*
el guía — *the guide*
la guía — *the guide book*
el policía — *the policeman*
la policía — *the police force*

APÉNDICES

ADJETIVOS

Estos adjetivos se emplean para ambos géneros:

cosmopolita — *cosmopolitan*
entusiasta — *enthusiastic*
hipócrita — *hypocritical*
idealista — *idealistic*
impresionista — *impressionistic*
modernista — *modernistic*
naturalista — *naturalistic*
optimista — *optimistic*
pesimista — *pessimistic*
realista — *realistic*

3. Nombres terminados en -e

Son masculinos:

accidente — *accident*
aceite — *oil*
agente — *agent*
aire — *air*
alambre — *wire*
alarde — *ostentation*
alcalde — *mayor*
alcaide — *governor of a castle*
almanaque — *almanac*
amante — *lover*
ambiente — *environment*
apéndice — *appendix*
apunte — *note*
baile — *dance*
balompié — *football*
banquete — *banquet*
borde — *edge*
bosque — *forest*
bigote — *moustache*
billete — *bill; ticket*
brazalete — *bracelet*
broche — *brooch; hook and eye*
bronce — *bronze*
cable — *cable*
cadete — *cadet*
café — *coffee*
calibre — *caliber*
cauce — *bed of a river*
celuloide — *celluloid*
cine — *movies*
cobre — *copper*
coche — *coach; car*
cofre — *coffer; box*
combate — *combat*
conde — *count*
continente — *continent*
contraste — *contrast*
convite — *invitation; banquet*
coste — *cost*
coraje — *courage; anger*
corsé — *corset*
cheque — *check*
chisme — *gossip; gadget*
chiste — *joke*
chocolate — *chocolate*
delincuente — *delinquent*
deporte — *sport*
derroche — *waste, squandering*
desenlace — *outcome*
detalle — *detail*
detective — *detective*
diente — *tooth*
disparate — *nonsense, mistake*
duende — *goblin*
duque — *duke*
eclipse — *eclipse*
eje — *axis*
elefante — *elephant*
embuste — *lie*

embrague — *clutch*
encaje — *lace*
enfoque — *focussing, approach*
enjambre — *swarm*
enlace — *link; marriage*
epítome — *summary*
equipaje — *luggage*
equivalente — *equivalent*
escaparate — *show window*
escape — *escape*
estandarte — *banner*
estanque — *pond, pool*
este — *east*
estuche — *case (jewelry)*
estudiante — *student*
flete — *freight*
fraile — *friar*
garaje — *garage*
germen — *germ; source*
gigante — *giant*
golpe — *blow; bang (of door)*
guante — *glove*
habitante — *inhabitant*
hincapié — *stress, emphasis*
hombre — *man*
hospedaje — *lodging, board*
horizonte — *horizon*
hule — *oilcloth*
imperdible — *safety pin*
impermeable — *raincoat*
incidente — *incident*
índice — *index*
infante — *infant*
informe — *report*
instante — *instant*
jarabe — *syrup; cough medicine*
jefe — *chief, leader*
jinete — *horseman, rider*
lacre — *sealing wax*
lance — *incident, episode*
lenguaje — *language*
límite — *limit*
linaje — *lineage*

lince — *lynx; very keen person*
lustre — *polish, splendor*
monje — *monk*
monte — *mountain*
muelle — *wharf, pier*
nene — *baby, child*
nombre — *noun*
norte — *north*
oeste — *west*
orbe — *orb, earth*
oyente — *hearer, listener*
oyentes — *audience*
paciente — *patient*
padre — *father*
paisaje — *landscape*
paje — *page (boy)*
paquete — *package*
paraje — *place, spot*
pariente — *relative*
parque — *park*
pasaje — *passage; number of passengers on a boat; passage of a book*
pasaporte — *passport*
peine — *comb*
pendiente — *earring*
perfume — *perfume*
periquete — *jiffy*
personaje — *important person; character in a play*
pie — *foot*
ponche — *punch*
poste — *post, pillar*
presidente — *president*
pretendiente — *suitor*
príncipe — *prince*
puente — *bridge*
puntapié — *kick*
ramaje — *foliage*
ramillete — *cluster of flowers*
recorte — *cut; clipping*
relieve — *relief, raised work*
reproche — *reproach*
restaurante — *restaurant*

APÉNDICES

romance — *ballad*
sable — *sabre*
sacerdote — *priest*
sastre — *tailor*
sauce — *willow*
semblante — *mien, aspect*
síncope — *fainting spell*
sobre — *envelope*
té — *tea*
teniente — *lieutenant*
tigre — *tiger*
timbre — *bell*
tomate — *tomato*
toque — *touch*
torrente — *torrent*
traje — *suit*
uniforme — *uniform*
valle — *valley*
viaje — *trip*
vinagre — *vinegar*
volante — *ruffle; steering wheel*
yunque — *anvil*

Son femeninos:

base — *base, basis*
barbarie — *cruelty, barbarousness*
calle — *street*
carne — *meat; flesh*
catástrofe — *catastrophe*
certidumbre — *certainty*
clase — *class, kind*
clave — *code*
corriente — *current, draft of air; course, tendency*
costumbre — *custom*
cumbre — *summit*
efigie — *effigy, image*
esfinge — *sphinx*
especie — *species, kind*
fase — *phase*
fe — *faith*
fiebre — *fever*
frase — *phrase*
frente — *forehead*
fuente — *fountain, source; serving dish*
gente — *people*
hambre — *hunger*
hecatombe — *hecatomb*
hipérbole — *hyperbole, exaggeration*
índole — *nature*
leche — *milk*
lumbre — *fire; light*
llave — *key*
madre — *mother*
mansedumbre — *meekness, tameness*
mente — *mind*
mole — *huge mass*
muchedumbre — *crowd*
muerte — *death*
nave — *boat*
nieve — *snow*
noche — *night*
nube — *cloud*
parte — *part, portion*
pesadumbre — *grief*
peste — *plague; foul smell*
plebe — *populace*
plumafuente — *fountain pen*
sangre — *blood*
serie — *series*
serpiente — *serpent*
servidumbre — *servitude, servants*
sierpe — *serpent*
sílfide — *sylph*
simiente — *seed*
suerte — *luck, fate, lot*
superficie — *surface*
tarde — *afternoon*
torre — *tower*

Fíjese en:
1. el arte, *m.*
   las artes, *f.*
2. el *o* la cómplice — *accomplice*
3. el *o* la cantante — *singer*
4. el corte — *cut, cutting*
   la corte — *court, retinue, courtship*
5. el *o* la dote — *dowry*
   las dotes — *talents received from Nature*
6. el frente — *front*
   la frente — *forehead*
7. el parte — *communiqué, dispatch*
   la parte — *part, portion*
8. el sirviente — *man servant*
   la sirviente — *woman servant*

4. Nombres que tienen formas diferentes para el masculino y el femenino

MASCULINO	FEMENINO	MASCULINO	FEMENINO
actor	actriz	marido	mujer, esposa
barón	baronesa	padre	madre
caballero	dama	poeta	poetisa
caballo	yegua	príncipe	princesa
conde	condesa	profeta	profetisa
czar	czarina	rey	reina
duque	duquesa	sacerdote	sacerdotisa
emperador	emperatriz	tigre	tigresa
héroe	heroína	toro	vaca
hombre	mujer	yerno	nuera

5. Adjetivos y nombres abstractos correspondientes

Como los nombres terminados en **-o** son masculinos y los terminados en **-a, -ción, -sión, -ad, -ud** y **-umbre** son generalmente femeninos, sólo damos el género de los que no tengan estas terminaciones o sean excepciones a la regla.

aburrido — *bored*
adornado — *ornamented*
afectuoso — *affectionate*
ágil — *agile*
agradecido — *grateful*
agudo — *acute, sharp*

aburrimiento — *boredom*
adorno — *ornamentation*
afecto — *affection*
agilidad — *agility*
agradecimiento — *gratitude*
agudeza — *acuteness*

APÉNDICES

alegre — *gay, joyful*
amable — *amiable*
amargo — *bitter*
amistoso — *friendly*
ansioso — *anxious*
antipático — *disagreeable*
armonioso — *harmonious*
aromático — *aromatic*
arrogante — *arrogant*
artístico — *artistic*
áspero — *rough, harsh*
ausente — *absent*
bello — *beautiful*
blanco — *white*
bondadoso — *kind*
brillante — *brilliant*

bueno — *good*
cándido — *candid*
cariñoso — *affectionate*
caritativo — *charitable*
cínico — *cynical*
claro — *clear*
clásico — *classic*
clemente — *clement*
cobarde — *cowardly*
colérico — *choleric, angry*
cómodo — *comfortable*
compasivo — *merciful*
complejo — *complex*
cortés — *courteous*
cuerdo — *judicious, sane*
culto — *polished, civilized*
débil — *weak*
decadente — *decadent*
decorado — *decorated*
delicado — *delicate, exquisite*
desesperado — *desperate, hopeless*
dichoso — *happy*
difícil — *difficult*
divino — *divine; excellent*
dramático — *dramatic*
doloroso — *painful*

alegría — *joy, happiness*
amabilidad — *amiability*
amargura — *bitterness*
amistad — *friendship*
ansiedad — *anxiety*
antipatía — *dislike, antipathy*
armonía — *harmony*
aroma *(m.)* — *aroma*
arrogancia — *arrogance*
arte *(m.)* — *art*
aspereza — *roughness, harshness*
ausencia — *absence*
belleza — *beauty*
blancura — *whiteness*
bondad — *kindness*
brillantez *(f.)* — *brilliance*
brillo — *brilliance*
bondad — *goodness*
candidez *(f.)* — *candor*
cariño — *affection, love*
caridad — *charity*
cinismo — *cynicism*
claridad — *clearness*
clasicismo — *classicism*
clemencia — *clemency*
cobardía — *cowardice*
cólera — *choler, anger*
comodidad — *comfort*
compasión — *mercy*
complejidad — *complexity*
cortesía — *courtesy*
cordura — *judgment, sanity*
cultura — *culture*
debilidad — *weakness*
decadencia — *decadence*
decoración — *decoration*
delicadeza — *delicateness, exquisiteness*
desesperación — *despair*
dicha — *happiness*
dificultad — *difficulty*
divinidad — *divinity*
dramatismo — *drama*
dolor *(m.)* — *pain, grief*

egoísta — *selfish*
elegante — *elegant*
embustero — *lying*
encantador — *charming*
enemigo — *unfriendly, hostile*
enfermo — *sick*
entusiasta — *enthusiastic*
envidioso — *envious*
erudito — *scholarly*
esbelto — *slender*
estoico — *stoic*
estúpido — *stupid*
fácil — *easy*
fanático — *fanatical*
feliz — *happy*
feo — *ugly*
ferviente — *fervent*
fervoroso — *fervent*
fiel — *faithful*
fiero — *fierce*
fino — *refined*
fragante — *fragrant*
fuerte — *strong*
generoso — *generous*
gordo — *fat*
gustoso — *tasty*
hábil — *able*
hermoso — *beautiful*
heroico — *heroic*
honesto — *honest, decent*
honrado — *honorable, honest*
idealista — *idealistic*
iluminado — *lighted*
individualista — *individualistic*
ingenioso — *witty*
ingenuo — *candid*
inteligente — *intelligent*
irónico — *ironic*
joven — *young*
justo — *just*
leal — *loyal*
lento — *slow*
libre — *free*

egoísmo — *selfishness*
elegancia — *elegance*
embuste (m.) — *lie*
encanto — *charm*
enemistad — *enmity*
enfermedad — *sickness*
entusiasmo — *enthusiasm*
envidia — *envy*
erudición — *scholarship*
esbeltez (f.) — *slenderness*
estoicismo — *stoicism*
estupidez (f.) — *stupidity*
facilidad — *facility*
fanatismo — *fanaticism*
felicidad — *happiness*
fealdad — *ugliness*
fervor — *fervor*
fervor (m.) — *fervor*
fidelidad — *fidelity, faithfulness*
fiereza — *fierceness*
finura — *refinement*
fragancia — *fragrance*
fuerza — *strength*
generosidad — *generosity*
gordura — *fatness*
gusto — *taste*
habilidad — *ability*
hermosura — *beauty*
heroísmo — *heroism*
honestidad — *honesty, decency*
honra, honradez — *honor, honesty*
idealismo, ideal — *idealism*
iluminación — *lighting*
individualismo — *individualism*
ingenio — *wit*
ingenuidad — *candor*
inteligencia — *intelligence*
ironía — *irony*
juventud — *youth*
justicia — *justice*
lealtad — *loyalty*
lentitud — *slowness*
libertad — *freedom*

APÉNDICES

ligero — *fast, light*
lírico — *lyric*
liso — *smooth*
loco — *insane; crazy*
malo — *bad, wicked*
malicioso — *malicious*
manso — *tame, meek*
melancólico — *melancholy*
mentiroso — *lying*
misterioso — *mysterious*

musical — *musical*

natural — *natural*

necesario — *necessary*
negro — *black*
noble — *noble, magnanimous*
o(b)scuro — *obscure, dark*
odioso — *odious, hateful*
oloroso — *fragrant*
optimista — *optimist*
orgulloso — *proud*
pacífico — *peaceful*
perfumado — *perfumed*
perseverante — *perseverant*
perverso — *perverse*
pesado — *heavy, boring*
pesimista — *pessimistic*
piadoso — *pious; merciful*
pobre — *poor*
poético — *poetic*
puro — *pure*
presumido — *conceited*
psicológico — *psychological*
quieto — *quiet*
rabioso — *furious*
rápido — *rapid*
realista — *realistic*
receloso — *distrustful*
rico — *rich; tasty*
ridículo — *ridiculous*
rítmico — *rhythmical*
romántico — *romantic*

ligereza — *fastness, lightness*
lirismo — *lyricism*
lisura — *smoothness*
locura — *insanity; folly*
maldad — *wickedness*
malicia — *maliciousness*
mansedumbre *(f.)* — *tameness, meakness*
melancolía — *melancholy*
mentira — *lie*
misterio — *mystery*
música — *music*
musicalidad — *musicality*
naturaleza — *nature*
naturalidad — *naturalness*
necesidad — *necessity*
negrura — *blackness*
nobleza — *nobleness, nobility*
o(b)scuridad — *obscurity, darkness*
odio — *hatred*
olor *(m.)* — *fragrance*
optimismo — *optimism*
orgullo — *pride*
paz *(f.)* — *peace*
perfume *(m.)* — *perfume*
perseverancia — *perseverance*
perversidad, perversión — *perversity*
pesadez *(f.)* — *heaviness, boredom*
pesimismo — *pessimism*
piedad — *piety; mercy*
pobreza — *poverty*
poesía — *poetry*
pureza — *purity*
presunción — *conceit*
psicología — *psychology*
quietud — *quietude*
rabia — *fury*
rapidez *(f.)* — *rapidity*
realismo — *realism*
recelo — *distrust*
riqueza; ricura — *wealth; deliciousness*
ridiculez *(f.)* — *ridiculousness, absurdity*
ritmo — *rhythm*
romanticismo — *romanticism*

sabio — *wise*
semejante — *similar*
sencillo — *simple, natural*
serio — *serious*

simbólico — *symbolic*

simpático — *agreeable, nice*

simple — *not involved; foolish*

suave — *soft*
tacaño — *stingy*
temeroso — *fearful*
terso — *smooth*
tierno — *tender*
tolerante — *tolerant*
tranquilo — *tranquil*
valiente — *valiant*
valeroso — *valorous*
variado — *varied*
verdadero — *true, truthful*

verde — *green*

vicioso — *vicious*
viejo — *old*
virtuoso — *virtuous*

sabiduría — *wisdom*
semejanza — *similarity*
sencillez *(f.)* — *simplicity, naturalness*
seriedad — *seriousness*
símbolo — *symbol*
simbolismo — *symbolism*
simpatía — *congeniality, liking*
simpleza — *foolishness*
simplicidad — *simplicity*
suavidad — *softness*
tacañería — *stinginess*
temor *(m.)* — *fear*
tersura — *smoothness*
ternura — *tenderness*
tolerancia — *tolerance*
tranquilidad — *tranquillity*
valentía — *bravery*
valor *(m.)* — *valor*
variedad — *variety*
verdad — *truth*
verdor *(m.)* — *greenness*
verdura — *greens*
vicio — *vice*
vejez *(f.)* — *old age*
virtud — *virtue*

6. El pronombre

CASO NOMINATIVO

SUJETO	SUBJECT
yo	*I*
tú	*you (familiar)*
él, ella, Ud.	*he, she, you (formal)*
nosotros, -as	*we*
vosotros, -as	*you (familiar)*
ellos, ellas, Uds.	*they, you (formal)*

APÉNDICES

CASO DATIVO

COMPLEMENTO INDIRECTO	INDIRECT OBJECT
me	me, to me, for me, etc.
te	you, to you, for you, etc.
le (se)*	him, her, you, to him, etc.
nos	us, to us, for us, etc.
os	you, to you, for you, etc.
les (se)*	them, you, to them, to you, etc.

CASO ACUSATIVO

COMPLEMENTO DIRECTO	DIRECT OBJECT
me	me, myself
te	you
lo,[1] le[2] m; la[3] f.	him, her, you, it
nos	us
os	you
los, las	them, you

Fíjese en que el pronombre indirecto precede al directo:

me lo, me la, me los, me las   nos lo, nos las, nos los, nos las
te lo, te la, te los, te las   os lo, os la, os los, os las
se lo, se la, se los, se las   se lo, se la, se los, se las

REFLEXIVO		CON PREPOSICIÓN	
me	myself	mí[4]	me
te	yourself	ti	you
se	himself, herself, etc.	él, ella, Ud.[5]	him, her, you
nos	ourselves	nosotros, -as	us
os	yourselves	vosotros, -as	you
se	themselves	ellos, ellas, Uds.	them, you

---

* Le y les se cambian a se antes de lo, los, la, las.
[1] Lo (m) se refiere a persona o cosa.
[2] Le (m) se refiere sólo a persona.
[3] La (f.) se refiere a persona o cosa.
[4] Después de la preposición con se usa -migo y -tigo y se escriben conmigo y contigo.
[5] La forma reflexiva preposicional de la tercera persona es sí. Después de la preposición con se usa -sigo y se escribe consigo.

APÉNDICES

POSESIVO

el mío, la mía, los míos, las mías	*mine*
el tuyo, la tuya, los tuyos, etc.	*yours*
el suyo, la suya, etc.	*his, hers, yours*
el nuestro, etc.	*ours*
el vuestro, etc.	*yours*
el suyo, etc.	*theirs*

FORMA NEUTRA POSESIVA

lo mío	*mine, what is mine*	**lo nuestro**	*ours, what is ours*
lo tuyo	*yours, etc.*	**lo vuestro**	*yours*
lo suyo	*his, hers, yours*	**lo suyo**	*theirs, yours*

DEMOSTRATIVO

MASCULINOS	FEMENINOS	
éste, éstos	**ésta, éstas**	*this, this one, these, the latter*
ése, ésos	**ésa, ésas**	*that, that one, those*
aquél, aquéllos	**aquélla, aquéllas**	*that, that one, those, the former*

NEUTROS
esto	*this*
eso	*that*
aquello	*that*

INTERROGATIVO

¿qué?	*what?*
¿quién? ¿quiénes?	*who? whom?*
¿de quién? ¿de quiénes?	*whose?*
¿cuál? ¿cuáles?	*which? which one(s)*
¿cuánto? ¿cuánta?	*how much?*
¿cuántos? ¿cuántas?	*how many?*

APÉNDICES

INDEFINIDO

alguien	*somebody*	**nadie**	*nobody*
algo	*something*	**nada**	*nothing*
alguno	*someone*	**ninguno**	*no one*
cualquiera (*plural:* **cualesquier, cualesquiera**)			*anyone, anybody*
quienquiera (*plural:* **quienesquiera**)			*anyone, anybody*
uno, una			*someone, one*

RELATIVO

que	*that, who, whom*
quien, quienes	*who, whom*
cuyo, -a, -os, -as	*whose*
el cual, la cual, los cuales, las cuales	*which, that, who, whom*
el que, la que, los que, las que	*the one who, he who, etc.*
lo cual, lo que (*formas neutras*)	*which, that which*

7. Verbos regulares

Primera conjugación

MODO INFINITIVO

FORMAS SIMPLES		FORMAS COMPUESTAS	
infinitivo:	**pasar**	infinitivo:	**haber pasado**
gerundio:	**pasando**	gerundio:	**habiendo pasado**
participio:	**pasado**		

MODO INDICATIVO

PRESENTE		PRETÉRITO PERFECTO	
paso[6]	pasamos	he pasado	hemos pasado
pasas	pasáis	has pasado	habéis pasado
pasa	pasan	ha pasado	han pasado

---

[6] Suprimimos los pronombres porque generalmente no se usan en español. Seguimos este esquema:

    yo (paso)   nosotros, -as (pasamos)
    tú (pasas)   vosotros, -as (pasáis)
    él ⎫   ellos ⎫
    ella ⎬ (pasa)   ellas ⎬ (pasan)
    Ud. ⎭   Uds ⎭

Se traduce: *I pass, am passing, do pass, etc.*

APÉNDICES

IMPERFECTO		PRETÉRITO PLUSCUAMPERFECTO	
pasaba[7]	pasábamos	había pasado	habíamos pasado
pasabas	pasabais	habías pasado	habíais pasado
pasaba	pasaban	había pasado	habían pasado

PRETÉRITO		PRETÉRITO ANTERIOR	
pasé[8]	pasamos	hube pasado	hubimos pasado
pasaste	pasasteis	hubiste pasado	hubisteis pasado
pasó	pasaron	hubo pasado	hubieron pasado

FUTURO		FUTURO PERFECTO	
pasaré[9]	pasaremos	habré pasado	habremos pasado
pasarás	pasaréis	habrás pasado	habréis pasado
pasará	pasarán	habrá pasado	habrán pasado

CONDICIONAL		CONDICIONAL PERFECTO	
pasaría[10]	pasaríamos	habría pasado	habríamos pasado
pasarías	pasaríais	habrías pasado	habríais pasado
pasaría	pasarían	habría pasado	habrían pasado

MODO SUBJUNTIVO

Formas simples

	PRESENTE		IMPERFECTO
	pase[11]		pasara, pasase[12]
	pases		pasaras, pasases
(que)	pase	(que)	pasara, pasase
	pasemos		pasáramos, pasásemos
	paséis		pasarais, pasaseis
	pasen		pasaran, pasasen

---

[7] Se traduce: *I passed, was passing, used to pass,* etc.
[8] Se traduce: *I passed, did pass,* etc.
[9] Se traduce: *I shall (will) pass,* etc.
[10] Se traduce: *I should (would) pass,* etc. Algunos gramáticos dan el condicional como modo potencial.
[11] Se traduce: *that I may pass, I pass, I shall pass,* etc.
[12] Se traduce: *that I might pass, I should pass, I passed,* etc.

APÉNDICES

Formas compuestas

PRETÉRITO PERFECTO

(que) haya pasado
hayas pasado
haya pasado
hayamos pasado
hayáis pasado
hayan pasado

PRETÉRITO PLUSCUAMPERFECTO

(que) hubiera ⎫
hubiese ⎭ pasado

hubieras ⎫
hubieses ⎭ pasado

hubiera ⎫
hubiese ⎭ pasado

hubiéramos ⎫
hubiésemos ⎭ pasado

hubierais ⎫
hubieseis ⎭ pasado

hubieran ⎫
hubiesen ⎭ pasado

MODO IMPERATIVO

— — — pasemos (nosotros, -as)
pasa (tú)[13] pasad (vosotros, -as)
pase Ud. pasen Uds.
que pase él, ella[14] que pasen ellos, ellas

Segunda conjugación

MODO INFINITIVO

FORMAS SIMPLES[15]

infinitivo: **comer**
gerundio: **comiendo**
participio: **comido**

MODO INDICATIVO

PRESENTE

como comemos
comes coméis
come comen

IMPERFECTO

comía comíamos
comías comíais
comía comían

---

[13] Los pronombres **tú, nosotros** y **vosotros** van entre paréntesis porque generalmente se omiten.

[14] Se traduce: *let him pass, let her pass, let us pass, let them pass.*

[15] Para la formación de los tiempos compuestos, véase el paradigma de **pasar**.

APÉNDICES

PRETÉRITO		FUTURO	
comí	comimos	comeré	comeremos
comiste	comisteis	comerás	comeréis
comió	comieron	comerá	comerán

CONDICIONAL

comería	comeríamos
comerías	comeríais
comería	comerían

MODO SUBJUNTIVO

(que)
coma	comamos
comas	comáis
coma	coman

(que)
comiera (comiese)	comiéramos
comieras	comierais
comiera	comieran

MODO IMPERATIVO

— — —	comamos (nosotros, -as)
come (tú)	comed (vosotros, -as)
coma Ud.	coman Uds.
que coma él, ella	que coman ellos, ellas

Tercera conjugación

MODO INFINITIVO

FORMAS SIMPLES[16]
infinitivo: **vivir**
gerundio: **viviendo**
participio: **vivido**

MODO INDICATIVO

PRESENTE		IMPERFECTO	
vivo	vivimos	vivía	vivíamos
vives	vivís	vivías	vivíais
vive	viven	vivía	vivían

---

[16] Para la formación de los tiempos compuestos, véase el paradigma de **pasar**.

APÉNDICES

PRETÉRITO		FUTURO	
viví	vivimos	viviré	viviremos
viviste	vivisteis	vivirás	viriréis
vivió	vivieron	vivirá	vivirán

CONDICIONAL

viviría	viviríamos
vivirías	viviríais
viviría	vivirían

MODO SUBJUNTIVO

	PRESENTE			IMPERFECTO		
(que)	viva	vivamos	(que)	viviera (viviese)	viviéramos
	vivas	viváis		vivieras	vivierais
	viva	vivan		viviera	vivieran

MODO IMPERATIVO

— — —	vivamos (nosotros)
vive (tú)	vivid (vosotros)
viva Ud.	vivan Uds.
que viva él, ella	que vivan ellos, ellas

8. Verbos que sufren cambio en la radical[17]

I GRUPO

Pertenecen a este grupo los verbos de primera y segunda conjugación (**-ar, -er**) que tienen **-e-** u **-o-** en la raíz. Cambian la **-e-** en **-ie-** y la **-o-** en **-ue-** en las personas que llevan el acento prosódico en la raíz, esto es, en nueve personas: las tres del singular del presente del indicativo y del subjuntivo, la tercera del plural del presente del indicativo y del subjuntivo, y el imperativo (tú).

INFINITIVO GERUNDIO	PRESENTE DE INDICATIVO	PRESENTE DE SUBJUNTIVO	IMPERATIVO
pensar (*to think*)	pienso	piense	
	piensas	pienses	
	piensa	piense	
	pensamos	pensemos	
	pensáis	penséis	
pensando	piensan	piensen	piensa (tú)
perder (*to lose*)	pierdo	pierda	
	pierdes	pierdas	
	pierde	pierda	
	perdemos	perdamos	
	perdéis	perdáis	
perdiendo	pierden	pierdan	pierde (tú)
contar (*to tell, count*)	cuento	cuente	
	cuentas	cuentes	
	cuenta	cuente	
	contamos	contemos	
	contáis	contéis	
contando	cuentan	cuenten	cuenta (tú)

---

[17] En las lecciones séptima y octava damos listas de verbos de los tres grupos.

APÉNDICES

INFINITIVO GERUNDIO	PRESENTE DE INDICATIVO	PRESENTE DE SUBJUNTIVO	IMPERATIVO
mover (to move) moviendo	muevo mueves mueve movemos movéis mueven	mueva muevas mueva movamos mováis muevan	mueve (tú)
jugar[18] (to play) jugando	juego juegas juega jugamos jugáis juegan	juegue juegues juegue juguemos juguéis jueguen	juega (tú)
errar (to be mistaken) errando	yerro[19] yerras yerra erramos erráis yerran	yerre yerres yerre erremos erréis yerren	yerra (tú)
oler (to smell) oliendo	huelo hueles huele olemos oléis huelen	huela huelas huela olamos oláis huelan	huele (tú)

II GRUPO

Pertenecen a este grupo los verbos de la tercera conjugación (**-ir**) que tienen **-e-** u **-o-** en la raíz; cambian:

1. La **-e-** en **-ie-** y la **-o-** en **-ue-** en las mismas nueve personas que los verbos del primer grupo.

2. La **-e-** en **-i-** y la **-o-** en **-u-** en (*a*) el gerundio, (*b*) la primera y segunda personas del plural del presente de subjuntivo, (*c*) la tercera persona, singular y plural, del pretérito de indicativo y (*d*) todas las personas del imperfecto de subjuntivo.

---

[18] La forma antigua de **jugar** era **jogar**. Note el cambio de **-g-** a **-gu-**.
[19] En el español **ie-**, **ue-** iniciales se escriben **ye-**, (o **hie-**) y **hue-**.

APÉNDICES

INFINITIVO GERUNDIO	PRESENTE DE INDICATIVO	PRESENTE DE SUBJUNTIVO	PRETÉRITO DE INDICATIVO	IMPERFECTO DE SUBJUNTIVO
sentir (*to feel, regret*) sintiendo	siento sientes siente sentimos sentís sienten	sienta sientas sienta sintamos sintáis sientan	sentí sentiste sintió sentimos sentisteis sintieron	sintiera (-iese) sintieras sintiera sintiéramos sintierais sintieran

IMPERATIVO: siente (tú)

| **morir** (*to die*) muriendo | muero mueres muere morimos morís mueren | muera mueras muera muramos muráis mueran | morí moriste murió morimos moristeis murieron | muriera (-iese) murieras muriera muriéramos murierais murieran |

IMPERATIVO: muere (tú)

III GRUPO

Pertenecen a este grupo los verbos de la tercera conjugación (**-ir**) que tienen **-e-** en la raíz; cambian la **-e-** en **-i-** en las mismas formas en que los verbos del segundo grupo sufren cambio.

INFINITIVO GERUNDIO	PRESENTE DE INDICATIVO	PRESENTE DE SUBJUNTIVO	PRETÉRITO DE INDICATIVO	IMPERFECTO DE SUBJUNTIVO
pedir (*to ask, ask for*) pidiendo	pido pides pide pedimos pedís piden	pida pidas pida pidamos pidáis pidan	pedí pediste pidió pedimos pedisteis pidieron	pidiera (-iese) pidieras pidiera pidiéramos pidierais pidieran

IMPERATIVO: pide (tú)

9. Verbos irregulares

INFINITIVO IMPERATIVO	GERUNDIO PARTICIPIO	PRESENTE DE INDICATIVO	IMPERFECTO DE INDICATIVO	PRETÉRITO DE INDICATIVO
andar (*to walk*)		ando andas anda andamos	andaba andabas andaba andábamos	anduve anduviste anduvo anduvimos
anda andad	andando andado	andáis andan	andabais andaban	anduvisteis anduvieron
asir (*to seize*)		asgo ases ase asimos	asía asías asía asíamos	así asiste asió asimos
ase asid	asiendo asido	asís asen	asíais asían	asisteis asieron
caber (*to fit in, be room enough for*)		quepo cabes cabe cabemos	cabía cabías cabía cabíamos	cupe cupiste cupo cupimos
cabe cabed	cabiendo cabido	cabéis caben	cabíais cabían	cupisteis cupieron
caer (*to fall*)		caigo caes cae caemos	caía caías caía caíamos	caí caíste cayó caímos
cae caed	cayendo caído	caéis caen	caíais caían	caísteis cayeron
conducir (*to conduct*)		conduzco conduces conduce conducimos	conducía conducías conducía conducíamos	conduje condujiste condujo condujimos
conduce conducid	conduciendo conducido	conducís conducen	conducíais conducían	condujisteis condujeron
dar (*to give*)		doy das da damos	daba dabas daba dábamos	di diste dio dimos
da dad	dando dado	dais dan	dabais daban	disteis dieron

290

APÉNDICES

FUTURO	CONDICIONAL	PRESENTE DE SUBJUNTIVO	IMPERFECTO DE SUBJUNTIVO
andaré	andaría	ande	anduviera, anduviese
andarás	andarías	andes	anduvieras, anduvieses
andará	andaría	ande	anduviera, anduviese
andaremos	andaríamos	andemos	anduviéramos, anduviésemos
andaréis	andaríais	andéis	anduvierais, anduvieseis
andarán	andarían	anden	anduvieran, anduviesen
asiré	asiría	asga	asiera, asiese
asirás	asirías	asgas	asieras, asieses
asirá	asiría	asga	asiera, asiese
asiremos	asiríamos	asgamos	asiéramos, asiésemos
asiréis	asiríais	asgáis	asierais, asieseis
asirán	asirían	asgan	asieran, asiesen
cabré	cabría	quepa	cupiera, cupiese
cabrás	cabrías	quepas	cupieras, cupieses
cabrá	cabría	quepa	cupiera, cupiese
cabremos	cabríamos	quepamos	cupiéramos, cupiésemos
cabréis	cabríais	quepáis	cupierais, cupieseis
cabrán	cabrían	quepan	cupieran, cupiesen
caeré	caería	caiga	cayera, cayese
caerás	caerías	caigas	cayeras, cayeses
caerá	caería	caiga	cayera, cayese
caeremos	caeríamos	caigamos	cayéramos, cayésemos
caeréis	caeríais	caigáis	cayerais, cayeseis
caerán	caerían	caigan	cayeran, cayesen
conduciré	conduciría	conduzca	condujera, condujese
conducirás	conducirías	conduzcas	condujeras, condujeses
conducirá	conduciría	conduzca	condujera, condujese
conduciremos	conduciríamos	conduzcamos	condujéramos, condujésemos
conduciréis	conduciríais	conduzcáis	condujerais, condujeseis
conducirán	conducirían	conduzcan	condujeran, condujesen
daré	daría	dé	diera, diese
darás	darías	des	dieras, dieses
dará	daría	dé	diera, diese
daremos	daríamos	demos	diéramos, diésemos
daréis	daríais	deis	dierais, dieseis
darán	darían	den	dieran, diesen

APÉNDICES

INFINITIVO IMPERATIVO	GERUNDIO PARTICIPIO	PRESENTE DE INDICATIVO	IMPERFECTO DE INDICATIVO	PRETÉRITO DE INDICATIVO
decir (*to say, tell*)		digo dices dice decimos decís dicen	decía decías decía decíamos decíais decían	dije dijiste dijo dijimos dijisteis dijeron
di decid	diciendo dicho			
estar (*to be*)		estoy estás está estamos estáis están	estaba estabas estaba estábamos estabais estaban	estuve estuviste estuvo estuvimos estuvisteis estuvieron
está estad	estando estado			
haber (*to have*)		he has ha hemos habéis han	había habías había habíamos habíais habían	hube hubiste hubo hubimos hubisteis hubieron
he habed	habiendo habido			
hacer (*to do, make*)		hago haces hace hacemos hacéis hacen	hacía hacías hacía hacíamos hacíais hacían	hice hiciste hizo hicimos hicisteis hicieron
haz haced	haciendo hecho			
ir (*to go*)		voy vas va vamos vais van	iba ibas iba íbamos ibais iban	fui fuiste fue fuimos fuisteis fueron
ve id	yendo ido			
oír (*to hear*)		oigo oyes oye oímos oís oyen	oía oías oía oíamos oíais oían	oí oíste oyó oímos oísteis oyeron
oye oíd	oyendo oído			

FUTURO	CONDICIONAL	PRESENTE DE SUBJUNTIVO	IMPERFECTO DE SUBJUNTIVO
diré	diría	diga	dijera, dijese
dirás	dirías	digas	dijeras, dijeses
dirá	diría	diga	dijera, dijese
diremos	diríamos	digamos	dijéramos, dijésemos
diréis	diríais	digáis	dijerais, dijeseis
dirán	dirían	digan	dijeran, dijesen
estaré	estaría	esté	estuviera, estuviese
estarás	estarías	estés	estuvieras, estuvieses
estará	estaría	esté	estuviera, estuviese
estaremos	estaríamos	estemos	estuviéramos, estuviésemos
estaréis	estaríais	estéis	estuvierais, estuvieseis
estarán	estarían	estén	estuvieran, estuviesen
habré	habría	haya	hubiera, hubiese
habrás	habrías	hayas	hubieras, hubieses
habrá	habría	haya	hubiera, hubiese
habremos	habríamos	hayamos	hubiéramos, hubiésemos
habréis	habríais	hayáis	hubierais, hubieseis
habrán	habrían	hayan	hubieran, hubiesen
haré	haría	haga	hiciera, hiciese
harás	harías	hagas	hicieras, hicieses
hará	haría	haga	hiciera, hiciese
haremos	haríamos	hagamos	hiciéramos, hiciésemos
haréis	haríais	hagáis	hicierais, hicieseis
harán	harían	hagan	hicieran, hiciesen
iré	iría	vaya	fuera, fuese
irás	irías	vayas	fueras, fueses
irá	iría	vaya	fuera, fuese
iremos	iríamos	vayamos	fuéramos, fuésemos
iréis	iríais	vayáis	fuerais, fueseis
irán	irían	vayan	fueran, fuesen
oiré	oiría	oiga	oyera, oyese
oirás	oirías	oigas	oyeras, oyeses
oirá	oiría	oiga	oyera, oyese
oiremos	oiríamos	oigamos	oyéramos, oyésemos
oiréis	oiríais	oigáis	oyerais, oyeseis
oirán	oirían	oigan	oyeran, oyesen

APÉNDICES

INFINITIVO IMPERATIVO	GERUNDIO PARTICIPIO	PRESENTE DE INDICATIVO	IMPERFECTO DE INDICATIVO	PRETÉRITO DE INDICATIVO
poder (*to be able, can*)		puedo	podía	pude
		puedes	podías	pudiste
		puede	podía	pudo
		podemos	podíamos	pudimos
puede	pudiendo	podéis	podíais	pudisteis
poded	podido	pueden	podían	pudieron
poner (*to put, place*)		pongo	ponía	puse
		pones	ponías	pusiste
		pone	ponía	puso
		ponemos	poníamos	pusimos
pon	poniendo	ponéis	poníais	pusisteis
poned	puesto	ponen	ponían	pusieron
querer (*to want, wish*)		quiero	quería	quise
		quieres	querías	quisiste
		quiere	quería	quiso
		queremos	queríamos	quisimos
quiere	queriendo	queréis	queríais	quisisteis
quered	querido	quieren	querían	quisieron
saber (*to know, know how*)		sé	sabía	supe
		sabes	sabías	supiste
		sabe	sabía	supo
		sabemos	sabíamos	supimos
sabe	sabiendo	sabéis	sabíais	supisteis
sabed	sabido	saben	sabían	supieron
salir (*to leave, go out*)		salgo	salía	salí
		sales	salías	saliste
		sale	salía	salió
		salimos	salíamos	salimos
sal	saliendo	salís	salíais	salisteis
salid	salido	salen	salían	salieron
ser (*to be*)		soy	era	fui
		eres	eras	fuiste
		es	era	fue
		somos	éramos	fuimos
sé	siendo	sois	erais	fuisteis
sed	sido	son	eran	fueron

APÉNDICES

FUTURO	CONDICIONAL	PRESENTE DE SUBJUNTIVO	IMPERFECTO DE SUBJUNTIVO
podré	podría	pueda	pudiera, pudiese
podrás	podrías	puedas	pudieras, pudieses
podrá	podría	pueda	pudiera, pudiese
podremos	podríamos	podamos	pudiéramos, pudiésemos
podréis	podríais	podáis	pudierais, pudieseis
podrán	podrían	puedan	pudieran, pudiesen
pondré	pondría	ponga	pusiera, pusiese
pondrás	pondrías	pongas	pusieras, pusieses
pondrá	pondría	ponga	pusiera, pusiese
pondremos	pondríamos	pongamos	pusiéramos, pusiésemos
pondréis	pondríais	pongáis	pusierais, pusieseis
pondrán	pondrían	pongan	pusieran, pusiesen
querré	querría	quiera	quisiera, quisiese
querrás	querrías	quieras	quisieras, quisieses
querrá	querría	quiera	quisiera, quisiese
querremos	querríamos	queramos	quisiéramos, quisiésemos
querréis	querríais	queráis	quisierais, quisieseis
querrán	querrían	quieran	quisieran, quisiesen
sabré	sabría	sepa	supiera, supiese
sabrás	sabrías	sepas	supieras, supieses
sabrá	sabría	sepa	supiera, supiese
sabremos	sabríamos	sepamos	supiéramos, supiésemos
sabréis	sabríais	sepáis	supierais, supieseis
sabrán	sabrían	sepan	supieran, supiesen
saldré	saldría	salga	saliera, saliese
saldrás	saldrías	salgas	salieras, salieses
saldrá	saldría	salga	saliera, saliese
saldremos	saldríamos	salgamos	saliéramos, saliésemos
saldréis	saldríais	salgáis	salierais, salieseis
saldrán	saldrían	salgan	salieran, saliesen
seré	sería	sea	fuera, fuese
serás	serías	seas	fueras, fueses
será	sería	sea	fuera, fuese
seremos	seríamos	seamos	fuéramos, fuésemos
seréis	seríais	seáis	fuerais, fueseis
serán	serían	sean	fueran, fuesen.

APÉNDICES

INFINITIVO IMPERATIVO	GERUNDIO PARTICIPIO	PRESENTE DE INDICATIVO	IMPERFECTO DE INDICATIVO	PRETERITO DE INDICATIVO
tener (*to have*)		tengo	tenía	tuve
		tienes	tenías	tuviste
		tiene	tenía	tuvo
		tenemos	teníamos	tuvimos
ten	teniendo	tenéis	teníais	tuvisteis
tened	tenido	tienen	tenían	tuvieron
traer (*to bring*)		traigo	traía	traje
		traes	traías	trajiste
		trae	traía	trajo
		traemos	traíamos	trajimos
trae	trayendo	traéis	traíais	trajisteis
traed	traído	traen	traían	trajeron
valer (*to be worth*)		valgo	valía	valí
		vales	valías	valiste
		vale	valía	valió
		valemos	valíamos	valimos
val	valiendo	valéis	valíais	valisteis
valed	valido	valen	valían	valieron
venir (*to come*)		vengo	venía	vine
		vienes	venías	viniste
		viene	venía	vino
		venimos	veníamos	vinimos
ven	viniendo	venís	veníais	vinisteis
venid	venido	vienen	venían	vinieron
ver (*to see*)		veo	veía	vi
		ves	veías	viste
		ve	veía	vio
		vemos	veíamos	vimos
ve	viendo	veis	veíais	visteis
ved	visto	ven	veían	vieron

APÉNDICES

FUTURO	CONDICIONAL	PRESENTE DE SUBJUNTIVO	IMPERFECTO DE SUBJUNTIVO
tendré	tendría	tenga	tuviera, tuviese
tendrás	tendrías	tengas	tuvieras, tuvieses
tendrá	tendría	tenga	tuviera, tuviese
tendremos	tendríamos	tengamos	tuviéramos, tuviésemos
tendréis	tendríais	tengáis	tuvierais, tuvieseis
tendrán	tendrían	tengan	tuvieran, tuviesen
traeré	traería	traiga	trajera, trajese
traerás	traerías	traigas	trajeras, trajeses
traerá	traería	traiga	trajera, trajese
traeremos	traeríamos	traigamos	trajéramos, trajésemos
traeréis	traeríais	traigáis	trajerais, trajeseis
traerán	traerían	traigan	trajeran, trajesen
valdré	valdría	valga	valiera, valiese
valdrás	valdrías	valgas	valieras, valieses
valdrá	valdría	valga	valiera, valiese
valdremos	valdríamos	valgamos	valiéramos, valiésemos
valdréis	valdríais	valgáis	valierais, valieseis
valdrán	valdrían	valgan	valieran, valiesen
vendré	vendría	venga	viniera, viniese
vendrás	vendrías	vengas	vinieras, vinieses
vendrá	vendría	venga	viniera, viniese
vendremos	vendríamos	vengamos	viniéramos, viniésemos
vendréis	vendríais	vengáis	vinierais, vinieseis
vendrán	vendrían	vengan	vinieran, viniesen
veré	vería	vea	viera, viese
verás	verías	veas	vieras, vieses
verá	vería	vea	viera, viese
veremos	veríamos	veamos	viéramos, viésemos
veréis	veríais	veáis	vierais, vieseis
verán	verían	vean	vieran, viesen

APÉNDICES

10. Uso de preposiciones

VERBOS QUE TOMAN LA PREPOSICIÓN a

acercarse a[20] *to approach*
acostumbrarse a *to be accustomed to*
aficionarse a *to grow fond of*
atreverse a *to dare to*
ayudar a *to help to*
comenzar a *to begin to*
dar a *to face*
decidirse a *to decide to*
dedicarse a *to dedicate oneself to*
detenerse a *to stop to*
echarse a *to begin to, to burst out* + *el gerundio*

enseñar a *to teach (how) to*
invitar a *to invite to*
llegar a *to arrive at or in*
negarse a *to refuse to*
ponerse a *to begin to*
principiar a *to begin to*
referirse a *to refer to*
resignarse a *to resign oneself to*
subir a *to climb*
volver a *to do (something) again*

VERBOS QUE TOMAN LA PREPOSICIÓN de

acabar de *to have just (done something)*
acordarse de *to remember*
admirarse de *to be surprised at*
alegrarse de *to be glad of, rejoice at*
bajar de *to get off (bus, train, etc.)*
cesar de *to stop (doing something)*
deber de *should, must (para indicar probabilidad)*

dejar de *to stop (doing something)*
deshacerse de *to get rid of*
desistir de *to desist from, give up*
lamentarse de *to complain about, lament*
olvidarse de *to forget*
pensar de *to have an opinion about*
terminar de *to stop, end*
tratar de *to try to*

VERBOS QUE TOMAN LA PREPOSICIÓN en

consentir en *to consent to*
consistir en *to consist of*
convenir en *to agree to, agree upon*
empeñarse en *to persist in*
entrar en *to enter*
entretenerse en *to amuse oneself with or by*
equivocarse en *to make a mistake in or about*

fijarse en *to notice, pay attention to*
insistir en *to insist on*
obstinarse en *to persist in*
pensar en *to think of, turn one's thoughts to*
persistir en *to persist in*
quedar en *to agree to*
tardar en *to be long in, to delay*

---

[20] Con los verbos de movimiento el infinitivo va regido de la preposición **a**: **María va a ayudarme.** *Mary is going to help me.*

VERBOS QUE TOMAN LA PREPOSICIÓN con

casarse con *to marry*
contar con *to count on*

reunirse con *to meet, join*

VERBOS QUE NO TOMAN PREPOSICIÓN[21]

buscar *to look for*
deber *ought, must; to owe*
decidir *to decide*
dejar *to leave (something) behind*
escuchar *to listen to*
esperar *to hope for, wait for*
hacer *to have, make*
impedir *to prevent*
mandar *to command, order*
mirar *to look at*
oír *to hear (someone do something)*

ordenar *to order, command*
pedir *to ask for*
pensar *to intend; to think over, to meditate*
poder *to be able*
preferir *to prefer*
proponer *to propose*
querer *to want, wish*
saber *to know how*
sentir *to regret, feel*
soler *to be in the habit of*
ver *to see (someone do something)*

II. Modismos más frecuentes

a bordo *on board*
acabar de + inf. *to have just (done something)*
acabar por + inf. *to finish by (doing something)*
a casa *home* (ir a casa *to go home*)
a ciegas *blindly*
¿a cómo estamos? *what is today's date?*
¡adelante! *come in!*
a diario *daily*
a duras penas *with great difficulty*
ir *o* pagar a escote *to go Dutch*
a eso de *about, around (speaking of the time of day)*
a hurtadillas *on the sly, stealthily*
al aire libre *outdoors, in the open air*
a la carrera *rapidly, on the run*
a la derecha *at, to, on the right*
a la italiana *(in) Italian style*
a la izquierda *at, to, on the left*
a la sombra de *in the shade of*

---

[21] Algunos de estos verbos toman, naturalmente, preposición cuando el complemento directo se refiere a una persona: **Busco a Juan; busco los libros.**

APÉNDICES

al año *after a year*
al cabo de *o* al final de *at the end of*
al cabo de un rato *after a while*
al contado *cash, for cash*
al contrario *on the contrary*
al día siguiente *the next day, on the following day*
al fin *at last*
al hablar *on, upon speaking*
al instante *immediately*
al lado de *next to, beside, alongside of*
al menos *at least*
al parecer *apparently*
al principio *at the beginning*
al revés *on the contrary; wrong side out; backwards; the other way around*
al por mayor *wholesale*
al por menor *retail*
a lo largo de *along*
a lo lejos *in the distance*
a lo mejor *when least expected; maybe*
a lo sumo *at the utmost, at most*
allá voy *I am coming*
a más tardar *at the latest*
a medida que *as, at the same time as*
a menos que *unless*
a menudo *often*
andar bien (*el reloj*) *to keep good time* (*watch*)
andar a pie *to go afoot*
andar mal (de salud, de dinero, *etc.*) *to be* (*sick, broke, etc.*)
aparte de *besides*
a pesar de *in spite of*
a pesar mío *against my wishes*
a poco de *shortly after*
aprender a + inf. *to learn to*
aprender de memoria *to learn by heart*
apresurarse a + inf. *to hasten to*
a propósito *on purpose; by the way; suitable*
a propósito de *in regard to*
¿a qué hora . . . ? *at what time . . . ?*
aquí me tiene usted *here I am*
aquí tiene usted . . . *here is, here are . . .*
a sabiendas *knowingly*
a solas *alone*
así, así *so-so*

a tiempo *on time*
atreverse a *to dare (to)*
a última hora *at the last minute*
a veces *sometimes, at times*
a ver *let us see*
¡basta! *enough!*
buscar un empleo *to look for a job*
billete de ida *one-way ticket*
billete de ida y vuelta *round-trip ticket*
burlarse de *to make fun of*
cada vez más *more and more*
cada vez menos *less and less*
caer en que *to realize that, to "get" it*
caerse muerto *to drop dead*
calle abajo *o* calle arriba *down the street or up the street*
casarse con *to marry*
cerca de *near*
claro (que) *of course*
cobrar un cheque *to cash a check*
¿cómo? *what did you say? (I beg your pardon), what did you mean?*
como de costumbre *as usual*
¿cómo es . . . ? *what is . . . like?*
¿cómo le va? *how goes it with you? how are you getting along?*
¡cómo no! *of course!*
¿cómo se dice . . . ? *how do you say . . . ?*
¿cómo se llama usted? *what is your name?*
como siempre *as usual*
con énfasis *bombastically*
conforme *agreed*
con frecuencia *frequently*
con mil amores *gladly, delighted*
con mucho gusto *gladly, with pleasure*
contar con *to rely on, count on*
con su permiso, con permiso *excuse me . . .*
creer que sí *to think so*
cuesta abajo, cuesta arriba *downhill, uphill*
cuanto antes *as soon as possible*
¿cuánto (tiempo) hace que . . . ? *how long ago . . . ?*
cumpleaños *birthday*
cumplir . . . años *to be years . . . old, to reach one's . . . birthday*
cumplir con su deber *to fulfill one's duty*
cumplir la palabra *to keep one's word*
cumplirse los deseos *to fulfill one's desires*

APÉNDICES

dar a *to face, overlook, open upon*
dar con *to meet unexpectedly*
dar cuerda a *to wind*
dar las gracias *to thank*
darle a uno igual *to be indifferent, to be all the same to one*
darse cuenta de (que) *to realize (that)*
darse prisa *to hurry*
dar un paseo *to take a walk*
de antemano *beforehand*
deber *to owe; must, to be obliged to*
deber de + inf. *must, probably*
de buena gana *willingly*
decir muchos disparates *to talk nonsense*
decir que sí *to say yes*
de día *by day*
de excursión *on a picnic*
de frente *from the front; facing forward*
de golpe *all at once, suddenly*
dejar caer *to drop*
dejar de + inf. *to stop (doing something)*
dejarlo en $8 *to let it go for $8*
dejarse de bromas *to stop kidding*
de manera que *so (that)*
de memoria *by heart*
de modo que *so (that)*
de nada *you are welcome*
de ninguna manera, de ningún modo *by no means, absolutely not*
de noche *by night*
dentro de *within*
de nuevo *again*
de ordinario *usually*
de par en par *wide open*
de postre *for dessert*
de prisa *rapidly*
derecho *straight ahead*
desde hace mucho tiempo *for a long time*
de seguro *sure(ly)*
desgracia *misfortune;* ¡qué desgracia! *what a misfortune!*
despedir a alguien *to see someone off*
despedirse de alguien *to say goodbye to someone*
de todos modos *anyway*
de última moda *in the latest style*
de veras *really*

de vez en cuando *once in a while*
día de fiesta *holiday*
dichoso el que (*o* aquel que) *happy (is) he who*
¡Dios mío! *Heavens!*
dormir a pierna suelta (*o* como un lirón) *to sleep soundly, sleep like a log*
dormir como un bendito *to sleep peacefully*
echar a perder *to spoil, to ruin*
echar de menos *to miss*
echar la culpa *to blame*
echárselas de *to boast of being*
echarse *to lie down*
echarse a + inf. *to start* + *inf. or* + *present participle*
echarse a reír *to burst out laughing*
echar una carta al correo *to mail a letter*
el mes que viene *next month*
enamorarse de *to fall in love with*
en balde *in vain*
en busca de *in search of*
en casa *at home*
en cambio *on the other hand; in exchange*
en cuanto a *as for, in regard to*
en efecto *as a matter of fact*
en el acto *immediately*
en el fondo *at heart*
en el peor de los casos *if things come to the worst*
en fin *in short*
en punto *sharp, on the dot*
¿en qué puedo servirle? *what can I do for you?*
en seguida *immediately*
en todas partes *everywhere*
en torno suyo *around him*
entre paréntesis *in parentheses; by the way*
en vez de *instead of*
en voz alta *aloud, in a loud voice*
en voz baja *in a low voice*
es decir *that is to say*
es hora de *it is time to*
eso es *that's it*
eso no vale *that is not fair*
está bien *it is all right; O.K.*
estar a punto de *to be about to*
estar de vuelta *to be back*
estar enamorado de *to be in love with*

APÉNDICES

estar hecho una sopa *to be soaked*
estar loco de alegría *to be very glad*
estar muerto de hambre *to be starving*
estar muerto de sueño *to be very sleepy*
estar por las nubes *to be sky high*
es verdad *it is true, it is so*
faltar *to be lacking;* no faltar *not to fail to; not to miss*
¡figúrese! *imagine*
fijarse (en) *to pay attention (to), to notice, take notice (of)*
fin de semana *week end*
fumarse la clase *to play hooky, to "cut" class*
ganarse la vida *to earn one's living*
haber que *to have to*
había una vez *once upon a time, there was*
hablar por los codos *to talk a blue streak*
hace poco *a while ago*
hacer caso *to mind, obey, pay attention*
hacer de *to act as*
hacer el baúl, la maleta *to pack a trunk, a suitcase*
hacer escala *to stop (a boat in different ports)*
hacer falta *to be lacking; to miss, to need*
hacer hincapié *to emphasize*
hacer novillos *to play hooky, to "cut" class*
hacer + tiempo *time + ago;* hace dos días *two days ago*
hacer una visita *to pay a call*
hacer un papel *to take part (in a play)*
hacer el papel de . . . *to play the part of . . .*
hacer un viaje *to take a trip*
hacer una pregunta *to ask a question*
hacerse amigos *to become friends*
hacerse médico *to become a doctor*
hacerse tarde *to get late*
haga(n) usted(es) el favor de + inf. *please + inf.*
hasta la fecha *up till now*
hasta la vista *so long*
hasta luego *so long*
hasta mañana *(I'll) see you tomorrow*
he dicho *I thank you (said at end of a speech)*
importar: no me importa un pepino *I don't care at all*
ir al centro *to go downtown*
ir de tiendas *to go shopping*
ir y venir *going and coming, hustle and bustle*
irse a pique *to sink*

írsele a uno el santo al cielo *to forget (completely)*
la lección de geografía *the geography lesson*
la verdad *to tell the truth*
la mar *much, a great deal; very, extremely;* la mar de *a lot of;* divertirse la mar *to have a wonderful time;* estudiar la mar *to study one's head off;* es la mar de bonita *she is extremely beautiful*
¿le importa? *do you mind?*
letra de una canción *words of a song, lyrics*
lo de menos *the least important thing, part*
lo de siempre *just as usual, the same old story*
lo más pronto posible *as soon as possible*
lo mismo da *it's all the same, it makes no difference*
lo que importa *what matters*
lo siento *I am sorry*
llamar a la puerta *to knock at (on) the door*
llegar: ha llegado la hora *the time has come; "this is it"*
llegar a tiempo *to arrive on time*
llegar tarde *to be late*
llevar a cabo *to carry out*
llover a cántaros *to rain cats and dogs*
mantener *o* sostener el interés *to hold one's interest*
me da lo mismo *it's all the same to me*
mejor dicho *rather, in other words*
mejor que mejor *so much the better*
mejor que nunca *better than ever*
menos mal *so much the better, it's a good thing that . . .*
merecer la pena *to be worth while*
mientras tanto *meanwhile, in the meantime*
mirar de hito en hito *to look fixedly at*
mirar de reojo *to look askance at*
momentos después *a few moments later*
morirse de risa *to die laughing*
mucho *very* ¿Es bonita? Mucho. *Is she pretty? Very.*
mucho gusto *How do you do.*
mudarse *to move; to change clothes*
muerto de hambre, cansancio, sueño *starved, very sleepy, dead tired*
nada de particular *nothing special*
naturalmente *of course*
no dejar de *not to fail to*
¿no es verdad? ¿verdad? *is it not so?*
¿de veras? *really?*
no hay de qué *you are welcome*
no hay más remedio *there is no other solution*

APÉNDICES

no importa *it does not matter*
no obstante *nevertheless*
no poder más *not to be able to stand anymore*
no poder menos de *cannot help but; cannot but*
no se apure *do not worry*
no servir para nada *to be good for nothing*
ocurrírsele a uno *to have (get) an idea*
oír decir *to hear said*
oír hablar de *to hear about*
pagar una visita *to return a call*
¿para qué? *what's the use?*
me parece *it seems to me, I think*
pasar *to happen (¿Qué pasa? What is the matter?)*
pasar lista *to call the roll*
pasarlo bien *to have a good time*
pasar una temporada *to visit, to spend a few days, weeks, etc.*
peor que nunca *worse than ever*
peor que peor *so much the worse*
perder el tiempo *to waste (one's) time*
perros y gatos: andar como perros y gatos *to hate each other, have a mutual aversion (as cats and dogs)*
poco a poco *gradually*
poco más o menos *more or less, about, approximately*
poner en escena *to stage, to put on a show*
poner la radio *to turn on the radio*
ponerse como una sopa *to get soaking wet*
ponerse así *to get that way*
ponerse pesado *to become boring*
ponerse triste *to become sad*
ponerse de rodillas *to kneel (down)*
por allí *that way; around there*
por aquí *this way; around here*
por casualidad *by chance*
por consiguiente *therefore*
por cumplir *as a matter of form*
por desgracia *unfortunately*
por docenas *by the dozen*
por escrito *in writing*
por favor *please*
por fin *finally*
por la derecha, por la izquierda *to the right, to the left*
por la mañana *in the morning*
por lo común *as a rule*

por lo general *generally*
por lo menos *at least*
por lo mismo *for that very reason*
por lo tanto *therefore*
por lo visto *apparently*
por más que *no matter how much*
por mí *as far as I am concerned*
por poco *almost*
por supuesto *of course*
por todas partes *everywhere*
prestar atención *to pay attention*
puesto que *since, seeing that, because*
pura mentira *nothing but a lie*
¿qué es de . . . ? *what has become of . . . ?*
¿Qué hay de nuevo? *What's new?*
¿Qué hora es? *What time is it?*
¡Qué lástima! *What a pity!*
¿Qué le parece? *How do you like it? What about it? What do you think of . . . ?*
Que le vaya bien. *Good luck to you.*
¿Qué tiempo hace hoy? *What is the weather like today?*
querer decir *to mean*
¿Qué se le ofrece? *What can I do for you?*
¡qué suerte! *how lucky!*
que yo sepa *as far as I know*
¿Quiere usted sentarse? *Please have a seat.*
recién casado *newlywed, just married*
recién nacido *newborn*
recién llegado *newcomer, just arrived*
reírse de *to laugh at, to make fun of*
río abajo, río arriba *downstream, upstream*
saber de memoria *to know by heart*
sabe a *it tastes like*
sacar de quicio *to get on one's nerves*
sano y salvo *safe and sound*
sentar bien *to fit, be becoming; to agree with one (speaking of food, climate, etc.)*
¿Se puede? *May I come in?*
ser aficionado a *to be fond of*
ser una lata *to be a bore*
sin duda *no doubt*
sin embargo *nevertheless*
sin par *unequaled*
sin querer *without meaning to, unintentionally*

APÉNDICES

sobrarle a uno *to have more than enough; to have left over*
sobre cubierta *on deck*
tal para cual *birds of a feather, two of a kind*
tan de mañana *so early (in the morning)*
tanto mejor *so much the better*
tardar en *to be slow in, to take a long time to*
tarde o temprano *sooner or later*
tener . . . años *to be . . . years old*
tener cara de *to look like, seem;* tener cara de llover *to look as if it were going to rain;* tiene cara de bueno *he seems to be a good man;* tiene cara de pocos amigos *he seems to be unfriendly*
tener cuidado *to be careful, to take care*
tener éxito *to be successful*
tener ganas de *to feel like*
tener mucho gusto en *to be pleased to*
tener la culpa *to be to blame, to be one's fault*
tener la palabra *to have the floor*
tener buena o mala cara *to look good or bad*
tener que *to have to*
tener razón *to be right*
tocarle a uno *to be up to, to be one's turn*
todavía no *not yet*
tomar el pelo a *to "kid", to fool (someone)*
tomar el sol *to take (bask in) the sun*
tomar (coger, pedir) prestado *to borrow*
tratar de *to try; to deal with*
tratarse de *to be a question of*
valer la pena *to be worthwhile*
¡vaya una contestación! *my, what an answer!*
¡vaya un programa! *what a program!*
venir de perlas *to be a godsend, to suit to a T*
vez *time;* una, vez, había una vez, érase una vez *once upon a time;* alguna que otra vez *once in a while;* de vez en cuando *once in a while;* una y otra vez *again and again;* tal vez *perhaps;* muchas veces *often;* las veces que *the times that*
viajar por *to travel in, to travel around*
vivo o muerto *dead or alive*
volver a + inf. *to do (something) again*
volverse loco *to go crazy*
voy *I am coming*
ya lo creo *I should say so, of course*
ya no *no longer*
y en paz *(and) no hard feelings*

12. Palabras y frases cuyo uso presenta dificultad a los alumnos extranjeros

1. **acerca de** *about, concerning, with regard to*
   cerca de *near*
2. **acordar** *to agree*
   acordarse de *to remember*
   recordar *to remember, to remind*
   estar de acuerdo *to be in agreement, to be agreed*
3. **aguantar** *to bear, endure*
   ponerse de pie *to stand up*
   estar de pie *to be standing*
4. **alegrar** *to cheer, make happy*
   alegrarse *to be glad, rejoice*
   alegrarse de + inf. *to be glad to* + *inf.*
   alegrarse por + pronombre *to be glad for* + *pronoun*
   alegrarse de que + subjuntivo *to be glad that* + *indicative*
   sentir *to regret, be sorry*
5. **amo** *owner, master*
   maestro *teacher*
   profesor *professor, teacher*
6. **ambos niños** *both children*
   tanto el niño como su madre *both the child and their mother*
7. **la aparición** *the apparition, ghost, phantom*
   la apariencia *the appearance*
   el aspecto *the look, aspect, appearance*
8. **asistir (a)** *to attend, be present (at)*
   asistir *to take care of*
   atender *to pay attention, show courtesy*
9. **el auditorio** *the audience*
   la audiencia *the hearing, audience (formal interview with a person of high rank)*
10. **aún** *still*
    aún no *not yet*
    todavía *yet*
    todavía no *not yet*
    ya *already*
    ya no *no longer*

309

APÉNDICES

11. **azarado, azorado, corrido** *embarrassed*
    embarazada *pregnant*
12. **bastante** *enough, quite*
    demasiado *too*
    demasiado, -a, -os, -as *too much, too many*
13. **biblioteca** *library*
    bibliotecario *librarian*
    librería *bookstore*
    librero *bookseller, bookdealer*
14. **bien equilibrado** *well-balanced*
15. **buscar** *to look for*
    pedir *to ask for*
16. **caballo** *horse*
    caballero *horseman, knight, gentleman*
    caballería *knighthood, chivalry*
    cabello *hair*
17. **cada vez más hermoso** *more and more beautiful*
    cada vez menos hermoso *less and less beautiful*
18. **campo** *country (not city), field*
    país *country, nation*
    paisaje *landscape*
19. **el cambio** *the change, exchange*
    a cambio de *in exchange for*
    en cambio *on the other hand*
20. **la capital** *the capital (city)*
    el capital *(the) capital (wealth)*
    el capitel *ornamented top of a column*
    el capítulo *chapter*
21. **casarse con** *to marry*
    enamorarse de *to fall in love with*
    estar enamorado de *to be in love with*
22. **la cima** *the summit, peak*
    la sima *the abyss, chasm*
23. **el comienzo, el principio** *the beginning*
    el principio *the principle*
24. **conmover** *to move emotionally*
    conmoverse *to be moved*
    conmovedor *moving, touching*
    tocante a *concerning*
25. **conocer** *to know, be acquainted with, to meet, become acquainted with*
    saber *to know, to have knowledge of, to know how*
26. **consistir en** *to consist of*
27. **el corte** *the cut, cutting, edge, fitting*

    la corte *the court, retinue, courtship*
28. **creer** *to think, believe, suppose*
    pensar *to have in mind, meditate, think over*
    crear *to create*
    criar *to bring up, to nurse*
    gritar *to shout*
29. **cuadro** *picture*
    cuarto *room, quarter, fourth*
    cuatro *four*
    cuadra *stable, block of houses (South American)*
30. **cuenta** *bill (for something bought), bead, account*
    cuento *short story*
31. **dar a luz** *to give birth (person)*
    parir *to give birth (animal)*
32. **el dato** *the fact*
    la fecha *the date*
    el dátil *the date*
    el hecho *the deed, the fact*
    la cita *appointment*
33. **deber** *to owe, should, must (obligation)*
    deber de *must (probability)*
34. **dejar** *to leave something or somebody*
    salir *to depart, leave or come or go out of a place*
    quitar *to take off, to take away (something)*
35. **desde este punto de vista** *from this point of view*
36. **discutir** *to argue*
    comentar *to discuss*
37. **distinto** *different*
    claro *distinct, clear*
38. **e** *por* **y**
    hijo y padre *son and father*
    padre e hijo *father and son*
39. **elegía** *elegy*
    égloga *eclogue (pastoral poem)*
40. **enterrar** *to bury*
    enterar *to inform*
    enterarse de *to find out about*
    estar bien enterado *to be well-informed*
41. **enviar** o **mandar** *to send*
    envidiar *to envy*
42. **español elemental** *basic Spanish*
43. **estacionar (aparcar) el coche** o **el auto** *to park (the car)*
44. **estar alegre** o **contento** *to be glad (for some reason)*

APÉNDICES

    ser alegre *to be of a happy disposition, to be gay*
    ser feliz *to be happy (permanently)*
45. **éxito** *success*
    tener éxito *to be successful*
    lograr *to succeed in (doing something)*
    suceso *event, happening*
    suceder *to happen*
    salida *exit*
    salir *to go out*
46. **expresar** *to express, put into words one's feelings, etc.*
    exprimir *to squeeze (a lemon)*
47. **extraño** *strange, rare, stranger*
    extranjero *foreign, foreigner*
    forastero *a person from another city, from out of town*
48. **fecha** *date (calendar)*
    dato *fact*
49. **folleto** *pamphlet*
50. **funciona** *it works (said of mechanism, mechanical device)*
    trabaja *he works, labors*
51. **genio** *genius, genial*
    ingenio *wit*
    ingenioso *witty, clever*
    mal genio *bad temper*
    buen genio *good disposition*
52. **gustar más** *to like better, to prefer*
53. **hace dos años que vino** o **vino hace dos años** *he came two years ago*
    hacía dos años que no venía o **no venía hacía dos años** *he had not come for two years*
54. **hacer el papel de** *to play the part or role of*
    tomar parte *to take part*
55. **hacer hincapié en, recalcar** *to emphasize*
    con énfasis *bombastically*
56. **hacia** *toward*
    hasta *until, as far as, even*
57. **la hora** *the hour, time of day*
    la vez *the time, occasion*
    una vez *once*
    a su vez *in his, her, your, their turn*
    tiempo *time, weather*
58. **el individuo** *the person*
    individual *individual, personal*
59. **impresionar** *to impress*
    imprimir *to print*

APÉNDICES

60. **largo** *long*
    grande *large*
61. **el lector** *the reader (person)*
    libro de lectura *reader (book)*
    el conferenciante *the lecturer*
62. **lectura** *reading*
    conferencia *lecture*
    entrevista *interview*
    cita *appointment, date*
63. **libros de consulta** *reference books*
64. **lírico** *lyrical*
    lirismo *lyricism*
65. **lujo** *luxury*
    lujoso *luxurious*
    lujuria *lust*
    lujurioso *lustful*
66. **llevar** *to take (somebody or something somewhere)*
    tomar *to take (something in your hand), to eat, drink*
67. **la mantilla** *the lace veil or scarf worn over the head and shoulders*
    el mantón *the shawl*
    mantón de Manila *Spanish shawl (a garment of Filipino origin)*
68. **medio, -a** *half*
    el medio *the middle, the means, the environment*
    la media *the stocking, the half hour*
69. **moneda** *coin*
    dinero *money*
70. **la moral** *(the) morals, proper conduct*
    la moralidad *(the) morality*
    la moraleja *the moral (practical lesson taught by a story, fable, tale)*
71. **mosca** *fly*
    mosquito *mosquito*
    mezquita *mosque*
72. **mover** *to move*
    mudar *to change (something from one place to another)*
    mudarse *to move (from one house to another), to change one's clothes*
73. **muerto** *dead*
    el muerto *the dead man*
    la muerta *the dead woman*
    la Muerte *Death*
74. **la orden** *the order, command, the religious order*
    el orden *the order, arrangement, the discipline*
75. **ocurrir** *to happen*
    ocurrírsele a uno *to occur, to come to one's mind*
    ocurrencia *idea*

76. **otro** *other, another*
77. **el pasaje** *the passage (on a boat), ticket (for a boat trip), passage (in a book)*
    el paisaje *the landscape*
78. **pedir** *to request, ask for*
    preguntar *to question, ask (in order to get information)*
    preguntar por *to inquire about*
79. **pensar en** *to think of*
    pensar de *to have an opinion about*
80. **el pez** *the fish (in the water)*
    el pescado *the fish (in the market or on the table)*
81. **ponerse pálido, triste, furioso, gordo, enfermo,** etc. *to become pale, sad, furious, fat, ill, etc. (Supone un cambio involuntario, sea físico o emocional.)*
    volverse loco *to go mad, crazy. (Supone un cambio repentino e involuntario.)*
    hacerse médico, rico, etc. *to become a doctor, rich, etc. (Supone un esfuerzo de parte de la persona.)*
    llegar a ser *to become. (Supone un cambio gradual en que la persona hace un esfuerzo.)*
82. **por más que** *no matter how much*
    no importa *it does not matter*
83. **presentar** *to introduce (a person)*
    introducir *to insert, usher in*
84. **prestar** *to lend*
    coger, pedir o **tomar prestado, -a, -os, -as** *to borrow*
    devolver *to return, give back (what one borrows)*
85. **profesorado** *faculty, teaching staff*
    facultad de medicina *medical school*
86. **pronto** *soon*
    de pronto o **de repente** *suddenly*
    en seguida *immediately*
    de prisa *fast*
87. **quedarse** *to remain, stay*
    restar *to subtract*
88. **realizar** *to fulfill, carry out, achieve*
    darse cuenta de *to realize, to become aware of*
89. **recalcar, acentuar, hacer hincapié en** *to emphasize*
90. **reflejar** *to reflect, throw (light, heat, sound)*
    reflexionar *to think about, ponder over (something)*
91. **el refrán** *the proverb*
    el estribillo *the refrain*
92. **respeto** *respect*
    respecto a *in regard to*
93. **rebelarse** *to rebel, revolt*
    revelar *to reveal*

94. **románico** *Romanesque*
    romano *Roman*
    romántico *romantic*
95. **salir** *to go out*
    partir *to leave, depart*
    quitar *to remove, take away (something)*
    quitarse *to take off (garment)*
96. **sencillez** *naturalness*
    simplicidad *simplicity*
    simpleza *foolishness*
97. **sencillo** *simple, unaffected, unassuming*
    simple *simple, lacking in sense, silly*
98. **sensible** *sensitive*
    sensitivo *sensitive*
    práctico *sensible, intelligent, wise*
99. **sentar bien, estar bien, ir bien** *to be becoming, look good on (said of clothing, etc.)*
    sentar bien a *to agree with (said of food, etc.)*
100. **sentido** *sense, meaning*
     sensación *sensation*
     sentimiento *sentiment*
101. **sentir** *to feel, regret, be sorry for (something)*
     sentirse *to be resentful*
     sentirse bien *to feel good*
     sentar *to seat, to sit*
     sentarse *to seat oneself, to sit down*
102. **sobre esta base** *on these conditions*
103. **sospechoso** *suspicious*
     suspicaz *distrustful*
104. **sujeto** *fellow, grammatical subject*
     tema *subject, subject matter, theme*
105. **visitar, hacer una visita** *to make a call*
     pasar una temporada *to visit, to spend a few days, weeks, etc.*
106. **-s-, -c- y -z-:**
     abrasar *to burn*
     abrazar *to embrace*
     brasa *live coal*
     brazo *arm (part of body)*
     abrazo *embrace*
     casar *to marry*
     cazar *to hunt*
     siervo *serf*
     ciervo *deer*

APÉNDICES

107. **también** *also, too*
tampoco *neither*
108. **trabajo de secretaria** *clerical work*
109. **u y o:**
ocho o siete, siete u ocho
Olga o María, María u Olga
110. **vencer** *to conquer, defeat*
vengar *to revenge, to avenge*
111. **verso** *line of poetry*
línea *line (in general sense)*
estrofa *stanza*
poema *long or epic poem, also poem*
poesía *poetry, poem*

13. Abreviaturas

af.mo o afmo.	afectísimo	por ej.	por ejemplo
ap.	aparte	P. S.	postscriptum
B. L. M.	besa la mano	1er	primer
B. L. P.	besa los pies	Q. D. G.	que Dios guarde
cap.	capítulo	q. e. g. e.	que en gracia esté
corr.te	corriente	q. e. p. d.	que en paz descanse
D. o D.n	Don	R. I. P.	requiescat in pace
D.a	Doña	R. P.	reverendo padre
Dr.	Doctor	secret.o	secretario
E.	este	s. e. u. o.	salvo error u omisión
etc.	etcétera	2o	segundo
Fr.	Fray	sig.te	siguiente
id.	idem	Sr.	Señor
imp.	imprenta	Sra.	Señora
izq.a	izquierda	Srta.	Señorita
Kg.	kilogramo	3er	tercer
Km.	kilómetro	t.	tomo
lb.	libra	tít.	título
m.	metro, minuto	U. o Ud.	usted
Ms.	manuscrito	Us. o Uds.	ustedes
N.	norte	V. o Vd.	usted
N. B.	Nótese bien	v. g. o v. gr.	verbi gratia, por ejemplo
N. S.	Nuestro Señor		
N.a S.a	Nuestra Señora	Vs. o Vds.	ustedes
núm.	número	S. S. S.	Su seguro servidor
O.	oeste	Su afmo.	Su afectísimo
pág.	página	vol.	volumen
P. D.	postdata		

… Cancionero

Serranilla

1. En lo alto de aquella montaña yo corté una caña, yo corté una flor, pa' el labrador, labrador ha de ser.

2. Que quiero a un labradorcillo que coja las mulas y se vaya a arar, y a la media noche me venga a rondar. Con las castañuelas, con el almirez y la pandereta que retumbe bien.

La Tarara

La Tarara, sí, la Tarara, no, la Tarara, niña, que la he visto yo.

1. Lleva mi Tarara un vestido verde, lleno de volantes y de cascabeles.
2. Luce mi Tarara sus colas de seda entre las retamas y la hierbabuena.

Cielito lindo

Autoharp in C:

De la Sierra Morena, cielito lindo, vienen bajando un par de ojitos negros, cielito lindo, de contrabando.

¡Ay, ay, ay, ay! Canta y no llores, porque cantando se alegran, cielito lindo, los corazones.

Las mañanitas

Es-tas son las ma-ña-ni-tas que can-ta-ba el rey Da-vid,* a las mu-cha-chas bo-ni-tas se las can-ta-ba a-sí:* Des-pier-ta, mi bien, des-pier-ta, mi-ra que ya a-ma-ne-ció;* ya los pa-ja-ri-llos can-tan, la lu-na ya se me-tió.*

Los cuatro muleros

1. De los cuatro muleros, de los cuatro muleros, de los cuatro muleros, ¡mamita mía!, que van al río, que van al río...
2. El de la mula torda, el de la mula torda, el de la mula torda, ¡mamita mía!, es mi marido, es mi marido.

3. De los cuatro muleros,
   de los cuatro muleros,
   de los cuatro muleros,
   ¡mamita mía!,
   que van al agua,
   que van al agua...

4. El de la mula torda,
   el de la mula torda,
   el de la mula torda,
   ¡mamita mía!,
   me roba el alma,
   me roba el alma.

Ya se van los pastores

1. Ya se van los pastores a la Extremadura,
ya se van los pastores a la Extremadura;
ya se queda la sierra triste y oscura,
ya se queda la sierra triste y oscura.

2. Ya se van los pastores, ya se van marchando;
ya se van los pastores, ya se van marchando;
más de cuatro zagalas quedan llorando,
más de cuatro zagalas quedan llorando.

3. Ya se van los pastores
hacia la majada,
ya se van los pastores
hacia la majada;
ya se queda la sierra
triste y callada,
ya se queda la sierra
triste y callada.

Uno de enero

Uno de enero, dos de febrero, tres de marzo, cuatro de abril, cinco de mayo, seis de junio, siete de julio, San Fermín. Uno de enero... mín. La la la la la la la. ¿Quién ha roto la pandereta? La la la la la la. El que la ha roto la pagará. La la rá.

Los cordones

Autoharp in F:

Los cor-do-nes que tú me da-bas nie-
ran de se-da, nie-ran de la-na,
* nie-ran de la-na, nie-ran de se-da; todos me di-cen que no te quie-ra.
* E-res bue-na mo-za, sí, cuan-do por la ca-lle vas,
e-res bue-na mo-za, sí, pe-ro no te ca-sa-rás;
* pe-ro no te ca-sa-rás, ca-ri-ta de se-ra-fín,
pe-ro no te ca-sa-rás por-que me lo han di-cho a mí. *

El burro de Villarino

1. Ya se murió el burro que acarreaba la vinagre. * Ya lo llevó Dios de esta vida miserable. * Que tu-ru-ru-ru-rú, que tu-ru-ru-ru-rú, que tu-ru-ru-ru-rú, que tu-ru-ru-ru-rú. *

2. Estiró la pata, arrugó el hocico, * con el rabo tieso decía "Adiós Perico." * Que tu-ru-ru-ru-rú, etc.

3. Él era valiente,
él era mohino.
Él era el alivio
de todo Villarino.
Que tu-ru-ru-ru-rú, etc.

4. Todas las vecinas
fueron al entierro,
la tía María
tocando el cencerro.
Que tu-ru-ru-ru-rú, etc.

Vocabulario

NOTAS

Se suprimen en este vocabulario:
1. la mayoría de las palabras de ortografía semejante e idéntico significado en inglés, vg. *talento, general,* etc.
2. artículos, pronombres personales, pronombres y adjetivos demostrativos y posesivos, salvo en casos especiales.
3. los números cardinales.
4. los adverbios terminados en -*mente* si se dan los adjetivos de los que se derivan.
5. los superlativos en -*ísimo, -ísima,* y, con raras excepciones, los diminutivos en *-ito, -ita, -illo, -illa.*
6. las formas del verbo con excepción del infinitivo y participios irregulares.

No se indica el género de nombres y adjetivos si terminan en -*o* el masculino y en -*a* el femenino. (Los nombres terminados en *-a, -dad, -ción, -tad, -tud, -umbre* son femeninos.)

En los infinitivos se dan en paréntesis los cambios que sufre la raíz (*ie*), (*ue*), (*i*), (*u*).

Se emplean las siguientes abreviaturas:

adj.	adjetivo	*lit.*	literal(mente)
adv.	adverbio	*m.*	masculino
arc.	arcaico	*n.*	nombre
aum.	aumentativo	*neut.*	neutro
conj.	conjunción	*pág.*	página
desp.	despectivo	*pl.*	plural
dim.	diminutivo	*pop.*	popular (refiriéndose al habla del pueblo)
etc.	etcétera	*p.p.*	participio pasivo
f.	femenino	*prep.*	preposición
fig.	figurado	*pret.*	pretérito
imp.	imperfecto	*pron.*	pronombre
imper.	imperativo	*sing.*	singular
impers.	impersonal	*subj.*	subjuntivo
ind.	indicativo	*vg.*	verbi gratia, por ejemplo
interj.	interjección		

A

a to, at; on; in, into; from
abajo below, down; **hacia** ____ downward
abandonar to abandon; to leave
abanicar to fan
abdicar to abdicate
abecedario A B C's
abierto -a open, opened
abogado lawyer; ____ **de fama** famous lawyer
abolición abolition, freeing
abolir to abolish, revoke, repeal
aborrecer to abhor, hate, detest
abrasar to set afire, burn; ____**se** to burn
abrazar(se) to embrace
abrazo embrace, hug
abreviatura abbreviation
abrigo (over)coat
abril April
abrir to open
abrochar to button, hook
absoluto -a absolute; **en** ____ absolutely
abstenerse to abstain; ____**se de** to abstain, refrain from
abstracto -a abstract
abstraer to abstract; ____**se** to be absorbed
abuela grandmother
abuelo grandfather; *pl.* grandparents
aburrido -a bored, boring
aburrimiento boredom, bore
aburrir to bore
acá here, around here, over here
acabar to end, finish; ____ **de** to have just; ____ **por** to finish by
academia academy; **Academia Española [de la Lengua]** Spanish Academy
acaso perhaps
accidente *m.* accident
aceite *m.* oil
aceituna olive
acentuado -a accented
acentuar to accent; to emphasize
acera sidewalk
acerca de about, concerning, with regard to
acercarse (a) to approach, come near (to)
acertar a (ie) to hit the mark; to guess right
aclarar to brighten; to clarify
aclaratorio -a explanatory
acompañar to accompany
aconsejar to advise
acordar (ue) to agree upon, decide; ____**se de** to remember
acostao = **acostado**
acostado -a lying down
acostar (ue) to put to bed; ____**se** to go to bed, lie down
acostumbrar to accustom; ____ (+ *inf.*) to be accustomed; ____**se a** to become accustomed
acróbata *m. & f.* acrobat
actitud *f.* attitude
acto act, event; **en el** ____ immediately
actor *m.* actor
actriz *f.* actress
actuar to act; ____ **de** to act as
acuarela water color
acuerdo accord, agreement; **de** ____ in accord, in agreement, agreed; **ponerse de** ____ **con** to reach an agreement with
adecuado -a fitting, suitable
Adela Adele
adelante ahead, forward; ¡____! Come in! **de ahora en** ____ from now on; **más** ____ farther on, later
además besides; ____ **de** besides, in addition to
adentro inside, within
adiós goodbye
adivinanza riddle
adivinar to guess
adjetivo -a adjective, adjectival; *n.* adjective
admiración admiration; exclamation; **signo de** ____ exclamation mark
admirar to admire; ____**se de** to wonder at, be surprised at
admirativo -a admiring, admirable; exclamatory
admitir to admit; to permit
¿adónde? where? where to?
adonde where, whither
adorno adornment

iii

aduana customhouse
advertir (ie, i) to notice, observe; to warn, notify
aeropuerto airport
afectar to affect
afeitar to shave
afición fondness, liking; inclination; **tener ___ a** to be fond of
aficionado -a fan, amateur; **ser ___ a** to be fond of, a follower of
aficionarse a to become fond of
afirmación affirmation, agreement
afirmar to affirm, assert
afirmativo -a affirmative
afligir(se) to grieve
afuera outside
agente *m.* agent; **complemento ___** agent (*in passive voice*)
agitado -a agitated, excited
agosto August
agradable agreeable, pleasant, nice
agradecer to thank; to be grateful for
agrio -a sour
aguacero shower, downpour
aguada water color
aguantar to bear; to tolerate, stand
aguar to water
agudo -a acute, sharp
águila eagle
aguja needle
agustino -a Augustinian
¡ah! ah! oh!
ahí there; **de ___** hence
ahogado -a drowned
ahogar (se) to drown
ahora now; **___ mismo** right now; **de ___ en adelante** from now on
Aída *Heroine of Verdi's opera of the same name*
aire *m.* air; **al ___ libre** in the open air, out-of-doors
airoso -a airy, breezy; graceful
ajedrez *m.* chess
ajeno -a another's
ala wing
alabar to praise
alameda poplar grove; tree-lined walk
álamo poplar; **___ temblón** aspen tree

alarma alarm; **voz de ___** alarm
Alberto Albert
álbum *m.* album
alcaide *m.* governor (*of a fortress*)
alcázar *m.* fortress, palace; **el Alcázar** *Moorish palace in Sevilla and in Segovia*
alegrar to cheer, make happy; **___se (de, con, por)** to be glad (of)
alegre gay, happy
alegría joy, cheer
alemán -a German
Alemania Germany
alentar (ie) to encourage
alfabeto alphabet
alfiler *m.* pin; stickpin; brooch
Alfonso el Sabio *Alphonse X, the Learned, King of Castile in the thirteenth century*
algo something, anything; *adv.* somewhat
algodón *m.* cotton
alguien someone
alguno -a some, any; *pl.* some, a few; *pron.* someone, anyone
Alhambra *Arabic palace-fortress in Granada*
alma soul
almendra almond
almorzar (ue) to (have) lunch
almuerzo lunch
alquilar to rent
alrededor around; **___ de** around; *m. pl.* outskirts
alterar to alter; to disturb, upset; **___se** to be disturbed, become angry
altivo -a proud, haughty
alto -a tall, high; loud; **¡___!** Stop! Halt! **en ___** up high
altura height, altitude
aludir to allude
alumbrar to light, illuminate
alumno -a student
allá there, over there; **el más ___** the (life) beyond; **más ___ de** beyond
allí there; **por ___** that way, around there
ama mistress (*of a household*); nurse
amable amiable, affable

APLAUDIDO

amado-a loved, beloved; *n.* beloved
amador *m.* lover
amaestrado -a trained
amainar to subside, die down
amanecer to dawn, get light; *m.* dawn, daybreak; **al** ____ at daybreak
amante fond; loving; *m.* lover
amapola poppy
amar to love
amargo -a bitter
amarillo -a yellow
amatista amethyst
Amazonas *m.* Amazon (River) *in Brazil*
ambiente *m.* atmosphere
ambos -as both
amenazador -a threatening, menacing
ameno -a charming
América: ____ **del Sur** South America
americana sack coat
amigo -a friend; **hacerse (muy)** ____ **os,** ____ **as** to become (good) friends
amo master; owner
amor *m.* love; *pl.* love affair; **con mil** ____ **es** with great pleasure, delighted
amoroso -a loving
Ana Anna
análisis *m.* analysis
anciana old woman
anciano old man
ancla anchor
ancho -a wide
andar to go; to walk; to run; **¡anda!** come now! gracious!
andén *m.* (railway) platform
anécdota anecdote
ángel *m.* angel
angosto -a narrow
angustia anguish, distress
anhelar to desire eagerly; to crave; to wish ardently
anillo ring; ____ **de matrimonio** wedding ring
animado -a animated, lively
animal *m.* animal
animarse to cheer up
ánimo soul, spirit; mind
anoche last night

anochecer to grow dark
ante before, in front of
anteanoche night before last
anteayer day before yesterday
antecedente *m.* antecedent
antemano: de ____ beforehand, in advance
anteponer to place before; to prefix
antepretérito = **pretérito anterior** preterite perfect
antepuesto *p. p. of* **anteponer**
anterior anterior, preceding; ____ **a** previous to, prior to
antes before; formerly; first; ____ **de** before; ____ **de que** before; **cuanto** ____ as soon as possible
antiguamente formerly; in ancient times
antiguo -a ancient, old
Antillas Antilles; *the three main islands:* Cuba, Puerto Rico, Santo Domingo
antipático -a disagreeable
antipatiquísimo -a very disagreeable
antónimo antonym
Antonio Anthony
antropología anthropology
anular: dedo ____ ring finger
añadir to add
año year; **a los treinta** ____ **s** at the age of thirty; **al** ____ after a year; **cumplir ...** ____ **s** to be ... years old; **el** ____ **pasado** last year; **el** ____ **que viene** next year; **tener ...** ____ **s** to be ... years old; **todo el** ____ all year
apagar to extinguish
aparecer to appear; to turn up
aparición apparition, ghost
apariencia appearance
apartado -a remote
aparte apart, aside; ____ **de** aside from, besides
apellido name, surname; ____ **de soltera** maiden name
apenas scarcely, hardly
apéndice *m.* appendix
aplastar to smash, flatten
aplaudido -a applauded

v

aplaudir   to applaud
aplicado -a   studious, industrious; applied
aplicar   to apply
apocopado -a   apocopated, shortened
apócope *m.*   apocope
apóstol *m.*   apostle
apóstrofo   apostrophe
apreciar   to appreciate; to esteem
aprender   to learn; ____ **a**   to learn to; ____ **de memoria**   to learn by heart
aprestar   to prepare, make ready
apresurado -a   quick, swift
apresurar(se)   to hasten, hurry; ____**se a**   to hurry, hasten to
apretar (ie)   to tighten, squeeze
aprobación   approval
aprobado -a   pass (*in an examination*)
aprobar (ue)   to approve; to pass (*an examination*)
apropiado -a   appropriate, proper
aprovechar   to take advantage of
aproximar   to bring near; to approximate; ____**se** to come near, approximate
aptitud   aptitude; suitability
apunte *m.*   annotation; ____**s**   notes (*taken in class or lecture*)
aquel, aquella *adj.*   that; *pl.* **aquellos aquellas**   those; *pron.* **aquél, aquélla**   that, that one, the former
aquello *pron.*   that
aqueste = **este**
aquestos = **estos**
aquí   here; **he** ____ here is, here you have; **por** ____ this way, around here
árabe *m.*   Arab
Aranjuez   *town near Madrid, famous for its royal palace and gardens*
árbol *m.*   tree
arbusto   shrub
arca   chest
ardiente   ardent; fiery
ardilla   squirrel
argüir   to argue
aristócrata *m. & f.*   aristocrat
aritmética   arithmetic
aromático -a   aromatic
arquitecto   architect

arquitectónico -a   architectonic, architectural
arquitectura   architecture
¡arre!   gee! get up!
arreglar   to adjust; to put in order; to settle
arremeter   to attack
arrepentirse (ie, i)   to repent; to regret; ____ **de haber**   to regret having
arriba   up, above; **hacia** ____ upwards
arroyo   stream, brook
arroz *m.*   rice
arte *m. & f.*   art; cunning, trickery
artículo   article
artista *m. & f.*   artist
asado -a   roasted
Ascensión   Ascension, *festival that celebrates the ascent of Jesus into heaven*
ascenso   promotion
ascua   ember, hot coal
asfixiar   to asphyxiate
así   thus, so; ____, ____ so-so
asiento   seat
asir   to seize
asistir   to assist, aid; to attend; ____ **a**   to attend
asombrar   to shade; to astonish; ____**se de**   to be amazed at
asombro   fear; astonishment, wonder
aspecto   aspect, look, appearance
áspero -a   rough
aspirado -a   aspirate
asterisco   asterisk
astro   star
Asturias   *region in the north of Spain*
Asunción   *girl's name*
asustado -a   frightened
asustar   to scare, frighten; ____ **se**   to be frightened
atar   to tie
atención   attention; **con** ____ attentively; **prestar** ____ to pay attention
atender   to attend to, pay attention to; to take care of
atento -a   attentive; polite, courteous
atenuar   to attenuate

atestiguar to attest, testify, give evidence
atleta *m. & f.* athlete
atmósfera atmosphere
atmosférico -a atmospheric
átono -a atonic, unaccented
atrás back, backward; behind; **hacia** ___ backwards
atravesar (ie) to cross; to go through
atreverse to dare; ___ **se a** to dare to
atribuir to attribute
audiencia audience, hearing; audience chamber; high court
auditivo -a auditory
auditorio audience; auditorium
aumentar to augment, increase
aumentativo augmentative
aun even
aún still, yet; ___ **no** not yet
aunque though, although; even if
aura gentle breeze
auscultación auscultation, *examination with a stethoscope*
ausencia absence
ausentarse to absent oneself
ausente absent
autobús *m.* bus; **ir en** ___ to go by bus
automóvil *m.* automobile, car; **ir en** ___ to go by car
autor *m.* author
auxiliar auxiliary
avaricia avarice
ave *f* bird
avenida avenue
averiguar to ascertain
avión *m.* (air)plane; **viaje en** ___ airplane trip
avisar to advise, inform; to notify
¡ay! ouch! alas!
ayer yesterday; ___ **mismo** only yesterday
ayuda help, aid, assistance
ayudar to help; ___ **a** to help
Ayuntamiento town *or* city hall
azorado -a disturbed, excited abashed, embarrassed
Azorín *Spanish writer of the 20th century*

azúcar *m.* sugar
azul blue; ___ **celeste** light blue, sky blue; ___ **eléctrico** royal blue; ___ **marino** dark blue, navy blue

B

Babilonia Babylon
bailar to dance
bailarina dancer, dancing girl
baile *m.* dance; **ir de** ___ to go dancing
bajar to go, come down; to lower; ___ **de** to get off, descend from (*a train*)
bajo -a low, short; *prep.* under
balcón *m.* balcony
banco bench; bank
bañarse to bathe, take a bath
baraja deck, pack (*of playing cards*)
barba beard
barbaridad barbarism; nonsense; **¡Qué** ___ **!** What nonsense!
barbero barber
barca barque, small boat
barco boat; **ir en** ___ to go by boat
barón *m.* baron
barra bar; ___ **para los labios** lipstick
barril *m.* barrel
bastante enough, sufficient; *adv.* sufficiently
bastar to suffice, be enough; **¡Basta!** Enough!
bastardilla: en letra ___ in italics
bastón *m.* cane
bata dressing gown
batallón *m.* battalion
batirse to fight
baúl *m.* trunk; **hacer el** ___ to pack a trunk
bautismo baptism
bebé *m.* baby
beber to drink
Bécquer *Spanish romantic poet of the 19th century*
belga *m. & f.* Belgian
belleza beauty

bello -a beautiful
bendecir to bless
bendito *p. p. of* **bendecir**; *m.* simpleton; **dormir como un ___ to** sleep like a log
biblioteca library
bibliotecario -a librarian
bicicleta bicycle; **ir en ___** to go by bicycle
bien well; very; indeed; all right; **más ___** rather; **no ___** as soon as, just as; *m.* good
bienes *m.* possessions, property
billete *m.* ticket; **___ de ida y vuelta** round-trip ticket
bizcocho biscuit, cake
blanco -a white
blando -a soft
blusa blouse
Boabdil *last Moorish king of Granada*
bobada folly; nonsense
boca mouth; **no decir esta ___ es mía** not to say a word
bocadillo snack; sandwich
bocaza big mouth
bodegón *m.* taproom, still life
bolsillo pocket; **reloj de ___** pocket watch
bolso bag, purse; **___ de piel de cocodrilo** alligator purse
bollo roll
bomba bomb
Bonaparte, Napoleón *(1769–1821) emperor of France*
bondad kindness, goodness; **tener la ___ de** please
bondadoso -a kind, good
bonito -a pretty
bordar to embroider
bordo: a ___ on board
borla powder puff
borracho -a drunk
borrador *m.* eraser
borrar to erase
borrico donkey, ass
bosque *m.* woods, forest
bote *m.* rowboat; **pasear en ___** to go boating
boyero oxherd
Brasil Brazil
brasileño -a Brazilian

brazalete *m.* bracelet
brazo arm
breve brief, short
Brienne *military academy where Napoleon Bonaparte studied*
brillante brilliant, bright; *m.* brilliant; diamond
brillar to shine
brisa breeze
brocha brush
broma joke, jest; **dejarse de ___s** to stop joking
bromear to joke, jest
bronce *m.* bronze
brotar to sprout; to produce, bring forth
bueno -a good, well; **___os días** good morning; **___ as noches** good evening, good night; **___as tardes** good afternoon
buey *m.* ox
bufanda scarf, muffler
bufón *m.* clown, jester
buque *m.* ship
burlar to ridicule; **___se de** to make fun of
burlón -ona joking, jesting
burro donkey; **ir en ___** to go on a donkey
busca search
buscar to look for, seek; **___ un empleo** to look for a job
busto bust
butaca armchair, easy chair; orchestra seat

C

¡ca! oh, no! no, indeed!
caballería knighthood, chivalry; **libro de ___s** novel of chivalry
caballero gentleman; knight; horseman
caballo horse; **ir a ___** to go on horseback
cabaña cabin, hut
cabello hair
caber (en) to fit (in), go (in); to hold, be room for; **no cabe duda** there is no doubt about it

cabeza head; **le duele la** ⎯ he has a headache, his head aches; **dolor de** ⎯ headache
cabezón -ona large-headed; stubborn, obstinate
cable *m.* cable
cablegrama *m.* cablegram, cable
cabo end; tip; **al** ⎯ **de** after, at the end of; **al** ⎯ **de un rato** after a while
cacahuete *m.* peanut
cacofonía cacophony, harsh sound
cada each, every
caer to fall; ⎯ **(el 8, el 9,** *etc.***)** to fall (on the 8th, the 9th, *etc.*); ⎯ **en la cuenta** to realize, catch on; ⎯ **en que** to realize that; ⎯ **mal a** to fit badly, to disagree with; **dejar** ⎯ to drop; ⎯ **se** to fall, fall down; ⎯ **se muerto** to drop dead
café *m.* coffee; café; ⎯ **cantante** night club
caja box, case
cajón *m.* drawer; big box, case
calar to soak
calcetín *m.* sock
Calderón de la Barca, Pedro *Spanish dramatist (1600–1681)*
calentar (ie) to heat, warm up
calidad quality
caliente hot
calificación qualification; grade
calificar to qualify, characterize
calificativo -a qualifying
calma calm; **con** ⎯ calmly, slowly; **tener** ⎯ to be calm
calor *m.* heat, warmth; **hacer** ⎯ to be warm; **sentir** ⎯ to feel warm; **tener** ⎯ to be warm
calzoncillos *m. pl.* drawers, shorts
callado -a silent; vague
callar(se) to keep silent, be quiet; **¡Calla!** You don't say! You don't mean it!
calle *f.* street; ⎯ **abajo** down the street; ⎯ **arriba** up the street
cama bed
camarero steward
camarón *m.* shrimp

camarote *m.* stateroom, cabin
Camba, Julio *Spanish humorist of the 20th century*
cambiar to change
cambio change, exchange; **a** ⎯ **de** in exchange for; **en** ⎯ on the other hand
camino road; path; way
camisa shirt
camiseta undershirt
campana bell
campanada stroke (*of bell*)
campaña campaign; **tienda de** ⎯ army tent, marquee
campesino -a country, rural; *m.* peasant, farmer
campo country, field
Campoamor, Ramón de *Spanish poet of the 19th century*
cancelar to cancel
canción song
cansado -a tired
cansancio fatigue, weariness; **muerto de** ⎯ dead tired
cansar to tire; ⎯ **se** to become tired
cantante *m. & f.* singer; **café** ⎯ night club
cantar to sing, to sing of
cántaro jug; **llover a** ⎯ **s** to rain pitchforks
cantidad *f.* quantity
Cantinflas *stage name of Mario Moreno, Mexican comedian*
cantor -a singing; singer
caña cane; pipe
cañón *m.* cannon; tube
caoba mahogany
capa cape
capacidad capacity, ability
capaz capable
capital *f.* capital (*city*); *m.* capital (*money*)
capitán *m.* captain
capítulo chapter
cara face
¡caracoles! confound it!
carácter *m.* character
característico -a characteristic
caracterizar to characterize
¡caramba! confound it!

caramelo caramel, candy
¡caray! confound it! hang it!
carbón *m.* coal; charcoal
carboncillo fine coal; charcoal (*pencil*)
cárcel *f.* prison
cargado -a loaded; strong
cargo burden; weight; **hacerse ____ de** to take charge of; to realize
caridad *f.* charity
cariño affection, love
cariñosamente affectionately, lovingly
Carlos Charles
Carlos I *king of Spain, better known as Carlos V (of Germany), emperor of the Holy Roman Empire, first half of the 16th century*
carnaval *m.* carnival
carne *f.* meat; **____ de ternera** veal; **____ de vaca** beef
carnicería meat market, butcher shop
carnicero butcher
caro -a dear, expensive
carpintero carpenter
carrera race; career; **a la ____** rapidly
carro cart *pulled by oxen or mules*
carta letter; playing card; **jugar a las ____s** to play cards
casa house, home; **a ____** home; **en ____** at home
casado -a married; **recién ____o, ____a** newly wed
casar to marry; **____se** to marry get married; **____se con** to marry
cascada cascade, waterfall
casi almost
caso case; **en ____ de (que)** in case of, in the event of; **hacer ____** to mind, obey
casona big house; country manor house
castañuela castanet
Castilla Castile
casto -a chaste
catarro (head) cold
catástrofe *f.* catastrophe
catedral *f.* cathedral
causa cause; **a ____ de** on account of, because of

causar to cause
cebolla onion
ceja eyebrow
celebrar to celebrate; to be glad, rejoice
célebre celebrated, famous
celeste heavenly; **azul ____** light blue, sky blue
celos *m. pl.* jealousy, envy; **tener ____** to be envious, jealous
cena supper; **la hora de la ____** suppertime
cenar to have supper
centavo cent
centena hundred
centinela *m. & f.* sentinel, sentry
centro center; **ir al ____** to go downtown
ceñir (i) to encircle; to fit tightly
cepillar to brush
cepillo brush; **____ de dientes** toothbrush
cerca near; **____ de** near
cereza cherry
cerezo cherry tree
cerilla wax match; paper match
cerrar (ie) to close, shut
cerrojo bolt
certidumbre *f.* certainty
Cervantes *Spanish novelist (1547–1616)*
cerveza beer
cesar to cease, stop; **____ de** to stop
cesta basket
cetro sceptre
ciclista cyclist; bicycle racer
ciego -a blind; **a ____as** blindly; *m.* blindman
cielo sky; **írsele (a uno) el santo al ____** to forget
cien, ciento hundred; **por ciento** per cent
ciencia science
cierto -a certain, sure; true
Cifar, el Caballero *Spanish romance of chivalry, of the 14th Century*
cigarrillo cigarette
cigarro cigar
cigüeña stork
cimiento foundation; basis, source

x

cine *m.* movie, movies; motion picture theater
Cipriano Cyprian
circo circus
cita date, engagement, appointment
ciudad city
Ciudad Trujillo *the former capital of the Dominican Republic*
claridad clarity, clearness
claro -a clear; distinct; bright; weak (tea); ¡——! Of course!
clase *f.* class, kind
Claudio Claude
cláusula clause; sentence
clavar to nail; to drive (*a nail*)
clavel *m.* carnation
clavo nail
clemencia clemency, mercy
cliente *m. & f.* client, customer
clima *m.* climate
cobardía cowardice, cowardly act
cobijar to shelter, to cover
cobrar to recover; to collect; to cash; —— **un cheque** to cash a check
cocer (ue) to cook; to boil
cocina kitchen
cocinero -a cook
cocodrilo crocodile; **bolso de piel de** —— alligator purse
coche *m.* carriage, coach; car
codicia covetousness, greed
codo elbow; **hablar por los ——s** to talk too much, chatter
coger to pick, gather; —— **prestado** to borrow
coincidir to coincide
cojo -a lame, crippled
cola tail; **hacer** —— to stand in line
colar (ue) to strain
colegio school
colegir (i) to collect; to deduce, infer
colgar (ue) to hang
colina hill
colocación location, position, place
colocado -a placed
colocar to place, put
Colón, Cristóbal Columbus, Christopher

color *m.* color
colorado -a colored; red
columna column
collar *m.* necklace
coma comma
comedia comedy; play, drama
comedor *m.* dining room
comentar to comment on, discuss
comentario commentary
comenzar (ie) to begin; —— **a** to begin to
comer to eat
comerciante *m.* merchant, tradesman
comestible *m.* food, foodstuff; **tienda de ——s** grocery store
cometa *m.* comet
cómico -a comic; *m.* comedian, actor
comida dinner; meal
comilla: las ——s quotation marks
como as, like; how; since
¿cómo? how? what? what did you say? ¡—— **no!** of course! **¿a —— estamos?** what is today's date?
cómodo -a comfortable
comoquiera however
compadecer to pity
compadre friend, pal; relationship between godfather and father of the child
compañero -a companion
compañía company
comparación comparison
comparar to compare
compás *m.* compass
compasar (acompasar) to adapt, adjust, to conform; to divide (*time*)
compasión compassion, pity
compatriota *m. & f.* compatriot, fellow countryman
complacer to please; to humor
complemento complement, object; —— **directo** direct object; —— **indirecto** indirect object; —— **agente** agent (*in passive voice*)
completar to complete
componente *m.* component
componer to compose; to make; to mend ——**se de** to be composed of
compositor *m.* composer

xi

compra purchase; **ir de ___s** to go shopping
comprar to buy
comprender to understand
comprensivo -a understanding
compuesto -a composed; compound
común common; **por lo ___** as a rule, generally
comunicar to communicate
con with
concierto concert
concluir to conclude, finish
concordancia concordance, agreement
concordar (ue) to agree
Concha nickname for **Concepción**, a girl's name
conde m. count
condición condition; **a ___ de que** on condition that, provided
conducir to lead; to conduct; to drive
conferencia lecture
conferenciante m. & f. lecturer
confesar (ie) to confess
confiar to entrust, confide; **___ en** to trust in, rely on
confidente m. & f. confidant
confite m. candy, bonbon
confitería confectionary store
conforme according, in agreement; adv. O.K.; agreed
confundir to confuse
conglomerar to conglomerate, to unite
conjugación conjugation
conjugar to conjugate
conjunción conjunction
conmigo with me
conmover (ue) to move (*emotionally*); **___se** to be moved
conocer to know, be acquainted with; to meet (be introduced to)
conocido -a known; well known, famous
conocimiento knowledge; pl. knowledge
conque so then, now then, and so
conquistar to conquer; to win over
consciente conscious
consecuencia consequence

conseguir (i) to get, obtain, attain
consejo advice
consentir (ie, i) to allow, permit; to consent; **___ en** to consent to
conservar to preserve, keep
considerar to consider
consigo with him(self), her(self), *etc.*
consiguiente: por ___ consequently, therefore
consistir to consist; **___ en** to consist in (*or* of)
consonante f. consonant
constar to be evident, certain
constituir to constitute
construir to construct
consuelo consolation, comfort
consulta consultation; doctor's office
consultar to consult
contado: al ___ cash, for cash
contar (ue) to count; to tell, relate **___con** to count on, rely on
contener to contain, control; **___se** to control oneself
contento -a contented, glad
contestar to answer
contigo with you
contiguo -a contiguous, adjacent
continente m. continent
continuación continuation; **a ___** below
continuamente continuously
continuar to continue
contorno contour, outline; pl. environs
contra against; **___ corriente** countercurrent, against the current
contradecir to contradict
contraer to contract
contrahacer to counterfeit
contrahecho p.p. of **contrahacer**; deformed
contraponer to compare; to oppose; **___ a** to set up against
contraposición contraposition; **en ___** in contrast
contrario -a contrary; opposite; **al ___** on the contrary; **lo ___ de** the opposite of; **lo ___ que** contrary to
contraste m. contrast

contribuir to contribute
convalecer to get well, convalesce
convencer to convince
convenir to agree; to be suitable; to be important; ___ **en** to agree to
conversar to converse
convertir (ie, i) to convert, change; ___**se** to convert, become converted
convidado guest
convidar to invite; ___ **a** to invite to
copa top (*of a tree*); crown (*of a hat*)
copiar to copy
copla couplet; stanza; song
coral *m.* coral
corazón *m.* heart; **dedo del** ___ middle finger
corbata necktie
corchete *m.* bracket
cordero lamb
Córdoba Cordova
corregir (i) to correct
correlación correlation, sequence of tenses
correo mail
correr to run
corresponder to correspond; ___ **a** to belong to, concern
correspondiente corresponding, respective
corrida bullfight; ___ **de toros** bullfight
corrido -a embarrassed
corriente current, common, well known; *f.* current, stream; **contra** ___ countercurrent, against the current
cortaplumas *m.* penknife
cortar to cut
corte *m.* cut, fitting; *f.* court, retinue
cortejar to court, woo
cortés courteous, polite
cortesano courtier
cortesía courtesy
cortésmente courteously, politely
corto -a short
cosa thing
coser to sew

cosmopolita *m. & f.* cosmopolitan, cosmopolite
costa coast
Costa Azul French Riviera
costar (ue) to cost
costarricense *m. & f.* Costa Rican
coste *m.* cost; ___ **de la vida** cost of living
costilla rib; chop
costo cost
costumbre *f.* custom; **como de** ___ as usual
crear to create
crédito credit; **dar** ___ **a** to give credence to, to credit
crédulo -a credulous
creer to believe, think; ___ **que sí (no)** to think so (not); **ya lo creo** I should say so, of course
creíble credible, believable
crema cream; cold cream
Creta Crete, *island in the Mediterranean*
criado -a servant
criar to raise, rear
crimen *m.* crime
crisis *f.* crisis
cristal *m.* crystal; (*pane of*) glass
cristiano Christian
criticado -a criticized
crítico critic
cronológico -a chronological
cruz *f.* cross
cruzar to cross; to cut across
cuaderno notebook
cuadra stable
cuadrado -a square
cuadro square; picture; painting
cual as, such as; **el** ___ which, who
¿cuál? (*pl.* **¿cuáles?**) which (one)? what?
cualidad quality, characteristic
cualquier(a) anyone, whichever, whoever; any
cuando when; **de** ___ **en** ___ from time to time
¿cuándo? when?
cuanto -a whatever, as much as, all that; *adv.* as soon as; ___ **antes** as soon as possible; **en** ___ as soon as; **en** ___ **a** with regard to, as for

xiii

¿cuánto -a? how much? *pl.* how many?
cuarto -a fourth, quarter; *m.* fourth; room
cuba cask
cubierta cover; deck; **sobre** ―― on deck
cubierto -a covered; *m.* place setting
cubrir to cover
cucú *m.* cuckoo; **reloj de** ―― cuckoo clock
cuchillo knife
cuello neck
cuenta bill, account; bead; **caer en la** ―― to realize; **darse** ―― **de** to realize
cuento short story
cuerda rope; ―― **floja** acrobat's rope, tightrope; **dar** ―― to wind (*a clock*)
cuero leather
cuerpo body
cuervo crow
cuesta hill, slope; ―― **abajo** downhill; ―― **arriba** uphill
Cuesta, Juan de la *Spanish editor who published "Don Quixote", 1605*
cuestión question, matter
cuestionario questionnaire
cuidado care, concern; **¡**――**!** look out! take care! **tener** ―― to be careful
cuidar to take care of
culpa blame, fault; **echar la** ―― to blame; **tener la** ―― to be to blame, be one's fault
cultivar to cultivate
cumpleaños *m.* birthday
cumplir to fulfil, perform; to execute; ―― **... años** to be ... years old; ―― **con** to fulfill (*an obligation*); ―― **la palabra** to keep one's word
cuna cradle
cuñado brother-in-law
cura (parish) priest
curar to treat (*a sick person*); to heal; to cure
cursar to take; to attend; to study
curso course; **seguir un** ―― to take a course
cutis *m.* skin
cuyo -a whose, of which

Ch

chanclo overshoe, rubber
chango monkey
chaqueta jacket
charlar to chat
Charlot Charlie Chaplin
cheque *m.* check; **cobrar un** ―― to cash a check
chico -a small, little; *m.* boy; **¡**――**!** My dear boy! *f.* girl
chicote *m.* husky youngster
chileno -a Chilean
chillón -ona *n.* screamer; *adj.* shrill; loud (*color*)
chimenea chimney, fireplace hearth
chino -a Chinese
¡chitón! hush! sh-sh!
chocolate *m.* chocolate
chófer *m.* chauffeur
choza hut, cabin

D

dados *m. pl.* dice
dama lady; *pl.* ladies; checkers
danés -esa Danish
daño harm, damage
d'aquella = **de aquella**
dar to give; to strike (*the hour*); ―― **a** to face, open on; ―― **con** to meet unexpectedly; ―― **crédito a** to credit, give credit to; ―― **cuerda** to wind (*a clock*); ―― **entrada** to admit; ―― **gato por liebre** to cheat; ―― **las gracias** to thank; ―― **pasos** to take steps; ―― **principio a** to give rise to; ―― **voces** to shout, cry out; ―― **un paseo** to take a walk; **dan las doce** it's twelve o'clock; **en que no da el sol** which is not struck by the sun; **lo**

mismo me da it's all the same to me; **me da igual** it's the same to me; ___ **se cuenta de** to realize; ___ **se prisa** to hurry
Darío, Rubén *Nicaraguan poet of the 19th and 20th century*
dátil *m.* date (*fruit*)
dativo dative (*indirect object*)
dato datum, fact
de of, from; with; about; by; than (*before a numeral*)
debajo below, underneath- ___ **de** under(neath), below
debate *m.* debate
deber to owe; must, ought, should; ___ **de** must; *m.* duty; homework
debido -a owed, due; proper
débil weak
decidir to decide
décimo -a tenth
decir to say, tell; ___ **que sí (no)** to say yes (no); **es** ___ that is to say; **no** ___ **esta boca es mía** not to say a word; **he dicho** I thank you (*said on ending a speech*); **querer** ___ to mean
dedal *m.* thimble
dedicar to dedicate; ___**se** to devote oneself
dedo finger; toe; ___ **anular** ring finger; ___ **del corazón** middle finger; ___ **meñique** little finger ___ **pulgar** thumb
deducir to deduce
definido -a definite
definir to define
dejar to leave, let, allow; ___ **caer** to drop; ___ **de** (+ *inf.*) to stop, to fail to; **no** ___ **de** not to fail to; ___**se de bromas** to stop joking
delantal *m.* apron
delante (de) before, in front (of); **por** ___ **de** in front of
deleitoso -a delightful
delgado -a thin
delicioso -a delicious, delightful
delinquir to transgress, be delinquent
demás other; **lo** ___ the rest; **los (las)** ___ the others, the rest

demasiado too; too much; **demasiados -as** too many
demonio demon, devil
demostrar (ue) to demonstrate, show
demostrativo -a demonstrative
denotar to denote
dentro inside; ___ **de** within, inside
depender to depend; ___ **de** to depend on
dependiente dependent; *m.* clerk
deporte *m* sport
deportista *m. & f.* sportsman, sportswoman
deprimido -a depressed
derecho -a right; upright, straight; **a la** ___ **a** to (at, on) the right; **hacia la** ___**a** to(ward) the right
derivado derivative
derrame *m.* stroke
desagradecido -a ungrateful
desaparecido -a disappeared
desaprobación disapproval
desaprobar (ue) to disapprove
desarrollar to unroll; ___**se** to unfold, take place
desastre *m.* disaster
desatención inattention
desayunar(se) to breakfast, have breakfast
desayuno breakfast
descansado -a rested, tranquil
descansar to rest
descendiente *m. & f.* descendant
descolgar (ue) to take down
desconocer not to know, be ignorant of
desconocido -a unknown
describir to describe
descrito *p. p. of* **describir**
descubierto -a discovered
descubrir to discover; to reveal
desde since, from, after; ___ **luego** of course; ___ **que** since
desear to desire, wish
desechar to cast aside
desembarcar to disembark
desencantado -a disenchanted, disillusioned

desencanto disenchantment, disillusionment
desenlace *m.* outcome, denouement
deseo desire, wish
desesperanza hopelessness
desesperar (se) to despair
desfile *m.* parade
desgracia misfortune; **por** ____ unfortunately; **qué** ____ what a misfortune
deshacer to undo; ____**se de** to get rid of
desheredar to disinherit
deshonrar to dishonor
desierto desert
designar to designate
desigualdad inequality
desilusión disillusion
desilusionado -a disillusioned, disappointed
desistir to desist; ____ **de** to desist from, give up
desnudar(se) to undress
desnudo nude
desobedecer to disobey
desobediente disobedient
desordenado -a disorderly
despacio slowly
despectivo -a disparaging, contemptuous
despedir (i) to see off, to dismiss; ____**se (de)** to take leave (of), say goodbye (to)
despertador *m.* alarm clock
despertar (ie) to awake (*another*) ____**se** to wake up
despierto -a awake
despreciar to despise, scorn
desprecio scorn, contempt
después after(wards), later, then, next; ____ **de** after; ____ **que** after; **poco** ____ shortly after
destejer to unweave, unravel
desterrar (ie) to exile, banish
destino destiny, destination
destruir to destroy
desvariar to rave, rant
desvestir(se) (i) to undress
detallado -a detailed
detalle *m.* detail

detective *m.* detective
detener to detain, stop; to arrest; ____**se** to stop, delay
determinado -a determinate, definite; **verbo** ____ dependent verb
determinante determinant; **verbo** ____ governing verb
detrás behind, after; ____ **de** behind; **por** ____ behind one's back
deuda debt
devolver (ue) to return, give (pay) back
devuelto *p. p. of* **devolver**
día day; ____ **de fiesta** holiday; ____ **de trabajo** workday; **al** ____ **siguiente** the next day; **buenos** ____**s** good morning; **de** ____ by day; **quince** ____**s**, two weeks; **todo el** ____ the whole day; **todos los** ____**s** every day
diablo devil; ¡____! the devil!
diálogo dialogue
diamante *m.* diamond
diario -a daily; **a** ____ daily, every day; *m.* diary, newspaper
dibujo drawing
diccionario dictionary
diciembre December
dictado dictation; **escribir al** ____ to take (write from) dictation
dicho *p.p. of* **decir** said; **he** ____ I thank you (*said at the end of a speech*); **mejor** ____ rather; *m.* saying
dichoso -a happy, fortunate; tiresome (*colloquial*)
diente *m.* tooth; **cepillo de** ____**s** toothbrush; **pasta de** ____**s** toothpaste
diéresis *f.* diaeresis
diferencia difference; **a** ____ **de** unlike
difícil difficult
digno -a worthy, deserving
dilema *m.* dilemma
diligente diligent, prompt
diluviar to rain hard; to pour
diminutivo diminutive
dinero money

Dios God; ⸺ **mío!** Heavens!
⸺ **quiera** Heaven grant; **¡por**
⸺ **!** Heavens! **¡Válgame** ⸺**!**
Bless me!
diosa goddess
diploma *m.* diploma
diptongo dipthong
directo -a direct, straight
director *m.* director
dirigir to direct; ⸺**se a** to address (*a person*)
disciplinado -a disciplined
discípulo student, pupil
disco record (*phonograph*)
discreción discretion, judgement
discreto -a discreet, sagacious
discurso discourse, speech
discusión discussion; argument
discutir to discuss; to argue
disfrutar to enjoy; ⸺ **de** to enjoy
disgustar to displease, dislike
disminuir to diminish
disolver (ue) to dissolve
disparate *m.* nonsense
distinguido -a distinguished
distinguir to distinguish
distinto -a distinct, different
distraer to distract; to divert, amuse
distribuir to distribute
disuelto *p. p. of* **disolver**
diversión *f.* diversion, amusement
diverso -a different
divertido -a amusing
divertir (ie, i) to amuse; ⸺**se** to be amused, have a good time; ⸺**se la mar** to have a wonderful time
dividir to divide
divino divine; **todo lo** ⸺ everything divine
divisar to descry, catch sight of
doblar to double, fold
doble double
docena dozen; **por** ⸺**s** by the dozen
doctrina doctrine
documentación documentation; documents
dólar *m.* dollar

doler (ue) to hurt, ache; to distress, be sorry; ⸺ **la cabeza** to have a headache; ⸺ **la garganta** to have a sore throat; ⸺ **las muelas** to have a toothache
dolor *m.* pain; grief, sorrow; ⸺ **de cabeza** headache
domador *m.* tamer
dominar to dominate, domineer; ⸺**se** to control oneself
domingo Sunday; **los** ⸺**s** on Sunday
Dominico Dominick
dominio domination
dominó *m.* dominoes
don *title of courtesy used before a man's given name, roughly equivalent to Mr.*
doncella maiden; maid
donde where, in which
¿dónde? where? **¿a** ⸺**?** where?
dondequiera anywhere, wherever
Don Quijote Don Quixote, *protagonist of Cervantes' great novel*
doña *title of courtesy used before a woman's given name, roughly equivalent to Mrs.*
dormido -a asleep
dormir (ue, u) to put to sleep; to sleep; ⸺ **a pierna suelta** to sleep soundly; ⸺ **como un lirón (un bendito)** to sleep like a log; ⸺**se** to (go to) sleep
dormitorio bedroom
drama *m.* drama
dramaturgo playwright
dubitativo -a doubtful; **oración** ⸺**a** expression of doubt
ducha shower (bath)
duda doubt; **no cabe** ⸺ there is no doubt about it
dudar to doubt
dudoso -a doubtful
dulce sweet; *m.* candy
duque *m.* duke
duquesa duchess
durante during
durar to last
durativo -a progressive
duro -a hard; harsh; rough

E

e and
económico -a economic, economical
echar to throw, cast; to pour; ___ **a** (+ *inf.*) to begin to; ___ **a perder** to spoil, ruin; ___ **de menos** to miss; ___ **la culpa** to blame; ___**se** to lie down; ___**se a llorar** to burst out crying; ___**se a reír** to burst out laughing
echárselas de to boast
edad *f.* age; ___ **Media** Middle Ages; **ser mayor de** ___ to be of age
Edén *m.* paradise
edificio building
editor *m.* editor; publisher
Eduardo Edward
educar to educate; to rear, bring up
efe *f.* (*the letter*) f
efecto effect; **en** ___ as a matter of fact
Efraín Ephraim
¡eh! eh!
ejecutar to execute, perform; to do
ejemplar *m.* copy (*of a book*)
ejemplo example, instance; **por** ___ for example, for instance
ejercicio exercise
ejército army
Elche, La Dama de *Iberian bust found in the town of Elche, Spain*
electo -a elected
eléctrico -a electric; **azul** ___ royal blue
elefante *m.* elephant
elegante elegant stylish
elegir (i) to elect
Elena Helen
elevado -a elevated, lofty
El Greco *Spanish painter* (*born in Crete*) *of the 16th century*
elocuencia eloquence
elocuente eloquent
elocuentísimamente very eloquently
ello it; ___ **es que** the fact is that
embarcarse to embark, go aboard
embargo embargo, hindrance: **sin** ___ nevertheless
embate *m.* attack
embolsar to pocket
Emilia Emily
emisor -a broadcasting
emocionar to move, stir; ___**se** to be moved
empeñar to pawn; to pledge; ___**se en** to persist in, insist on
empeño pledge; pawn; **tener** ___ **en** to be eager to
emperador *m.* emperor
empezar (ie) to begin, start; ___ **a** to begin to
emplear to employ; to use
empleo use; employment; **buscar un** ___ to look for a job
empolvar to powder, put on powder
emprendedor -a enterprising
emprender to undertake
empresa enterprise undertaking
empujar to push, shove
en in, into, on, at
enamorado -a in love; *n.* sweetheart
enamorarse to fall in love; ___**se de** to fall in love with
enano dwarf
encantado -a delighted, charmed
encantador -a charming, enchanting
encantar to charm, delight
encanto charm, enchantment
encender (ie) to light
encerrado -a confined
encima de on, upon, on top of
encolerizar to anger, irritate ___**se** to become angry
encontrar (ue) to meet; to find; ___**se con** to come upon, meet
encubierto *p.p. of* **encubrir**
encubrir to hide, conceal
encuentro encounter
enero January
enfadado -a angry, indignant
enfadar to anger; ___**se** to get angry
énfasis *m.* emphasis; **con** ___ emphatically, bombastically
enfermar to sicken, get sick
enfermedad illness
enfermera nurse
enfermo -a sick, ill; *n.* sick person, patient

enfrente in front, opposite; **de** ―― opposite, across (*the street*)
enfurecer to infuriate; ――**se** to become infuriated
engañar to deceive; to fool
engreído -a conceited
enhorabuena congratulations
enlace *m.* connection
enojar to anger, make angry; ――**se** to become (get) angry
enorme enormous
Enrique Henry
enriquecerse to become rich
enrojecerse to become red, blush
ensalada salad
ensayar to try (on, out); to test
ensayista *m. & f.* essayist
ensayo essay
enseñar to teach; to show
entender (ie) to understand
enterar to inform; ――**se** to find out; ――**se de** to find out about, become aware of
entero -a whole, entire; **por** ―― completely, entirely
enterrado -a buried
enterrar (ie) to bury; ――**se** to be buried
entierro burial, interment
entonces then
entrada entry, entrance; **dar** ―― to admit
entrar to enter, go in; ―― **en** to enter, enter into
entre between, among
entregar to deliver; ――**se** to surrender, yield
entremés *m.* side dish, hors d'oeuvre; comic one-act play
entretener to amuse; to delay; ――**se en** to amuse oneself (in, at)
entrevista interview
entristecer(se) to sadden, become sad
entusiasmo enthusiasm; **con** ―― enthusiastically
entusiasta *m. & f.* enthusiast
enumeración enumeration numbering
enumerar to enumerate

envalentonar to encourage; ――**se** to become courageous
envejecer to become (grow) old, age; ――**se** to grow old
enviar to send
envidia envy, jealousy; **tener** ―― to be jealous
envidiado -a envied
envidioso -a envious
envolver (ue) to wrap
envuelto *p.p. of* **envolver**
equilibrado -a sensible, prudent; **está bien** ―― is well-balanced
equipaje *m.* baggage; **hacer el** ―― to pack (one's suitcase or trunk)
equitación horsemanship, riding
equivaler to be equivalent, be equal
equivocar to mistake; ――**se** to be mistaken, make a mistake
erguido -a upright, straight
errar (ie) to err, make a mistake, be mistaken
erre *f.* (*the letter*) r
error *m.* error
erudición erudition, learning
esbelto -a graceful, slender
escala ladder, stepladder; **hacer** ―― **en** to call at, to stop at (*a port*)
escalera stairs, stairway
escalón *m.* step, rung
escampar to stop (*raining*)
escaparate *m.* show window
escarola escarole, *a broad-leaved kind of endive, used in salads*
escaso -a scarce, slight
escena scene
esclavo -a slave
escocés -esa Scotch, Scottish
escoger to choose, select
escondido -a hidden
Escorial, El *Monastery and palace built by Philip II near Madrid*
escote: ir a ―― to go Dutch
escribir to write; ―― **al dictado** to take (write from) dictation
escrito -a *p.p. of* **escribir**
escritor *m.* writer

xix

escritorio writing desk
Escritura the Scriptures
escuálido -a squalid
escuchar to listen
escudero squire
escudo shield; coat of arms
escuela school
esculpir to sculpture
escultor *m.* sculptor
escupir to spit
ese, esa *adj.* that; *pron.* **ése, ésa** that, that one
esfera sphere; dial (*of a clock*)
esfuerzo effort
eslavo -a Slav, Slavic
esmeralda emerald
eso that; **a ___ de** around, about (*time of day*); **por ___** that's why, therefore
espacio space
espada sword
espalda back; *pl.* shoulders
español -a Spanish; *m.* Spanish (*language*), Spaniard; *f.* Spanish woman, Spaniard
Españoleto, El = José Ribera *Spanish painter of the 17th century*
esparcir to spread, scatter
esparto esparto grass
especial special
especie *f.* kind, sort
espectáculo spectacle
espejo mirror
esperanza hope, hopefulness
esperar to wait (*for*); to hope; to expect
espeso -a thick, heavy
espiar to spy (on)
espíritu *m.* spirit; soul
esplendor *m.* splendor
Espronceda, José de *Spanish Romantic poet of the 19th century*
esquema *m.* scheme
esquiar to ski
estación station, season
estado state, condition
Estados Unidos United States
estampado -a stamped, engraved
estanque *m.* reservoir; pool
estante *m.* shelf; **___ para libros** bookcase
estantería book stacks
estar to be; to be in (*at home*); **___ de pie** to be standing; **___ enamorado de** to be in love with; **___ grave** to be in a serious condition; **¿a cómo estamos?** what is today's date? **está bien** all right, very well; **está bien equilibrado** is well-balanced; **estamos a** (+ *date*) today is
estatua statue
estatura stature
este *m.* east
este, esta *adj.* this; *pron.* **éste, ésta** this, this one, the latter
estilo style
estilográfica fountain pen; **pluma ___** fountain pen
estirar to stretch
esto this
estrambótico -a odd, queer
estrecho -a narrow
estrella star
estrofa strophe
estructura structure
estudiante *m. & f.* student
estudiar to study
estudio study; **___s de medicina** medical studies
estupendo -a stupendous
estúpido -a stupid
ético -a ethical
Europa Europe
evitar to avoid
exactitud exactness
exacto -a exact; complete
exagerar to exaggerate
ex-alumnos alumni
examen *m.* exam, examination
examinar to examine; **___se** to take an examination
excelencia excellence; **por ___** par excellence
excelente excellent
excepción exception; **a ___ de** with the exception of
exclamativo -a exclamatory
excluir to exclude
excursión excursion; outing; picnic; **ir de ___** to go on an outing, a picnic

exhalación exhalation; vapor; shooting star
exigir to exact, require
exiguo -a meagre, small
existente existent, extant
existir to exist
éxito result; success; **tener** ___ to be successful
exorbitante exorbitant
exótico -a exotic
expedir, (i) to send, ship
explicar to explain
exposición exhibit, exhibition
expresar to express
expresión expression
expreso express (*train*)
extensión extension; expanse; body (*of land*)
extenuar to extenuate; to weaken
exterior exterior, outer
extinguir to extinguish
extranjero -a foreign; *n.* foreigner
extrañarse to be surprised
extraño -a foreign, strange; *n.* foreigner, stranger
extravagancia extravagance, folly
extraviar to lead astray; to mislead
extremadamente extremely

F

fábrica factory
fábula fable
fácil easy
facilitar to facilitate, expedite
falda skirt
falso -a false
falta lack; error; **hacer** ___ to miss, need, lack; **hacer** ___**s** to make mistakes
faltar to lack, be lacking; to fail
fama fame; **abogado de** ___ famous lawyer
familia family
familiar familiar
famoso -a famous
fantasma *m.* phantom, ghost
farmacéutico pharmacist, druggist
farmacia pharmacy, drug store

favor *m.* favor; **a** ___ **de** in favor of; **hacer el** ___ **de** please; **por** ___ please
fe *f.* faith
febrero February
fecha date
felicitar to felicitate, congratulate
Felipe Philip
feliz happy
femenino -a feminine
fenómeno phenomenon
feo -a ugly
Fermín, San *Spanish saint, born in Pamplona*
Fernando Ferdinand
feroz ferocious
ferrocarril *m.* railroad, railway
ferviente fervent; devout
feudal feudal
fiar to trust
ficción *f.* fiction, invention
fiebre *f.* fever
fiel faithful, loyal
fiereza ferocity
fiero -a fierce; cruel
fiesta feast; holiday; festivity; **día de** ___ holiday
figura figure
figurar to figure; to imagine; ___**se** to seem, imagine; **¡Figúrese!** Imagine!
fijar to fix, fasten; ___**se (en)** to notice, pay attention (to)
fila row
filigrana filigree
Filipinas, Las Philippine Islands
filosofía philosophy
filosófico -a philosophical
filósofo philosopher
fin *m.* end; ___ **de la semana** weekend; **a** ___ **de que** so that, in order that; **al** ___ at last; **en** ___ finally, in short; **por** ___ finally
finca farm, ranch
fino -a fine; courteous; shrewd
firme firm, steady, staunch
física physics
físico -a physical
fisonomía physiognomy
fizo = **hizo**

flaco -a thin, skinny
flojo -a limp; lazy; loose, slack; **cuerda ___a** acrobat's rope, tightrope
flor *f.* flower
florecer to flower, bloom; to flourish
florero vase
florido -a flowery
florista *m. & f.* florist
fluctuación, fluctuation; wavering
foca seal
fondo bottom; back; background depth; **en el ___** at heart
fonógrafo phonograph
forastero outsider, stranger
forma form
formar to form
fornido -a robust, husky
fortaleza fortress
fortuna fortune; **por ___** fortunately
fotografía photograph
fracasar to fail
fragancia fragrance
frágil fragile
fraile *m.* friar
francés -esa French; *m.* French (*language*), Frenchman; *f.* Frenchwoman
Francia France
Francisco Francis
frase *f.* phrase; **___ hecha** set phrase *or* expression
frecuencia frequency; **con ___** often, frequently
frecuente frequent, common
fregar (ie) to scrub; to wash (*dishes*)
fregona kitchenmaid
freír (i) to fry
frenesí *m.* frenzy
frente *f.* front; forehead; **___ a** in front of, opposite; **de ___** straight into one's eyes; **en ___ de** before in front of
fresco -a fresh, cool; **hacer ___** to be cool; **pintar al ___** fresco painting
frío -a cold; *m.* cold; **hacer ___** to be cold (*weather*); **tener ___** to be cold (*person*)
frito *p. p. of* **freír**
frondoso -a leafy
fruta fruit
frutería fruit store
fuego fire
fuente *f.* fountain, spring; **pluma ___** fountain pen
fuera out, outside; **___ de** outside of, aside from
fuerte strong; severe; hard
fuerza force, strength; **a ___ de** by dint of
fumar to smoke
función function; show, performance
funcionar to work, run
furioso -a furious
fusión fusion
fútbol *m.* football; **partido de ___** football game

G

gala charm; splendor
Galdós, Benito Pérez *Spanish novelist of the 19th century*
gallardo -a graceful, elegant
gallina hen
gallo rooster
gamo deer, buck of fallow deer
gana desire; **de buena ___** willingly; **de mala ___** unwillingly; **tener ___s** to feel like
ganado cattle; livestock
ganar to earn; to gain; to win
gansada silliness
ganso goose; dope
García Lorca, Federico *Spanish contemporary poet and dramatist*
garganta throat; **doler la ___** to have a sore throat
garrido -a handsome, elegant
gasto expense
gato cat; **dar ___ por liebre** to cheat
gemelos twins; binoculars; cuff links
gemir (i) to moan
general general, usual; **por lo ___** generally, usually; *m.* general
generalmente generally, usually
género kind, sort; gender

generoso -a generous
genio genius, temper
gente *f.* people
geografía geography
geranio geranium
germano -a German, Teuton
gerundio gerund, present participle
gesto gesture
gigante *m.* giant
gitanillo -a little gypsy
gitano -a gypsy
globo globe; balloon
gloria glory; **saber a** ⎯⎯ to taste heavenly
glorioso -a glorious
gobernador *m.* governor
gobernante *m.* ruler
gobernar (ie) to govern
gobierno government
godo -a Gothic; *n.* Goth
golpe *m.* blow; **de** ⎯⎯ suddenly
gordo -a fat; stout; big, large
gorro cap
gótico -a Gothic
Goya, Francisco *Spanish painter of the 18th and 19th centuries*
gozar to enjoy; to enjoy oneself
gozo joy
grabado engraving; print
gracia grace; *pl.* thanks, thank you; **dar las** ⎯⎯ to thank; **muchas** ⎯⎯**s** thank you very much
gracioso -a gracious; witty
graduar to graduate
gramático grammarian
granadino -a native of Granada
grande big, large
granizar to hail (*weather*)
granizo hail
grave grave, serious; **estar** ⎯⎯ to be in a serious condition
Greco *see* **El Greco**
griego -a Greek
gris gray
gritar to cry out, shout
grupo group
guante *m.* glove
guapo -a handsome, good-looking
guardar to guard; to keep; to protect

guardia *m.* guard
guatemalteco -a Guatemalan
¡guay! woe!
guerra war
guía *m.* guide; *f.* guide book; time table
guiar to guide; to drive
guión *m.* hyphen
guitarra guitar
gula gluttony
gustar to like (be pleasing to)
gusto pleasure; taste; **a** ⎯⎯ at will, to one's taste; **con mucho** ⎯⎯ with pleasure, gladly; **mucho** ⎯⎯ how do you do (*on being introduced*); **tener mucho** ⎯⎯ **en** to be very glad to
gustoso -a gladly, willingly

H

haber to have (*auxiliary*); ⎯⎯ **de** to be to, must; ⎯⎯ **que** to have to; **había una vez** once upon a time
hábil capable, skillful
habilidad skill, ability
habitación house, dwelling; room
habitante *m. & f.* inhabitant
habitar to inhabit, live in, occupy
hábito habit; **por** ⎯⎯ through habit
habitual habitual; usual
hablador -a talkative
hablar to speak; ⎯⎯ **por los codos** to talk too much; **oír** ⎯⎯ **de** to hear about
hacer to do, make; ⎯⎯ **buen tiempo** to be good weather, be clear; ⎯⎯ **calor** to be warm; ⎯⎯ **caso** to mind; ⎯⎯ **cola** to stand in line; ⎯⎯ **el equipaje (el baúl o la maleta)** to pack one's trunk (*or* suitcase); ⎯⎯ **el favor de** please; ⎯⎯ **el oficio de** to perform the function of; ⎯⎯ **el papel de** to play the role of; ⎯⎯ **escala** to call at, stop at (*a port*); ⎯⎯ **falta** to miss, need; ⎯⎯ **frío** to be cold;

―― **hincapié** to emphasize; ―― **justicia** to do justice; ―― **sol** to be sunny; ―― **un viaje** to take a trip; ―― **una pregunta** to ask a question; ―― **viento** to be windy; **¿cuánto tiempo hace que...?** how long ago...? **desde hace mucho tiempo** for a long time; **hace algún tiempo** some time ago; **hace buen tiempo** the weather is fine (good); **hace luna** there is a moon, the moon is shining; **hace poco** a short while ago; **hace tiempo que** it's a long time since; **hacía algunos años** some years ago; ――**se** to become; ――**se (muy) amigos** to become (good) friends; ――**se cargo de** to take charge of, to realize; ――**se médico** to become a doctor; ――**se tarde** to become late, be getting late
hacia toward; ―― **abajo** downward; ―― **arriba** upwards; ―― **atrás** backwards
hacha axe
hallar to find; ――**se** to be
hambre *f.* hunger; **muerto de** ―― starving; **tener (mucha)** ―― to be (very) hungry
haragán -ana lazy
harina flour
hasta until; as far as, up to; ―― **que** until; *adv.* even
hastiar to sicken; to annoy, bore
hay there is, there are; **no** ―― **de qué** you are welcome
hazaña deed, exploit
he aquí here is, here you have
hecho *p.p. of* **hacer** made; **frase** ――**a** set phrase or expression; *m.* fact; act, deed; event
helado ice cream
helar (ie) to freeze; ――**se** to freeze, be freezing
herir (ie, i) to wound
hermana sister
hermano brother; *pl.* brother(s) and sister(s)
hermoso -a beautiful
hermosura beauty
héroe *m.* hero

hervir (ie, i) to boil
hidalgo nobleman of the lowest rank
hiel *f.* gall, bile
hielo ice
hierba grass
hierro iron
hija daughter, child
hijo son, child; **¡**――**!** my dear child! *pl.* children
hilo thread; linen; **vestido de** ―― linen dress
hincapié *m.* emphasis; **hacer** ―― to emphasize
hipócrita *m. & f.* hypocrite
hispánico -a Hispanic, Spanish
Hispanoamérica Spanish America
hispanoamericano -a Spanish American
historia history; story
histórico -a historical
historieta anecdote, little story
hoja leaf; petal
hojear to leaf through (*a book*)
¡hola! hello!
holandés -esa Dutch
hombrazo husky man
hombre *m.* man; **¡**――**!** man! man alive!
hombrezuelo despicable man
hondureño -a Honduran
hongo mushroom; derby; **sombrero** ―― derby hat
honor *m.* honor
honroso -a honorable
hora hour; time (*of day*); **a última** ―― at the last minute; **la** ―― **de la cena** suppertime
horario hour hand
horizonte *m.* horizon
horror *m.* horror
horrorizar to horrify; ――**se** to be horrified
hoy today
hoyo hole; grave
huérfano -a orphan
huerta vegetable (and fruit) garden
huerto orchard
hueso bone
huésped *m. & f.* guest; host; lodger
huevo egg
huir to flee

humano -a human; **todo lo ——** everything human
humilde humble
humor *m.* humor, wit
humorista *m. & f.* humorist
hundir to sink
hurtadillas: a ——s stealthily, on the sly
¡huy! ouch!

I

ida going, departure; **billete de —— y vuelta** round-trip ticket
ideal *m.* ideal
idealista *m. & f.* idealist
idéntico -a identical
identidad *f.* identity
identificar to identify
idioma *m.* language, speech
idiomático -a idiomatic
iglesia church
ignorancia ignorance
igual equal; **sin ——** matchless, unrivaled
igualdad equality
ilimitado -a unlimited, limitless
Ilo-Ilo *port in one of the Philipine Islands*
ilusión illusion
ilusionar to fascinate; to have illusions
imaginar(se) to imagine
imaginario -a imaginary
imitar to imitate
impar unmatched, odd
impedir (i) to prevent, hinder
impermeable *m.* raincoat
impertinencia impertinence
implicar to imply
importancia importance
importar to matter, be important; **lo que importa** what matters **no me importa** it doesn't matter to me
imposible impossible
impreciso -a vague, indefinite
impregnado -a impregnated, saturated
impresionar to impress

impresionista *m. & f.* impressionist
impreso *p.p. of* **imprimir**
imprimir to print
imprudencia imprudence
impuesto tax, duty
inacentuado -a unaccented
inanimado -a inanimate
incapaz incapable, unable
incidente *m.* incident
inclemencia inclemency
inclinado -a inclined
inclinar to incline, bend, bow
incluir to include
incógnito -a incognito; unknown
incomunicar to deprive of communication, to isolate
inconsciente unconscious
inconveniente *m.* obstacle, difficulty
increíble incredible
indefinido -a indefinite
independencia independence
indeterminado -a indeterminate
indicar to indicate
indicativo indicative; **presente de ——** present indicative
índice *m.* index finger
indignado -a indignant
indio Indian
indistintamente indistinctly, without distinction
inducir to induce
inexistente nonexistent
infernal infernal, detestable
influencia influence
informe *m.* information; report
ingeniero engineer
ingenio genius; talent; cleverness, wit
ingenioso -a ingenious
Inglaterra England
inglés -a English; *m.* English (*language*), Englishman; *f.* Englishwoman
inherente inherent
injusticia injustice
inmediatamente immediately
inmortal immortal
innecesario unnecessary
innegable undeniable
inocencia innocence
inquieto -a restless; anxious

inquietud restlessness, concern
Inquisición Inquisition
insatisfecho -a dissatisfied
inscribir to inscribe
inscrito *p.p. of* **inscribir**
inseguridad uncertainty
inseguro -a uncertain
insistir to insist; ____ **en** to insist on
insociable unsociable
inspeccionar to inspect
inspirar to inspire
instante *m.* instant; **al** ____ right away, immediately
instinto instinct
instituir to institute, establish
instituto institute
institutriz *f.* governess
instruir to instruct
insuficiente insufficient
insultado -a insulted
intelectual intellectual
inteligencia intelligence
inteligente intelligent
intención intention; **sin** ____ unintentionally
intensificar to intensify
intenso -a intense
interés *m.* interest
interesante interesting
interesar to interest
interior interior; inner; **ropa** ____ underwear
interjección interjection
interlocutor *m.* interlocutor, speaker
interrogación interrogation; **signo de** ____ question mark
interrogativo -a interrogative
interrumpir to interrupt
intervenir to intervene, interfere
íntimo -a intimate
intolerancia intolerance
intranquilizar to worry, make uneasy
intransitivo -a intransitive (*opposite of "active" in verbs*)
introducido -a introduced
introducir to introduce, insert
inundación inundation, flood
inútil useless
invadir to invade

invariablemente invariably
invertido -a inverted
invierno winter
invitado -a invited; *m.* guest
invitar to invite
involuntario -a involuntary
inyección injection; **poner una** ____ to give an injection
ir to go; to be; ____ **a** (+ *inf.*) to be going to (+ *inf.*); ____ **a parar a** to end in; finally get to; ____ **a pie** to go on foot; ____ **al centro** to go downtown; ____ **de baile** to go dancing; ____ **de compras** *o* **de tiendas** to go shopping; ____ **de excursión** to go on an outing; ____ **de tertulia** to sit around talking; ____ **de viaje** to travel, go on a trip; ____ **en automóvil (autobús, barco, bicicleta)** to go by car (bus, boat, bicycle); ____ **en burro** to go on a donkey; ____ **en metro (tranvía, tren, trineo)** to go by subway (trolley, train, sleigh); ____ **por mar (tierra)** to go by sea (land); ____ **y venir** to come and go; **allá voy** I'm coming; **¿cómo le va?** how goes it?; **y va de verso** and here is a rhyme; **írsele (a uno) el santo al cielo** to forget; **¡vaya un programa!** some program *or* plan!
irritar to irritate; ____ **se** to become irritated
Irving, Washington American writer who spent many years in Spain and collected tales and legends during the time he was U.S. minister to that country (1842–46)
Isaacs, Jorge Colombian novelist of the 19th century
isla island
islote *m.* small barren island
israelita *m. & f.* Israelite
Italia Italy
italiano -a Italian; **a la** ____ **a** Italian style; *m.* Italian (*language*)
izquierdo -a left; **a la** ____ **a** to (at, on) the left; **a mano** ____ **a** on the left; **hacia la** ____ **a** toward the left

J

jactarse to boast; ——se de to boast of
Jaime James
jamás never; not . . . ever
jamón *m.* ham
Japón Japan
japonés -esa Japanese
jarabe *m.* syrup
jardín *m.* garden
jefe *m.* chief, leader
Jerecito little (glass of) sherry
Jerez sherry
jeringuilla syringe
jersey *m.* sweater
Jerusalén Jerusalem
Jesús Jesus ¡——! Mercy! Gracious!
Jiménez, Juan Ramón *Spanish poet (1881–1958). Nobel Prize, 1956*
jinete *m.* horseman, rider
Jorge George
jorobado -a humpbacked
jota (*letter*) j; jot, iota
joven young
jovial jovial, merry
joya jewel
joyero jeweler
Juan John
Juana Joan
Juanito Johnny
judío Jew
juego play, game; gambling; cards; —— de palabras pun; —— de salón parlor game
jueves *m.* Thursday
juez *m.* judge
jugador *m.* player; gambler
jugar(ue) to play; —— a la pelota to play ball; —— a las cartas to play cards
juguete *m.* toy
juicio judgement; el —— Final the Last Judgement
julio July
junco bulrush
junio June
juntar to join, unite
junto -a joined; united; —— a near, next to; *pl.* together
juramento oath
jurar to swear
justicia justice; **hacer** —— to do justice
juventud youth

K

kan *m.* Khan
kilo kilo(gram)
kilómetro kilometer
kiosko kiosk; summer house

L

labio lip; **barra para los** ——**s** lipstick
ladera slope
lado side; direction; **al** —— **de** beside, on (by) the side of, next to, along the side of
ladrador barking
ladrón *m.* thief
lago lake
lágrima tear
laguna lagoon
lamentar to lament, mourn; to regret, be sorry; ——se de to lament, mourn, complain
lana wool
lanza lance, spear
lápiz *m.* pencil
lapso lapse
largamente at length
largo -a long; **a lo** —— **de** along
lástima pity; ¡**Qué** ——! What a pity! What a shame!
lata tin, tin can; bore, bother; ¡**Qué** ——! What a bore! What a bother! **ser una** —— to be a bore, a bother
laúd *m.* lute
lavar to wash
leal loyal
lección lesson; **señalar la** —— to assign the lesson
lectura reading; **libro de** —— reader
leche *f.* milk

lechero milkman
leer to read
legua league
legumbre *f.* vegetable
lejano -a distant, far
lejos far; ___ **de** far from; **a lo** ___ in the distance
lema *m.* slogan, theme
lengua language; tongue
lenguaje *m.* language; ___ **corriente** everyday language
lento -a slow
León *province and city in Spain*
león *m.* lion
León, Luis de *Spanish poet of the second half of the 16th century*
leonés Leonese
letra letter (*of alphabet*); words, lyrics (*of a song*)
letrado lawyer
levantar to raise, lift; to rouse, agitate; ___**se** to rise, get up, stand up
ley *f.* law
leyenda legend
liar to tie, bind
libertad *f.* liberty
libre free
librería bookstore
librero bookseller
libro book; ___ **de caballerías** novel of chivalry; ___ **de lectura** reader; **estante para** ___**s** bookcase
liebre *f.* hare; **dar gato por** ___ to cheat
ligar to tie; to join
lila lilac
lima (nail) file
limitar to limit
limón *m.* lemon
limonada lemonade
limonero lemon tree
limpiabotas *m. sing. and pl.* bootblack
limpiar to clean; to shine (*shoes*)
limpieza cleanliness
limpio -a clean
linaje *m.* lineage
lindo -a pretty
línea line
lira lyre

lirismo lyricism
lirón *m.* dormouse; **dormir como un** ___ to sleep like a log
Lisboa Lisbon
lista list; **pasar** ___ to call the roll
listo -a ready; alert; clever
litera berth (*on train or boat*); ___ **de abajo** lower berth
literatura literature
loco -a mad, crazy; *m.* madman
locomoción locomotion
lodo mud
lógica logic
Londres London
lozano -a luxuriant
lucir to illuminate; to shine
luchar to fight; to struggle
luego next, afterwards; ___ **que** as soon as, after; **hasta** ___ so long; *conj.* therefore, then
lugar *m.* place; **en** ___ **de** instead of; **tener** ___ to take place
Luis Louis
Luisa Louise
lujoso -a luxurious
lumbre *f.* light, fire
luna moon; **hace** ___ there is a moon, the moon is shining
lunes *m.* Monday
luz *f.* light

Ll

llama flame
llamada call; reference mark
llamar to call; to knock; ___ **a la puerta** to knock (on the door); ___**se** to be called, named
llave *f.* key
llegada arrival
llegar to arrive; ___ **a** to come to, get to, arrive at; ___ **a ser** to become; ___ **a tiempo (tarde)** to arrive (be) on time (late)
llenar to fill
lleno -a full, filled
llevar to take, carry, bear; to wear; ___**se** to take along, carry off

llorar to cry, weep; **echarse a** ____ to burst out crying
llover (ue) to rain; ____ **a cántaros** to rain pitchforks
lloviznar to drizzle
lluvia rain
lluvioso -a rainy

M

Machado, Manuel *Spanish poet of the 20th century*
madraza doting mother
madre *f.* mother
maduro -a ripe
madrugar to get up early
maestro -a teacher
maíz *m.* maize, (Indian) corn; **palomitas de** ____ popcorn
mal bad, badly; *m.* misfortune, illness
maldecido *p.p. of* **maldecir**
maldecir to curse
maldito *p.p. of* **maldecir**
maleta valise, suitcase; **hacer la** ____ to pack a suitcase
maletín *m.* small suitcase, overnight bag
malo -a bad; sick; evil
malparado -a foiled, worsted
malva mauve
malvado -a evil, wicked
manaza large hand
manco -a maimed
mandamiento commandment
mandar to order; to command; to send
mandato command, order
manecilla little hand; hand (*of watch or clock*)
manera manner, way; **de** ____ **que** so that; **de ninguna** ____ by no means, absolutely not
manifestar (ie) to manifest, express
mano *f.* hand; **a** ____ by hand, at hand; **a** ____ **izquierda** on the left; **tener a** ____ to have handy, on hand
Manolo Mannie

Manrique, Gómez *Spanish poet and playwright of the 15th century*
mansedumbre *f.* gentleness; meekness
manso -a gentle
manta blanket
mantener to maintain, support; to sustain; to keep
mantequilla butter
manzana apple; (city) block
manzano apple tree
mañana tomorrow; **hasta** ____ until tomorrow, see you tomorrow; **pasado** ____ the day after tomorrow *n.* morning; **por la** ____ in the morning; **tan de** ____ so early in the morning
mapa *m.* map
mar *m. & f.* sea; (*fig.*) large quantity *or* number, a lot, a great deal; **ir por** ____ to go by sea; **divertirse la** ____ to have a wonderful time; **meterse** ____ **adentro** to sail out to sea
maravilla wonder, marvel
maravillar to astonish, amaze; ____ **se de** to wonder at, marvel at
maravilloso -a marvellous, wonderful
marcar to mark, designate, show
marco frame
marchar to go; to go away, leave
marearse to become seasick
Mare Nostrum Our Sea (*the Mediterranean*)
margen *m. & f.* margin, edge
María Mary
marido husband
marinero sailor, mariner
marino -a marine; **azul** ____ dark blue, navy blue
mariposa butterfly
marrón maroon, dark brown
Marte Mars
martes *m.* Tuesday
marzo March
mas but
más more, most; ____ **que** although; **por** ____ **que** however much, no matter how much
masa mass; body (*of water*)

máscara mask
mata plant
matar to kill
matemáticas mathematics
materia material
matrimonio matrimony, marriage; **anillo de** ___ wedding ring
máximo -a maximum
mayo May
mayor greater, greatest; bigger, biggest; older, oldest; elderly; **al por** ___ wholesale
mayoría majority
mayúscula capital (*letter of alphabet*)
mazo wooden hammer
mecer to stir; to swing; ___**se** to swing, rock
media stocking
medianoche midnight
mediante by means of
medicamento medication
medicina medicine; **estudios de** ___ medical studies
médico doctor; **hacerse** ___ to become a doctor
medida measure; **a** ___ **que** as, while
medio -a half; *m.* half; middle; means; center; **en** ___ **de** in the middle of, in the midst of; **por** ___ **de** by means of
mediodía *m.* noon, midday
medir (i) to measure
Mediterráneo Mediterranean
mejicano -a Mexican
Méjico Mexico
mejor better; best; **a lo** ___ like as not, perhaps, when least expected
melancólico -a melancholy
melocotón *m.* peach
melocotonero peach tree
melodrama *m.* melodrama
memoria memory; **aprender de** ___ to learn by heart
mencionar to mention
menear to shake, stir
menester *m.* want, lack; **ser** ___ to be necessary
menguar to lessen, diminish
meñique little finger

menor smaller, smallest; lesser; younger, youngest; minor; **al por** ___ retail
menos minus; less; least; **a** ___ **que** unless; **al** ___ at least; **por lo** ___ at least; *prep.* except
mentalmente mentally
mentir (ie, i) to lie
mentira lie
mentiroso -a lying
menudo -a small; minute; **a** ___ often
mercader *m.* merchant
mercado market, market place
merced *f.* favor; mercy; **a** ___ **de** at the mercy of
merecer to deserve
mermelada marmalade
mes *m.* month; **el** ___ **que viene** next month
mesa table; food, fare; **poner la** ___ to set the table
metal *m.* metal
meter to put, place; ___ **en** to plunge into, get into; ___**se mar adentro** to sail out to sea
metro meter; subway; **ir en** ___ to go by subway
mexicano -a Mexican
México Mexico
mezquita mosque
miedo fear; **tener** ___ to be afraid
miel *f.* honey
mientras while, as; ___ **que** while; ___ **tanto** meanwhile
miércoles *m.* Wednesday
mil a thousand
mil y una noches, Las *The Arabian Nights*
milagro miracle; **de** ___ miraculously
milla mile
mina mine
mínimo -a minimum; least
minúscula small (*letter of alphabet*
minutero minute hand
minuto minute
mirar to look, look at
miseria misery
mismo -a same; own; very; myself, yourself, himself, *etc.*

misterio mystery
místico -a mystic
mitad *f.* half, middle
moción motion
moda fashion, style; **de última** ____ in the latest style
módico -a moderate, reasonable
modificado -a modified
modificar to modify
modificativo modifier
modismo idiom
modista dressmaker
modo mode, manner; way, mood; **a** ____ **de** like, in the manner of; **de** ____ **que** so that; **de ningún** ____ by no means, absolutely not; **de otro** ____ otherwise; **de todos** ____ **s** at any rate, anyway
mojadísimo -a very wet, wringing wet
mojado -a wet; drenched
mojar to wet, drench; ____**se** to get wet, get drenched
molestar to disturb, annoy; ____**se** to bother, to become annoyed
monarca *m.* monarch
monasterio monastery
monja nun
mono -a monkey
monólogo monologue
monosilábico -a monosyllabic
monstruo monster
montaña mountain
monte *m.* mount, mountain
moño topknot
mora blackberry; moorish woman
morada residence, stay, sojourn; **pasar las** ____**s** to have a hard time
morder (ue) to bite
moreno -a dark; *m.* brunet
morir (ue, u) to die; ____**se** to die, be dying; ____**se de sueño** to be very sleepy; **¡Muera!** Down with...!
moro Moor
mosca fly; ____ **muerta** hypocrite
mostrar (ue) to show
motivo motive
motor *m.* motor
mover (ue) to move

movimiento movement, motion
mozo youth, lad
muchacha girl
muchacho boy
muchedumbre *f.* crowd
mucho -a much; very; *pl.* many; *adv.* much, a lot; very; **por** ____**que** however much, no matter how much
mudar to change; ____**se** to change (*clothing*)
mudo -a mute, silent
mueble *m.* piece of furniture; *pl.* furniture
muela (back) tooth; **doler las** ____**s** to have a toothache
muelle *m.* pier, wharf
muerte *f.* death; **pena de** ____ capital punishment
muerto -a dead; ____ **de cansancio** dead tired; ____ **de hambre** starving; ____ **de sueño** very sleepy; *n.* corpse
mujer woman; wife; **¡**____**!** my dear woman!
mujerzuela woman of no account; woman of low moral standards
multitud multitude
mundanal worldly
mundo world; **todo el** ____ everybody
muñeca doll
Murillo, Esteban *Spanish painter of the 17th century*
murmurar to murmur; to whisper
musa muse
museo museum
música music
músico musician
mutuamente mutually
mutuo -a mutual
muy very

N

nacer to be born; to grow
nacido -a born
naciente growing
nacimiento birth

xxxi

nada nothing, not . . . anything; **de** —— not at all, you are welcome
nadar to swim
nadie no one, nobody; not anybody
nao *f.* boat
naranja orange
naranjo orange tree
naranjota big orange
nariz *f.* nose
narrar to narrate
nativo -a native
naturaleza nature; temperament, disposition; —— **muerta** still life
naufragio shipwreck
navaja folding knife; razor
navajita little folding knife; pen knife; little razor
navegar to navigate, sail
Navidad Christmas
necesario -a necessary
necesidad necessity
necesitar to need, require
negable deniable
negación negation; denial
negar (ie) to deny; to refuse; —— **se a** to refuse to
negativo -a negative
negocio business; commerce; *pl.* business
negro -a black
nene *m.* baby
neutro -a neuter, neutral
nevar (ie) to snow
ni nor, neither; —— . . . —— neither . . . nor
nicaragüense Nicaraguan
nido nest
niebla fog, mist
nieto grandchild; *m.* grandson; *f.* granddaughter
nieve *f.* snow
ninguno -a no one, none, not any
niñito little child; *m.* little boy; *f.* little girl; *pl.* little children
niño -a child; *m.* little boy; *f.* little girl; *pl.* children
no no, not
noble noble; *m.* nobleman
nocturno nocturne

noche *f.* night; **buenas** ——**s** good evening, good night; **de** —— at night; **esta** —— tonight; **media** —— midnight; **por la** —— in the evening, at night; **todas las** ——**s** every night; **vestido de** —— evening gown
nombre *m.* name; noun; —— **de pila** baptismal (given) name; —— **propio** proper noun
nominal noun
nono -a ninth
nones *m. pl.* odd numbers
noroeste *m.* northwest
norte *m.* north
nostalgia nostalgia, homesickness
nota note
notable notable, remarkable; excellent; equivalent to B grade
noticia news; notice
novela novel
novelista *m. & f.* novelist
noveno -a ninth
novia fiancée; bride
noviembre November
novio suitor, fiancé; *m. pl.* bride and groom
nube *f.* cloud
nublado -a cloudy
Nueva York New York
nuevo -a new; **de** —— again
número number; ——**s pares** even numbers; ——**s impares** odd numbers
nunca never, not ever
nupcias *f. pl.* nuptials, marriage

Ñ

ñoño timid and whiny person

O

o or
obedecer to obey
obediente obedient
objeto object; ——**s de tocador** make-up articles

obligación obligation, duty
obra work
obrero laborer, workman
o(b)scuro -a dark, gloomy
obsequio present
observatorio observatory
obsesión obsession
obstáculo obstacle
obstante: no ⎯⎯ however, nevertheless, in spite of
obstinado -a obstinate
obstinarse to be obstinate; ⎯⎯**se en** to persist in
obstrucción obstruction
obstruir to obstruct
obtener to obtain
ocasión occasion
occidente *m.* occident
octavo -a eighth
octubre October
ocurrir to occur, happen
odiado -a hated
odiar to hate
oeste *m.* west
oficio office; role, occupation; **hacer el** ⎯⎯ **de** to perform the function, role of
ofrecer to offer
oír to hear, listen; ⎯⎯ **hablar de** to hear about
ojalá would that, God grant, I wish, I hope
ojo eye; ¡⎯⎯! careful! watch out!
ola wave
ole, olé bravo
óleo oil painting
oler (ue) to smell
olfativo -a olfactory
olivar *m.* olive grove
olor *m.* scent, odor; ⎯⎯ **a** smell of
oloroso -a fragrant
olvidar to forget; ⎯⎯**se de** to forget
olvido forgetfulness, oblivion
omisión omission
omitir to omit
opinar to judge, be of the opinion
optimista *m. & f.* optimist
opuesto -a opposite

oración sentence; prayer; ⎯⎯ **dubitativa** expression of doubt
orar to pray
orden *m.* order; *f.* order, command
ordenado -a orderly
ordenar to order
ordinario -a ordinary; **de** ⎯⎯ ordinarily, usually
orear to air; to refresh
oreja ear
órgano organ
Orgaz, Conde de *Spanish nobleman immortalized by El Greco's painting entitled "Burial of Count Orgaz"*
orgulloso -a haughty, proud
origen *m.* origin
orilla bank, shore
oro gold
ortográfico -a orthographica(al)
oso bear
Osorio, Don Manuel de *nobleman painted as a child by Goya*
ostra oyster
otoño autumn
otorgar to grant
otro -a another, other
ovalado -a oval
ovejuela ewe, lamb

P

paciencia patience; **tener** ⎯⎯ to be patient
paciente *m. & f.* patient; recipient (*of an action*)
pacífico -a pacific; peaceful, mild
Paco Frank
padre *m.* father; *pl.* parents
pagar to pay
página page
país *m.* country
paisaje *m.* landscape
pájaro bird
palabra word; **juego de** ⎯⎯**s** pun
palacio palace
palco box (*theater*)
palidecer to become pale
palidez *f.* pallor
pálido -a pale, pallid

PALMA

palma palm (*tree, hand*)
palmero date palm
palmotear to clap
paloma pigeon; dove
palomita little dove; ──s de maíz popcorn
pan *m.* bread
panadería bakery
panadero baker
panecillo roll
panorama *m.* panorama
pantalón *m.* trousers; *pl.* trousers
pañuelo handkerchief
Papa *m.* Pope
papá *m.* papa, dad; father
papel *m.* paper; **hacer el** ── **de** to play the role of, take part (*in a play*)
papelote *m.* worthless piece of paper
paquete *m.* package
par like, equal; *m.* pair; **de** ── **en** ── wide open; **sin** ── unequalled
para for; in order to; toward; ── **que** in order that, so that; ¿── **qué?** for what reason?
paradigma *m.* paradigm
paraguas *m.* umbrella
paraguayo -a Paraguayan
paraíso Paradise
parar to stop; **ir a** ── **a** to end in, finally get to
pardo -a brown
pareado couplet
parecer to appear, seem, look; **al** ── apparently; **¿Qué le parece ...?** What do you think ...?
pared *f.* wall
pareja pair, couple
paréntesis *m.* parenthesis; **entre** ── parenthetically; by the way
pares even
parque *m.* park
parra grapevine
párrafo paragraph
parte *f.* part; **a ninguna** ── nowhere, anywhere; **en todas** ──**s** everywhere; **por** ── **de** on the part of; **por todas** ──**s** everywhere; **tomar** ── **en** to take part in
participar to participate; ── **de** to share in, partake of
participio participle
particular particular; peculiar; private, personal
partidario partisan, supporter
partido party; ── **de fútbol** football game
partir to leave; to divide; to cut
pasado -a past *m.* past
pasaje *m.* passage
pasajero -a passenger
pasao = **pasado**
pasaporte *m.* passport
pasar to pass; to cross; to happen; to spend; ── **a ser** to become; ── **las moradas** to have a hard time; ── **lista** to call the roll; ──**lo bien** to have a good time; ── **trabajos** to have a hard time; ── **una temporada** to visit, spend a few days (weeks, *etc.*); **pase Ud.** come in
Pascua Easter; Christmas
pasear to walk, promenade; ── **en bote** to go boating; ── **en trineo** to go sleigh riding; ──**se** to take a walk
paseo walk, stroll; **dar un** ── to take a walk; **ir de** ── to go for a walk; **salir de** ── to go out for a walk
pasión passion, emotion
pasivo -a passive
paso step; pass; **dar** ──**s** to take steps
pasta dough; cookie; paste; ── **de dientes** toothpaste
pastel *m.* pastel (*crayon*)
pastor *m.* shepherd
patata potato
paterno -a paternal
patinar to skate
pato duck
patria fatherland, country
patriarcal patriarchal
patriota *m. & f.* patriot
patriotismo patriotism
patrón patron saint
pavo turkey; ── **real** peacock
payaso clown

paz *f.* peace
pecho breast; chest
pedir (i) to ask, ask for; to beg;
  —— **prestado** to borrow
Pedro Peter
peinar to comb; ——**se** to comb one's hair
peine *m.* comb
pelear to fight; to struggle
película film, motion picture
peligroso -a dangerous
pelirrojo -a red-haired
pelo hair
pelota ball; handball; **jugar a la** —— to play ball
peluquero hairdresser; barber
pena sorrow; grief; punishment;
  —— **de muerte** capital punishment;
  a duras ——**s** with great difficulty;
  valer la —— to be worthwhile
penar to suffer; —— **por** to pine, long for
pendiente *m.* earring
penita little sorrow, disappointment
pensamiento thought
pensar (ie) to think; to contemplate; (+ *inf.*) to intend; —— **de** to think about (have an opinion about); —— **en** to think about
pensil *m.* enchanted garden
pentagrama *m.* musical staff
penúltimo -a penultimate, next-to-last
peña rock, boulder
peón *m.* peon, laborer
peor worse, worst
Pepe Joe
Pepín Joe
pepino cucumber
pequeño -a little, small; young
pera pear
peral *m.* pear tree
perder (ie) to lose; to miss (*a train bus*); to waste; **echar a** —— to spoil, ruin
pérdida loss
perdido -a *p.p. of* **perder**; confirmed, inveterate
perdiz *f.* partridge
perdón *m.* pardon, forgiveness
peregrinación pilgrimage
peregrino pilgrim

Pérez Galdós, Benito *Spanish novelist of the 19th century*
perfume *m.* perfume
periódico newspaper, periodical
peripecia incident, situation
perla pearl
permanecer to remain
permiso permission; **con (su)** —— excuse me
permitir to permit, allow
pero but
perpetuar to perpetuate
perplejo -a perplexed, puzzled
perro dog
persa *m. & f.* Persian
perseguir (i) to persecute, to pursue, chase
personaje *m.* personage, character
personificado -a personified
personificar to personify
perspectiva perspective
pertenecer to belong
pertinente pertinent, relevant
pesado -a tiresome, boring
pesar to weigh; *m.* sorrow; **a** —— **de** in spite of
pescado fish (*on the table or in the market*)
pescador *m.* fisherman
pescar to fish, go fishing
pescuezo neck
pesimista *m. & f.* pessimist
pez *m.* fish (*in the water*)
pianista *m. & f.* pianist
picaresco roguish
Picio: más feo que —— ugly as the devil
Pichote; más tonto que —— silly as a goose
pie *m.* foot; **estar de** —— to be standing; **ir a** —— to go on foot; **ponerse de** —— to stand up
piedad piety; pity; mercy; **tener** —— **de** to have pity (mercy) on
piel *f.* skin; fur; **bolso de** —— **de cocodrilo** alligator purse
pierna leg; **dormir a** —— **suelta** to sleep soundly
pijama *m.* pajamas

xxxv

pila basin; holy-water font; **nombre de ____** first name, baptismal (given) name
pilar *m.* pillar
píldora pill
pimienta pepper
pinar *m.* pine grove
pincel *m.* brush
pincelada stroke
pino pine tree
pintar to paint
pintor *m.* painter
pintoresco -a picturesque
pintura painting
Pío Pius
pique: irse a ____ to sink
pirueta pirouette
piruetear to pirouette
pisapapeles *m.* paperweight
piscina fishpool, fishpond; swimming pool
pista track; ring (*of a circus*)
pizarra blackboard
placer *m.* pleasure
plan *m.* plan
planeta *m.* planet
plano plan
planta plant
plantado -a planted
plantar to plant
plata silver
plátano banana
platero silversmith
plato plate, dish
platónico -a platonic (*of or pertaining to Plato or his philosophy*)
playa beach, shore
plaza plaza, public square
plazo term, limit of time
pluma pen; **____ fuente** fountain pen
pluscuamperfecto pluperfect
Plus Ultra "Onward" (*motto on the coat of arms of Charles V and a distortion of the Latin phrase "ne plus ultra" meaning "no further"*)
poblado -a populated; **____as cejas** heavy eyebrows
pobre poor; *m.* poor fellow
pobrecito poor little thing; **____ de mí** poor me

poco -a small, limited, little; *pl.* few; **____ a ____** little by little, gradually; **a ____ de** shortly after; **por ____** almost, nearly; *adv.* little; **de todo un ____** a little bit of everything
poder to be able; can, may; **no ____ más** to be exhausted, "all in", not to be able to stand (bear) any more; **no ____ menos de** not to be able to help; **puede ser** perhaps; **¿Se puede?** May I come in?
poema *m.* poem
poesía poetry, poem
poeta *m.* poet
poetisa poetess
policía *m.* policeman
político -a political; *f.* politics
polvo dust; powder
pollito chick
pollo chicken
polluelo young chick
pómulo cheekbone
poner to put, place; **____ la mesa** to set the table; **____ la radio** to turn on the radio; **____ una inyección** to give an injection; **____se** to put on, dress; to become; **____se a** to begin to, start to; **____se colorado** to blush; **____se de acuerdo con** to reach an agreement with; **____se de pie** to stand up; **____se de rodillas** to kneel; **____se malo** to become sick; **____se rojo** to blush; **____se como una sopa** to get soaked to the skin
popa poop, stern; **ir viento en ____** to go very well
por for; by, through; over; along; on account of, for the sake of; per; **____ más ... que** however much, no matter how much
porción portion; quantity
porfiado -a obstinate, opinionated
porfiar to persist, argue stubbornly
¿por qué? why?
porque because
portarse to behave
portería porter's lodge; main door; main hall of an apartment house

portugués -esa Portuguese; *m.* Portuguese (*language*)
posada inn; lodging
poseer to have, possess, own
posesión possession
posesivo possessive
posibilidad possibility
posible possible
posponer to subordinate; to put after; to postpone
pospuesto *p.p. of* **posponer**
posterior posterior, rear
postre *m.* dessert; **de** ____ for dessert
postrero -a last
pozo well
prado meadow, pasture
Prado, Museo del *art museum in Madrid*
precedente preceding
preceder to precede
precio price
precioso -a precious; pretty; beautiful
precipitado -a precipitate, hasty
preciso -a necessary, precise
predecir to predict
predicado predicate; ____ **nominal** expresses a quality of the subject; ____ **verbal** expresses the action of the subject
predilecto -a favorite
preferencia preference
preferir (ie, i) to prefer
prefijo prefix
pregunta question; **hacer una** ____ to ask a question
preguntar to ask, question
premio prize
prenda pledge; pawn; article (*of clothing*); ____ **de vestir** article of clothing
preocuparse to worry
preparar to prepare
preparativo preparation; ____**s de viaje** preparations for a trip
prescribir to prescribe
prescrito *p.p. of* **prescribir**
presencia presence
presenciar to witness
presentar to present, introduce

presente present; ____ **de indicativo** present indicative
presentir (ie, i) to predict, foresee
presidente *m.* president
presidir to preside (over)
preso -a imprisoned
prestado -a lent; **coger (pedir, tomar)** ____ to borrow
prestar to lend; ____ **atención** to pay attention
presumido -a conceited, vain
pretérito preterite; ____ **anterior** preterite perfect; ____ **perfecto** present perfect; ____ **pluscuamperfecto** pluperfect
prever to foresee
previo -a previous
previsto *p.p. of* **prever**
primavera spring
primaveral springlike
primero -a first
primo -a cousin
primor *m.* beauty, elegance
princesa princess
príncipe *m.* prince
principiar to start, begin; ____ **a** to begin to
principio start, beginning; **al** ____ at the beginning; **dar** ____ **a** to give rise to
prisa hurry, haste; **darse** ____ to hurry; **de** ____ quickly, rapidly; ¡**siempre de** ____! always in a hurry! **tener** ____ to be in a hurry
privilegiado -a privileged
proa prow
probar (ue) to prove; to taste; to try on
problema *m.* problem
procedencia origin, source
prodigioso -a prodigious
producir to produce, yield
profesión profession
profesor -a professor
profeta *m.* prophet
profundo -a profound
programa *m.* program, plan; ¡**Vaya** ____! Some program (*or* plan)!
progresivo -a progressive
prohibir to prohibit, forbid

prohijado -a adopted; **tener** ⎯⎯ to have adopted
prometer to promise
promulgar to promulgate
pronombre pronoun
pronto soon, quickly; **de** ⎯⎯ suddenly; **hasta** ⎯⎯ so long; **por lo** ⎯⎯ for the present; **tan** ⎯⎯ **como** as soon as
pronunciar to pronounce; to utter; to deliver (*a speech*)
propiedad property
propina tip
propio -a proper; (one's) own; characteristic; natural; **nombre** ⎯⎯ proper noun
proponer to propose
proposición proposition, proposal
propósito aim, purpose; **a** ⎯⎯ by the way, apropos; **a** ⎯⎯ **de** apropos of, in connection with
prosa prose
prosódico -a prosodic, stressed (*but without written accent*)
protagonista *m. & f.* protagonist
proteger to protect
protestar to protest
provecho advantage, benefit, good
provenir to proceed from, originate
proverbio proverb
próximo -a next, near
prudencia prudence
prueba proof
publicar to publish
público public; audience
pueblo town, village; people
puente *m.* bridge
puerta door; **llamar a la** ⎯⎯ to knock (*on the door*)
puertorriqueño -a Puerto Rican
pues well; since; ⎯⎯ **que** since, because, inasmuch as; *conj.* for, since, because
puesto *p.p. of* **poner**; *m.* place; post, position; ⎯⎯ **que** inasmuch as
pulgada inch
pulgar: (**dedo**) ⎯⎯ thumb
pulsera bracelet
punta point, tip

punto point; period; ⎯⎯**s suspensivos** suspension points; **a** ⎯⎯ **de** on the point of, on the verge of; **en** ⎯⎯ sharp; **dos** ⎯⎯**s** colon
puntuación punctuation
puntualmente punctually
puro -a pure

Q

que who, whom, which; that; *adv.* than; *conj.* for, because
¿qué? what? **¡**⎯⎯**!** what! what a!
quebrar (ie) to break
quedar to remain, stay, be left; to be; ⎯⎯ **en** to agree to; ⎯⎯**se** to remain, stay; ⎯⎯**se con** to keep
queja complaint; lament
quejar to complain; ⎯⎯**se de** to complain of *or* about
querer (ie) to wish, want; to love; ⎯⎯ **decir** to mean; **Dios quiera** God grant; **sin** ⎯⎯ without meaning to, without wishing to
querido -a dear
queso cheese
quien who, whom, the one who
¿quién? who? whom?
quieto -a quiet, still
química chemistry
quinientos -as five hundred
quinto -a fifth
Quiroga, Facundo an Argentine caudillo or chieftain of the first part of the 19th century whose biography was written by Sarmiento
quisicosa puzzle, riddle; strange thing
quitar to remove, take away; **¡Quita!** Stop!; ⎯⎯**se** to take off, remove
quizá(s) maybe, perhaps

R

rabia anger, rage
rabo tail

radical *f.* root (*of a word*)
radio *m. & f.* radio
raíz *f.* root
rama branch
ramo branch
Ramón Raymond
rápido -a rapid
raro -a rare; odd; strange
rascacielos *m.* skyscraper
rasgo trait, characteristic
raso satin
rata rat
rato (short) time, (a) while; **al cabo de un** ___ after a while
ratón mouse
raya dash
rayo ray, beam; dash
razón *f.* reason; **no tener** ___ to be wrong; **tener** ___ to be right
real royal; real; **pavo** ___ peacock
realidad reality
realista *m. & f.* realistic; royalist
rebelde rebellious
rebonito -a very pretty
recaer to fall back
recalcar to emphasize, stress
receta prescription
recibir to receive; to meet
recién recently, just, newly
recio -a strong
recíprocamente reciprocally
reciprocidad reciprocity
recíproco -a reciprocal
reclinado -a reclining
recluta *m.* recruit
recoger to gather
recomendación recommendation
reconciliar to reconcile
recordar (ue) to remember, recall; to remind
recortar to trim; to cut off
recreo recreation
rector *m.* president of a university
recuerdo memory, remembrance; *pl.* regards
rechazar to repel; to reject
redondilla *stanza of four octosyllabic lines rhyming abba*
redondo -a round
reducir to reduce
redundante redundant

reedificar to rebuild
reexaminar to reexamine
reexpedir (i) to forward, reship
referir (ie, i) to refer; to tell, narrate; ___ **se a** to refer to
reflejo -a reflected; reflexive; *m.* reflection
reflexivo -a reflexive
reforzar (ue) to reinforce
refrán *m.* proverb
refrescar to refresh, cool
refresco refreshment; soft drink
refunfuñón -a grumbling
regalar to give, present
regalo gift, present
regañar to scold; to quarrel
regar (ie) to water, sprinkle; to irrigate
regir (i) to rule; to govern
regla rule
regresar to return
regreso return
regular regular; fair; **por lo** ___ as a rule, usually
reina queen
reinar to reign
reino kingdom
reír(se) (i) to laugh; **reírse de** to laugh at, make fun of; **echarse a** ___ to burst out laughing
reja grate, grating
relación relation; story
relacionado -a related
relámpago lightning, flash (*of lightning*)
relampaguear to lighten
relativo -a relative
relato narrative, account
religión *f.* religion
religioso -a religious
reloj *m.* clock, watch; ___ **de cu-cú** cuckoo clock; ___ **de bolsillo** pocket watch; ___ **de muñeca** wrist watch
remar to row
remedio remedy, help; **no tener más** ___ **que** not to be able to help but
remozar to rejuvenate
rendir (i) to surrender
reñir (i) to scold; to quarrel

repasar to retrace; to review
repaso review
repente: de ___ suddenly
repetir (i) to repeat
reponer to replace; to reply; ___**se** to recover, recuperate
representar to represent, show
reproducción reproduction
repuesto *p.p. of* **reponer**
requerir (ie, i) to require
requetebonito -a very, very pretty, extremely pretty
requeterrefunfuñón -a very irritable
requisito requisite, requirement
reservado reservation
residencia residence
resignarse a to resign oneself to
resistir to resist; to withstand
resolver (ue) to solve, resolve; to decide
respectivo -a respective
respecto respect; ___ **a** with respect to, with regard to
respetar to respect
respeto respect
respirar to breathe
responder to answer; to correspond
responsable responsible
respuesta answer
restante remaining
restituir to return, give back, restore
resto rest, remainder
restorán *m.* restaurant
restorancito little restaurant
resucitar to resurrect, revive, return to life
resuelto *p.p. of* **resolver**
resultado result
resultar to result; to prove to be; to turn out to be
resumen *m.* summary, resumé
resumir to summarize, sum up
retener to retain
retirado -a retired, secluded
retirarse to retire, withdraw
retozar to frolic, romp
retrato portrait; photograph
reunido -a assembled
reunión reunion; meeting; combination
reunir to join, unite; ___**se** to meet
revelar to reveal
revés *m.* reverse; **al** ___ on the contrary, wrong side out
revisar to revise, review; to examine
revista review
rey *m.* king; **los Reyes Católicos** the Catholic Sovereigns
rezar to pray
Ribera, José *Spanish painter of the 17th century*
ribera bank, shore
rico -a rich; delicious
río river; ___ **abajo** down the river; ___ **arriba** up the river
riquísimo -a very rich; very delicious
risa laugh, laughter; **¡Qué** ___**!** How funny!
rítmico -a rhythmic
robar to steal
Rocinante Don Quixote's horse
rodar (ue) to roll
rodeado -a surrounded
rodilla knee; **de** ___**s** kneeling; **ponerse de** ___**s** to kneel
Rodrigo Roderick
rogar (ue) to beg, entreat; to pray
rojo -a red
Roma Rome
romance Romance (*language*); ballad
románico -a Romanesque
romántico -a romantic
Romanticismo Romanticism
romper to break
Roncesvalles *valley in the Pyrenees where the rearguard of the army of Charlemagne was defeated by the Spaniards in 778*
ropa clothing, clothes; ___ **interior** underwear
Rosa Rose
rosa rose; pink
rosal *m.* rosebush
rosetas popcorn
roto -a *p.p. of* **romper**
rubí *m.* ruby
rubio -a blond
ruborizarse to blush
ruego request, entreaty

rugoso -a rugged, wrinkled
ruido noise
ruidoso -a noisy
ruin base, mean, vile
ruina ruin
ruiseñor *m.* nightingale
ruso -a Russian; *m.* Russian (*language*)
ruta route

S

sábado Saturday
saber to know, know how; to be able; to learn, find out; —— **a** to taste like; —— **a gloria** to taste heavenly
sabiendas: a —— knowingly
sabio -a wise, learned; *m.* wiseman
sabor *m.* taste, flavor
sacar to take out, get out; to get, obtain
sacerdote *m.* priest
sacerdotisa priestess
saco sack, bag
sacrificio sacrifice
saeta arrow, dart
sal *f.* salt
sala living room; salon; hall
Salambó *heroine of Gustave Flaubert's historical novel dealing with Carthage in the 3rd century before Christ*
salchichón *m.* sausage
salero saltcellar, saltshaker
salir to go (come) out; to leave, depart; —— **a** to take after; —— **de paseo** to go out for a walk; —— **electo** to be elected
salón *m.* salon; living room; **juego de** —— parlor game
saltar to jump, leap
salto jump, leap
salud *f.* health
saludable wholesome
salvadoreño -a Salvadoran
salvaje savage
salvar to save
salvavidas *m.* life preserver

salvo -a safe; *adv.* save, except for; —— **que** unless; **sano y** —— safe and sound
Samarkanda *city of Soviet Central Asia*
sandía watermelon
sano -a sound, healthy; —— **y salvo** safe and sound
Santiago St. James
Santiago de Compostela *city in Galicia, famous for its cathedral and burial place of the Apostle St. James*
santo -a saint, saintly, holy; **Semana** ——**a** Holy Week
sardina sardine
Sarmiento, Domingo F. *Argentine writer and president of Argentina in the 19th century*
sastre *m.* tailor; **traje** —— tailored suit
sastrería tailor shop
satisfacción satisfaction
satisfacer to satisfy
satisfecho *p.p.* of **satisfacer**
sauce *m.* willow
secar to dry
sección section
seco -a dry
sed *f.* thirst; **tener** —— to be thirsty
seda silk
seducir to tempt; to seduce
seguida: en —— immediately
seguido -a followed
seguir (i) to follow; —— **un curso** to take a course
según according to, as
segundo -a second
seguro -a sure, certain; **de** —— surely, certainly
seleccionar to select
selvático -a rustic
semana week; —— **Santa** Holy Week; **fin de (la)** —— weekend **la** —— **pasada** last week; **la** —— **que viene** next week
semblante *m.* face; countenance; appearance
semejante similar
senador *m.* senator
sencillo -a simple, plain

senda path
sensual sensual, sensuous
sentao = **sentado**
sentar (ie) to seat; to suit, become; ____ **bien** to be becoming, to fit; to agree with one (*food, climate*); ____**se** to sit down
sentido sense, meaning
sentir (ie, i) to feel; to regret, be sorry; to hear; ____ **calor** to feel warm; ____**se** to feel, resent, feel hurt; ____**se mal** to feel sick
seña sign, mark; *pl.* address
señalar to mark; to show, indicate; ____ **la lección** to assign the lesson
señor gentleman; Mr.; sir; master; **el Señor** the Lord, Our Lord; ¡____! Heavens!
señora lady; madam; Mrs.
señorita young lady; Miss
separar(se) to separate
septiembre September
séptimo -a seventh
ser to be; ____**aficionado a** to be fond of, a follower of; ____ **mayor de edad** to be of age; ____ **menester** to be necessary; ____ **una lata** to be a bore, a bother; **a no** ____ **que** unless; **es decir** that is to say; **llegar a** ____ to become; **pasar a** ____ to become; **¿Qué es de tu vida?** How are you?
sereno -a serene; *m.* night watchman; night dew;
serie *f.* series
serrín *m.* sawdust
servir (i) to serve; **¿en qué puedo** ____**le?** what can I do for you? **no** ____ **para nada** to be good for nothing; **¡sírvase!** please
seso brain
sevillano -a Sevillian
sexto -a sixth
sí yes
si if, whether
sido *p.p. of* **ser**
siempre always; ____ **que** provided, whenever; **para** ____ forever
sierra mountain range
siglo century
significación significance

significado meaning
significar to mean
signo sign; mark, ____ **de interrogación (admiración)** question (exclamation) mark
siguiente following
sílaba syllable
silabeo syllabication
silencio silence
silencioso -a silent, still
silla chair
simpático -a pleasant; nice
simpatiquísimo -a very pleasant attractive
simple simple, silly, simpleton
simplemente simply
sin without
sinalefa synalepha (*contraction of two adjacent vowels in different words into one syllable*)
sincero -a sincere
sino but, except; **no sólo ...** ____ **que** not only ... but also
sinónimo synonym
sinopsis *f.* synopsis
siquiera although, at least, even though; **ni** ____ not even
sirvienta maid, servant
sirviente *m.* servant
sistema *m.* system
sitio room; place, site
situado -a situated
sobrar to have more than enough, have left over
sobre on, upon
sobreentender to understand; ____**se** to be understood
sobrina niece
sobrino nephew; *pl.* nephews; nephew(s) and niece(s)
socorrido -a trite, hackneyed; handy, useful helpful
socorro help, aid; ¡____! Help!
sofá *m.* sofa
sol *m.* sun; **en que no dé el** ____ which is not struck by the sun; **hacer (mucho)** ____ to be (very) sunny
solas: a ____ alone, by oneself
soldado soldier
soledad *f.* solitude

soler (ue) to be accustomed to, be used to, be in the habit of
solitario solitaire; lonely
sólo *adv.* only, solely
solo -a only, sole; lonely; **a ___ as** alone, by oneself
soltar (ue) to untie, loosen; to let go
soltera unmarried; **apellido de ___** maiden name
solterona spinster
sollozar to sob
sombra shadow, shade; **a la ___ de** in the shade of
sombreado -a shaded
sombrerero hatmaker; *f.* hatbox, bandbox
sombrero hat; **___ hongo** derby
sonar (ue) to sound; to ring; **___ se** to blow (*one's nose*)
sonata sonata (*musical composition*)
sonido sound
sonoro -a sonourous
sonreír to smile
soñar (ue) to dream; **___ con** to dream of
sopa soup; **hecho una ___** soaked to the skin, soaking wet; **ponerse como una ___** to get soaked to the skin
soplón *m.* tattletale
sordo -a deaf; **___ mudo** deafmute
Sorolla, Joaquín *Spanish painter of the 19th-20th centuries*
sorprendente surprising
sorprender to surprise; **___ se** to be surprised
sortija ring
sostener to support, hold up, sustain
suave suave, smooth; soft
subir to go (come) up; **___ a** to climb, go up; **subírsele a uno a la cabeza** to go to one's head
subordinado -a subordinate, subject to, secondary
subrayado -a underlined
subrayar to underline
subscribir to subscribe
subsistir to subsist; to exist; to last
substancia substance
substantivo substantive, noun

substituir to substitute
subyacente underlying
suceder to follow; to happen, occur
sucesión succession
sucio -a dirty
suelo ground; floor
suelto -a loose, free, easy; *p.p. of* **soltar**
sueño sleep; dream; **con mucho ___** very sleepy; **morirse de ___** to be very sleepy; **muerto de ___** very sleepy; **tener (mucho) ___** to be (very) sleepy
Suero de Quiñones *warrior of the 15th century who challenged all knights that came to the bridge of Órbigo*
suerte luck; **¡qué ___!** what luck! how lucky! **tener ___** to be lucky
suficiente sufficient
sufijo suffix
sufrido -a long-suffering
sufrimiento suffering
sufrir to suffer; to undergo; to take (*an examination*)
sugerir (ie, i) to suggest
suizo -a Swiss
sujetar to subject; to fasten
sujeto subject
sultán *m.* sultan
sumamente extremely, exceedingly
sumergir to submerge
sumo: a lo ___ at the utmost
superficie *f.* surface
superior superior; upper
superioridad superiority
suplicar to beg, to entreat
suponer to suppose, think; to imply
suposición supposition
suprimir to suppress, eliminate
supuesto -a supposed, assumed; **___ que** since, inasmuch as; **por ___** of course
sur *m.* south
suscrito *p.p. of* **suscribir**
suspender to suspend, stop
suspensivo: puntos ___ s suspension points
suspiro sigh
sustituir to substitute
sutil subtle; light, volatile

T

tabaco tobacco
tabla board
tacaño miser
tacto (*sense of*) touch
tafetán *m.* taffeta
tal such, such a; **con ___ que** provided; **___ vez** perhaps
talón *m.* heel
tamaño size
también also, too
Támesis Thames (River)
tampoco neither; not (nor) ... either; **ni ___** neither
tan so, as
tanto -a so (as) much; *pl.* so (as) many; **___ ... como** both ... and; **mientras ___** meanwhile; **por lo ___** therefore
taquilla box office
tardar to be late; to delay; **___se en** to be long in, take much time in; **a más ___** at the latest
tarde late; *f.* afternoon; **___ o temprano** sooner or later; **buenas ___s** good afternoon; **hacerse ___** to become late, be getting late; **llegar ___** to arrive (be) late; **por la ___** in the afternoon; **vestido de ___** afternoon dress
tarta tart, cake
taxi *m.* taxi
taza cup
té *m.* tea
teatral theatrical
teatro theatre
techador *m.* roofer
techar to roof, put a roof on
techo ceiling, roof
tedio tedium
tejer to weave
tela cloth; canvas
telefonema *m.* telephone message, call
teléfono telephone
telegrama *m.* telegram
tema *m.* theme, subject; fixed idea, mania
temblar (ie) to tremble, quiver

temblón -ona shaking, tremulous **álamo ___** aspen tree
temer to fear
temible terrible, fearful
temor *m.* fear, dread
templado -a temperate, moderate, mild
temple *m.* tempera, distemper; **mucho ___** much character
temporada season, period, spell; **pasar una ___** to visit, spend a few days (weeks, *etc.*)
temporal temporal; temporary
temprano early; **tarde o ___** sooner or later
tenaz tenacious
tender (ie) to spread (out); to tend; **___ a** ($+$ *inf.*) to tend to
tendero storekeeper
tener to have, possess; to hold; to be; **___ a mano** to have handy, on hand; **___ afición a** to be fond of; **___ ... años** to be ... years old; **___ calma** to be calm; **___ calor** to be warm; **___ celos** to be jealous; **___ cuidado** to be careful; **___ empeño en** to be eager to; **___ envidia** to be envious; **___ éxito** to be successful; **___ frío (calor)** to be cold (warm); **___ ganas de** to feel like; **___ la bondad de** please; **___ la culpa** to be to blame, be one's fault; **___ lugar** to take place; **___ miedo** to be afraid; **___ (mucha) hambre (sed)** to be (very) hungry (thirsty); **___ mucho gusto en** to be very glad to; **___ (mucho) sueño** to be (very) sleepy; **___ paciencia** to be patient; **___ piedad por** to have pity (mercy) on; **___ por** to consider; **___ prisa** to be in a hurry; **___ prohijada** to adopt; **___ que** to have to, must; **___ razón** to be right; **no ___ razón** to be wrong; **___ suerte** to be lucky; **___ vergüenza de** to be ashamed to; **aquí me tiene** here I am
teniente *m.* lieutenant

tenis *m.* tennis
Tenorio, Don Juan *literary hero first presented in the theater by the Spanish dramatist Tirso de Molina in the 17th century*
teñido -a dyed
Teodora Theodora
teorema *m.* theorem
tercero -a third
terciopelo velvet
terminación ending
terminado -a ended, terminated
terminar to end, finish; ___ **de** to stop
término end, ending; **primer** ___ foreground; **segundo** ___ middle ground
ternera calf; veal; **carne de** ___ veal
ternerito little calf
terremoto earthquake
tertulia social gathering; **ir de** ___ to go to a gathering, to sit around talking
tesis *f.* thesis
testigo *m. & f.* witness
tez *f.* complexion
tía aunt
tiempo time; weather; tense; **a** ___ on time; **con** ___ in time; **¿cuánto** ___ **hace que . . . ?** how long ago . . . ? **desde hace mucho** ___ for a long time; **hace buen** ___ the weather is fine (good); **hace** ___ **que** it's a long time since; **hace algún** ___ some time ago; **hacer buen** ___ to be good weather, be clear; **llegar a** ___ to arrive (be) on time
tienda shop, store; ___ **de campaña** army tent, marquee; ___ **de comestibles** grocery store; **ir de** ___ **s** to go shopping
tierra land; earth; soil; country; **ir por** ___ to go by land
tigre *m.* tiger
tijeras scissors
tijeretas little scissors
tilde *m. & f.* tilde (*as on letter ñ*)
timbre *m.* stamp; call bell
timidez *f.* timidity
tinta ink

tío uncle; *pl.* uncles; uncle(s) and aunt(s)
tiovivo merry-go-round
tipo type
tirar to throw, cast, fling; to pull; ___ **de** to pull
tiritar to shiver
tisis *f.* consumption
título title
tiza chalk
toalla towel
toca headdress; veil (*of nuns*)
tocador dressing table; **objetos de** ___ make-up articles
tocante a with regard to, concerning
tocar to touch; to play (*a musical instrument*); ___ **le a uno** to be up to one, be one's turn
todavía yet, still; ___ **no** not yet
todo -a all, every; **del** ___ wholly, entirely; **de** ___ **un poco** a little bit of everything; **todos** all, everyone
tomar to take; to eat, drink; ___ **parte en** to take part in; ___ **prestado** to borrow; **¡toma!** of course!
Tomás Thomas
tomate *m.* tomato
tono tone
tontería nonsense, foolishness
tonto -a foolish, stupid; silly; *n.* fool
torero bullfighter
tormenta storm, tempest
tornar to turn; to return; ___ **se** to turn, become
toro bull; *m. pl.* bullfight; **corrida de** ___ **s** bullfight
torre *f.* tower
tostada toast
tostar (ue) to toast
trabajar to work
trabajo work, task; hardship; **día de** ___ workday; **pasar** ___ **s** to have a hard time
trabalenguas *m.* tongue twister
tradicionalmente traditionally
traducción translation
traducir to translate
traer to bring
traidor *m.* traitor; *adj.* treacherous

traje *m.* dress; gown; suit; ___
  sastre tailored suit
trama plot
tranquilizar to calm, to quiet down
tranquilo -a tranquil, calm
transcurso course (*of time*)
transitivo -a transitive (*applied to verbs that take an object*)
transparente *m.* curtain (*of a window*)
tranvía *m.* trolley car; **ir en** ___ to go by trolley
tras after, behind
tratar to deal; to treat; to try; ___ **de** to deal with; ___ **de** (+ *inf.*) to try to (+ *inf.*); ___ **se de** to deal with, be a question of
través: a ___ **de** across, through
tren *m.* train; **ir en** ___ to go by train
trigueño -a dark
trineo sleigh, sled; **ir en** ___ to go by sleigh; **pasear en** ___ to go sleighriding
triptongo tripthong
triste sad
tristeza sadness
tronar (ue) to thunder
tronco trunk
tropezar (ie) to stumble; ___ **con** to stumble against, trip over, run into
trovador *m.* troubadour, poet
trueno thunder
tuerto one-eyed man
tú you; **tu** yours
túnel *m.* tunnel
turbado -a disturbed, upset
turno turn
tutearse to be on close terms with each other; to address each other with the **tú** forms of grammar

U

u or
Ulrico Ulric
último -a last
un, uno, una a, an, one; **unos, -as** some, a few
Unamuno, Miguel de *Spanish essayist, poet, novelist and dramatist of the 19th and 20th centuries*

único -a only; sole
uniforme *m.* uniform
unión *f.* union
unir to join, unite
uña nail (*of finger*)
usar to use
uso use, usage
utensilio utensil
útil useful
uva grape

V

vaca cow; **carne de** ___ beef
vaciar to drain, empty
vacilar to vacillate, hesitate
vacío -a empty
vagar to wander
valer to be worth; ___ **la pena** to be worthwhile; **¡Válgame Dios!** Mercy! My goodness!
valiente brave, valiant
valor *m.* value, worth; valor, courage
valle *m.* valley
Valle-Inclán, Ramón María del *Spanish novelist, poet and dramatist of the 20th century*
vano -a vain; **en** ___ in vain
vaquero cowboy
variado -a varied, assorted
variar to vary
variedad variety
vario -a various, varied; *pl.* various, several
varón *m.* male; man; man of standing
vasco -a Basque
vaso glass, tumbler
vecino -a near, neighboring; *n.* neighbor
vega fertile plain *or* valley
vela candle
velar to watch (over); to hide
Velázquez (*in English* **Velásquez** *or* **Velasquez**) *Spanish painter of the 17th century*
velocidad speed
vencer to conquer; defeat, overcome; ___ **se** to control (oneself)
vencido -a conquered, vanquished; overcome

vendedor *m.* salesman, seller, vendor
vender to sell
vengar to avenge
vengativo -a vengeful, vindictive
venidero -a coming, future
venir to come; **ir y ___** to come and go; **el año (mes) que viene** next year (month)
ventaja advantage
ventana window
ventanota big window
ventilar to ventilate
ventoso -a windy
ver to see; to look (at); **¡A ___!** Let's see!
verano summer
veras: ¿de ___? really?
verbo verb; **___ determinado** (*see* **determinado**); **___ determinante** (*see* **determinante**)
verdad truth; **¿___?** *or* **¿no es ___?** isn't it so?, *etc.*
verdadero -a true
verde green
verduras vegetables
vergüenza shame: **tener ___ (de)** to be ashamed (to)
verosímil likely, probable
verso verse, line of poetry
vestido -a dressed; **___ de rojo** dressed in red; *m.* dress; costume; **___ de hilo** linen dress; **___ de noche** evening gown; **___ de tarde** afternoon dress
vestir (i) to dress; to wear; **a medio ___** half dressed; **prenda de ___** article of clothing; **___se** to dress (oneself)
vez *f.* time; **a la ___** at the same time; **alguna ___** sometimes; **cada ___ más** more and more; **cada ___ menos** less and less; **de ___ en cuando** from time to time, occasionally; **en ___ de** instead of; **había una ___** once upon a time; **otra ___** again; **por primera ___** for the first time; **rara ___** rarely; **tal ___** perhaps; **una ___** once; **a veces** sometimes; **dos veces** twice
viajar to travel

viaje *m.* trip; **___ en avión** airplane trip; **hacer un ___** to take a trip; **ir de ___** to travel; **preparativos de ___** preparations for a trip
viajero traveler
vibrar to vibrate; to roll
vicio vice
vicioso -a vicious
víctima victim
victorioso -a victorious
vida life; **coste de la ___** cost of living; **¿Qué es de tu ___?** How are you? How are things with you? How are you getting along?
viejecita little old woman
viejo -a old
viento wind; **ir ___ en popa** to go well; **hacer ___** to be windy;
viernes *m.* Friday
vigoroso -a vigorous
vinagre *m.* vinegar
vinito nice little wine
vino wine
violeta violet
violinista *m. & f.* violinist
Virgen *f.* Virgin; **¡___ Santísima!** Good Heavens!
virtud *f.* virtue
visita visit; **ir de ___** to visit, go visiting
visitar to visit, pay a call
vista view, sight; **de ___** by sight; **hasta la ___** so long
visto *p.p. of* **ver**; **por lo ___** apparently
vivir to live; **¡Que viva ... !** Long live ... !
vivo -a alive, living; vivid; clever
vocal *f.* vowel
vocativo vocative (*case used in direct address*)
volador -a flying; swift
volar (ue) to fly (away, off)
volcán *m.* volcano
volitivo -a volitional
voluntad *f.* will
voluptuoso -a voluptuous
volver (ue) to turn; to return; to go (come) back; **___ a** to ... again; **___se** to become; **___se loco** to go mad

xlvii

vos you (*form used in addressing royalty*)
votar to vote
voz *f.* voice; ____ **de alarma** alarm; **en** ____ **alta** aloud; **en** ____ **baja** in a low voice; **dar voces** to shout, cry out
vuelta turn, return; **billete de ida y** ____ round-trip ticket
vuelto *p.p. of* **volver**
Vuesa Merced = **Vuestra Merced** Your Grace
vulgar vulgar; common

Y

y and
ya already; ¡____! of course! oh, yes! ____ **no** no longer; ____ **que** since, inasmuch as

yacer to lie
yanqui *m. & f.* Yankee
yantar to eat
yegua mare
yerba = **hierba** grass
yerno son-in-law
yerto motionless, still, rigid

Z

zapatería shoe store; shoemaker's shop
zapatero shoemaker
zapato shoe
¡zas! bang!
zeta (the letter) z
Zorrilla, José *Spanish poet and dramatist of the 19th century*
Zurbarán, Francisco *Spanish painter of the 17th century*

Índice

a: su empleo 240–241; verbos que la toman 298; en vez de **para** 175, nota 3; supresión con complemento directo 197, nota 5
abecedario 7
abreviaturas 5, 316
acaso + el subjuntivo 208
adjetivos: interrogativos 7; el género 25; el plural 26; posición 27, 87; de negación 68; demostrativos 86; usados como nombres 88; apócope 88–89; indefinidos 214
adverbios: interrogativos 8; terminados en **-mente** 67; de negación 68 posición 87
al + infinitivo para traducir *on* o *upon* + el gerundio en inglés 61
alfabeto 7
ambos 236
antes que + el subjuntivo 252
antónimos 68
apócope 88–89
artículo: indefinido o indeterminado 14; definido o determinado 15; contracciones del artículo definido con **a** o **de** 15; masculino con nombre femenino 26; el artículo neutro **lo** 107
aumentativos 87
Azorín 93
become 249
become of 118
caber 163, 290–291; en modismos 163
cada 237
caer (se) 162, 290–291; en modismos 163
Calderón de la Barca, Pedro 216
Camba, Julio 203
cambios: en la radical de algunos verbos: primer grupo 65, 287–288, segundo y tercer grupos 79, 288–289; ortográficos de verbos terminados en: **-ducir** 142, 270; **-acer, -ecer** y **-ocer** 228; **-ucir, -ducir** 229; **-uir** 229; **-car, -cer, -cir**; **-gar, -ger -gir**; **-zar -guar -guir, -quir**; **-iar, -uar** 234–36
Campoamor, Ramón de 54, 223, 257
cien, ciento 89
cláusula: nominal o substantiva 197–198; adjetiva 197, 213; condicional 206; adverbial 214
como si + el subjuntivo 208
comparativos: populares 109; irregulares 110
complemento: directo e indirecto 51; pronombres como complemento indirecto 51–52; pronombres como complemento directo 58–59; con **doler** y **gustar** 163–164; circunstancial 240
concordancia: del nombre y sus modificativos 28; de sujeto y verbo 29
condicional: regular 164; irregular 165; de probabilidad 166; condicional perfecto 167; en vez del imperfecto de subjuntivo 242
conducir y otros verbos de irregularidad semejante (**-zca, zco, uje,** etc.) 229
conjugaciones: primera 36, 282–284; segunda 49, 284–285; tercera 49, 285–286
conjunciones: de negación 68; simples y compuestas 251; **ni, hasta que, pero, sino, sino que, mientras que** 252–253
conocer comparado con **saber** 124
con tal que + el subjuntivo 252
contracciones 15
correlación de los tiempos 200, 206
dar 50, 248, 290–291
Darío, Rubén 181
dativo ético o de interés 52
de 241; verbos que toman la preposición **de** 298

xlix

ÍNDICE

decir 80, 136, 292-293
diéresis 232 nota 1
diminutivos 185-186
diptongos 265
en caso de que + el subjuntivo 252
Espronceda, José de 202
estar 96-97, 292-293; y el gerundio 98; y **ser** 118
ever 68 nota 5
futuro: regular 164; irregular 165; de probabilidad 166; perfecto 166
género: de los nombres 23; de los adjetivos 25
gerundio: simple y compuesto 97-98; su empleo 98-99; irregulares 144
Gómez, Manrique 182
haber: como auxiliar 142; como impersonal 153; en modismos 153; **haber de** 153
hacer 39, 136, 229, 292-293; en modismos 39; en expresiones de tiempo 254
hasta que + el subjuntivo 252
hora 17
imperativo: 183, 288; irregulares 183-184; de los verbos reflexivos 185; y los pronombres 185; y el subjuntivo 222
imperfecto: de indicativo 94-96; de subjuntivo 204-206
infinitivo: con preposición 61; en vez del imperativo 184, nota 3
interjecciones 253
interrogativos: adjetivos, pronombres y adverbios 7
ir 39, 96, 136, 292-293; en modismos 40
Jiménez, Juan Ramón 101, 128, 140-141
jugar 57, 288
León, Fray Luis de 232-233
llover 58
Machado, Manuel 10, 33
mayúscula 5
medio 238
mientras que 253
minúscula 5
mismo 237
modismos más frecuentes 299-308
negación: adjetivos, pronombres, adverbios y conjunciones 68; prefijos de negación 69
nevar 58
ni 252

no más que 111
nombres: el género 23; el plural 26; concordancia con sus modificativos 28; terminados en **-a** 271; en **-e** 272, 274; en -e pero femeninos 274; diferentes para el masculino y el femenino 275; colectivos 28, nota 4
números: cardinales 13, 27; ordinales 27
oir 80, 292-293
ojalá + el subjuntivo 208
oraciones interrogativas 17
otro 236
para 175-176
para que + el subjuntivo 252
participio: pasivo, regular e irregular 149; su uso 150-151
pero, sino y **sino que** 252-253
poder 67, 125, 137, 294-295
poner 81, 294-295
poner (se) 81, 137
por 176-177; en la voz pasiva 173
prefijos 255
preposiciones: y el pronombre 60; con el infinitivo 61; para 175-176; por 176-177; sus funciones 238-239; propias más corrientes 239; impropias 239; y los complementos circunstanciales 240; compuestas 241; **a** 240-241, 298; **de** 241, 298; **en** 298; **con** 299
presente 36; su uso 37
pretérito: de los verbos regulares 125-126; de los verbos irregulares 135-138; perfecto 151; anterior 152; pluscuamperfecto 152
pronombres: interrogativos 8, 281; personales 35, 279; reflexivos 38, 52, 280; posición de los reflexivos 38; como complemento indirecto 51; colocación 52; como complemento directo 58; colocación 59; y la preposición 60; de negación 68; demostrativos 86, 281; posesivos 86, 281; neutros 108, 281; indefinidos 214-282; relativos 226-228, 282
puntuación, signos de 6
quedar 250
quedarse 251
querer 67, 137
quiera Dios + el subjuntivo 208
quizás + el subjuntivo 208

ÍNDICE

raíz o radical 36
reloj, el 18
saber comparado con **conocer** 124, 137, nota 4
salir 50, 294–295
Sarmiento, Domingo F. 115
se: pronombre reflexivo y dativo de tercera persona 52; en vez de **le** o **les** 59
ser: 116–118, 136, 294–295; comparado con **estar** 118–119
si + el subjuntivo 207
silabeo 270
sinónimos 68
sin que + el subjuntivo 252
sino, sino que 253
soler 64, nota 2
subjuntivo: 193; formación del presente 194; irregulares 195; de los verbos que sufren irregularidades en la raíz 196; su uso 197; cláusula nominal o substantiva 198; verbos que lo rigen 198; correlación de los tiempos 200, 206; imperfecto de los verbos regulares 204–206; imperfecto de los verbos irregulares 205; imperfecto en cláusulas condicionales 206; en cláusulas adjetivas 213–214; con expresiones impersonales 220; con **por . . . que** 221; con el imperativo 222; tiempos compuestos 222; imperfecto en cláusulas adverbiales 250
such a 111
sufijos 29–30
sujeto: concordancia con el verbo 29
superlativos: 112; irregulares 112; absolutos 112
tal vez + el subjuntivo 208
tanto . . . como 236

tener: 123, 296–297; en modismos 124; **tener que** 124
than 110
tiempos compuestos: de indicativo 142; de subjuntivo 222
todo 237
traducción del inglés al español 6
traer 58, 138, 296–297
triptongos 256
Unamuno, Miguel de 224
uno . . . otro 238
valer: 162, 296–297; en modismos 163
Valle-Inclán, Ramón María del 55
venir 40, 138 296–297
ver 51, 95, 296–297
verbo: concordancia con el sujeto 29; conjugaciones: primera 36; segunda y tercera 49; reflexivos 37, 246; **ir** 39; cambios en la radical: primer grupo 65, 287–288; segundo y tercer grupos 79, 288–289; **estar** 96; **ser** 116; terminados en **-ducir** 142, 270; en **-acer**, **-ecer** y **-ocer** 228; en **-ucir**, **-ducir** 229; en **-uir** 229, en **-car**, **-cer**, **-cir**; **-gar**, **-ger**, **-gir**; **-zar**; **-guar**, **-guir**, **-quir**; **-iar** y **-uar** 234–236; verbos que rigen subjuntivo 198; irregulares 228–229, 290–297; transitivos e intransitivos 246; recíprocos 247; defectivos 249; determinados y determinantes 249; que toman la preposición **a** 298; **de** 298; **en** 298; **con** 299; que no toman preposición 299; impersonales 58, 248, nota 1
voz pasiva: 171; tiempos simples del indicativo 172; tiempos compuestos del indicativo 173; la pasiva refleja para traducir la pasiva inglesa 174
Zorrilla, José 148, 155